U0165903

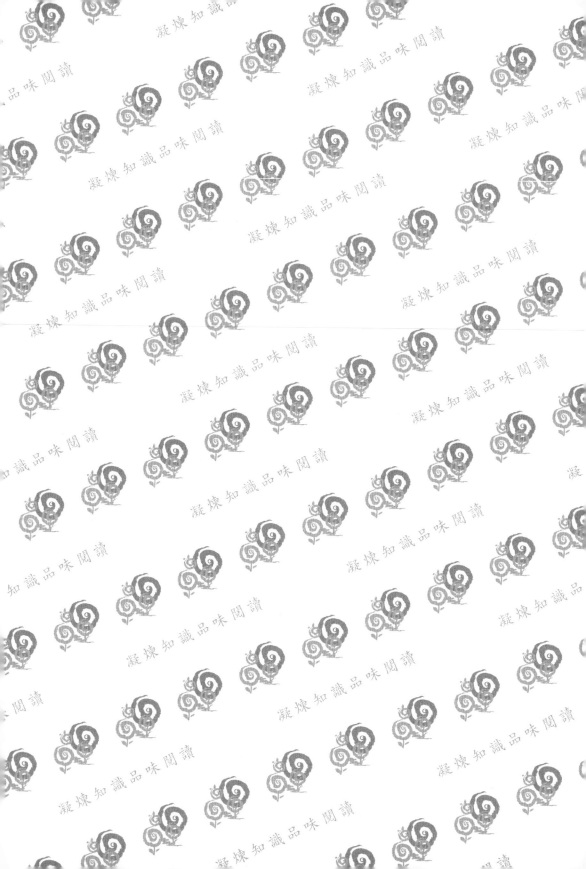

鄭騫詞學
的時代意義

劉少雄—————著

五南圖書出版公司 印行

前　言

一、我與鄭因百老師

　　我大學時進入詞學世界，主要受到三本書的啓發：繆鉞《詩詞散論》、鄭騫《從詩到曲》和葉嘉瑩《迦陵談詞》。當時我也讀了不少西方理論，亦深受比較文學的刺激，一心想開拓視野，以豐富一己的文學知識。同儕間都在追求新的詮釋方法，讓人好像找到了開啓文學奧祕的鑰匙，發現美麗新世界一般。可是幾年下來，竟發覺這樣的學習，不但沒有增強自己的感受能力，反而帶來更多困惑。學問知識愈多，愈著重理解與分析，思辯更敏銳了，論述更精深了，我卻失去了單純閱讀的樂趣。詩詞之美，美在文辭與人情。研究詩詞，如無詩心詞情，也無藝術的品味，再多的考證再多的理論又有何用？於是，我試著放下剖析的利器，回歸文本，好好面對作者，重新做個快樂的讀書人。經過一番轉折，再細讀繆鉞、鄭騫和葉嘉瑩等學者的論著，這時才眞正領會文如其人的意義。他們的文筆或雅潔或清疏或密麗，各有特色，各具性情，本身就是文學的表現，讀來賞心悅目。而他們論述唐宋詩人詞人，多是別有心得的見解，無須旁徵博引，只是簡單幾句話，或用一兩個比喻，即能具現作家作品的精神特色，情辭深雋精美，極富啓發的興味，這比許多長篇大論、引經據典、理論至上的文章好讀多了，價值也較高。後來讀到余英時〈怎樣讀中國書〉一文，他說：「我可以負責任地說一句：二十世紀以來，中國學人有

關中國學術的著作，其最有價值的都是最少以西方觀念作比附的。」我也深以為然。從傳統詩詞世界中孕育的心靈，才是詩詞的最佳詮釋者。

我從書本上認識鄭老師，覺得自己的性情與老師較接近，所以讀他的文章特別感到親切。老師說他自幼體弱多病，個性多情多感，卻也有剛健的一面，他之能意會宋詞的特質是「陰柔中有韌性」，他之所以推崇蘇辛豪曠之人品與風格，晚年於詩藝之追求精進，無不顯示他柔中帶剛的生命意志，努力不懈的精神。文學之於鄭老師，絕非風花雪月的吟賞，乃是寄託寂寞的筆觸，學問性情的陶寫，同時也寓有尚友古人的心志在。他認為中國文學的精義是志道合一，文學見證人格的高度，因此，無論時世如何更易，文體如何代變，始終都要保持一種高雅的格調，獨立判斷的精神，這是他為人論學的準則。讀其書，如見其人，我深深受到鄭老師疏宕雋永的文字中所散發的魅力吸引，他既有識見也能幽默，既溫厚又剛正，勇於指出作品的得失，也能反省自我的不足，充分表現出讀書人的風骨氣度，直是令人欽佩。我跟著鄭老師書中的批評指引，細加品味詩詞，果然有更深透的體會。在潛移默化中，真的學會了如何去欣賞文學的美。那種文學美的感通是超越時空的，如同老師在前人的詩話詞話裡得到啟發，我又從老師的引申論說中有所收穫一樣。文學存在的意義，原來就在寫與讀之間以情感喚起情感的歷程中才得以證實的——我在鄭老師的創作與研究中理解到這一點。

我讀研究所時，鄭老師早已自臺大中文系退休，本以為無緣親炙風采，沒想到我念博士班二年級時，終於有機會旁聽他的課。那時老師已八十二歲，在輔仁大學研究所開設了一門關於古典詩詞格律的課程，上課地點在老師溫州街寓所。當時，

老師視力差，執筆會抖動，但他仍親自編排講義，發表自己的詩學心得，沒有嚴整的體系，多是簡單的通則，羅列具體詩例以資證明。我頗能理解老師的用心。他不是形式至上的論者，也非固守舊學而不知變通的學人，我想他希望學生入門學習古典詩詞之時，除了內容意境的體會，也應回歸文學的本質，能結合中國語言文字的聲韻特性，深切瞭解詩詞之為美之所以動人的原因所在。老師講課，正式的內容往往點到為止，他最精采的地方其實在引申發揮的閒談中，寥寥數語便帶出詩意詩境。記得老師好幾次課後與我閒聊時，講到他的老師周作人、郭紹虞、沈尹默和好友顧隨，感懷傷逝之情溢於言表，有時化為一兩分鐘的沉默不語，老師若有所思的看著門外庭園晃動的光影。民國七十三年，詩人周棄子辭世，老師在報章上以「大學中隱」的筆名發表〈吾道漸消沉〉一文以表哀悼，並藉此表明舊詩創作的時代已過去，那是文體自然演進的勢態，不可挽回，也無須惋嘆，但舊詩仍有欣賞的價值，因為「生生不息，綿綿相續，本無所謂新舊」，因此他殷殷期盼後起俊彥，能於古體「鎔鑄匯合，取精用宏」，化入新詩的創作中，則詩的生命便能延續，且更有生機。古典詩詞可以欣賞，但在創作上則不必強求，這是鄭老師念舊而不泥古，通達適變的態度。他繼承王國維、胡適的文學史觀，認為一時代有一時代的文學，屬於舊體的時代過去，就要接受新時代的來臨。鄭老師早年其實也寫過新詩，他敬仰的幾位老師多曾參與新文學的創作，因此他能切身體會文學的現代意義。老師文章一出，當時即引起現代詩人的迴響。楊牧在他的《交流道》專欄中，發表了〈吾道不消沉〉，真誠領受鄭老師的殷切期許，給予正面積極的回應，他說：「坦蕩寬厚的心才是永遠的詩心。我們若能以那詩心擴展延續這文化藝術的生命，則吾道是永遠不會消沉的。」楊牧不認識「大學中隱」是誰，猜想是一位有學問的前輩，並

感嘆新詩在現代化過程裡如有一兩位像中隱先生「這麼目光如炬的中文系教授」，則「矯枉過正的現象當能減到最低限度」。有一次課後，我和鄭老師聊起古典詩詞創作的事，然後談到楊牧那篇文章，問老師有否看過？老師點點頭，隨即站起身子，從書房端出一本剪貼簿，翻開當中的一頁，微微笑指著說：是這篇文章嗎？老師後來出版的《永嘉室雜文》，在〈吾道漸消沉〉一文後附載了楊牧的〈吾道不消沉〉。當日老師讀了楊牧的文章，想必深感欣慰。

鄭老師二十四歲時自印一部詞集《永陰集》（北京國家圖書館有藏本），顧隨〈采桑子·題因百詞集〉上片云：「文章事業詞人小，如此華年，如此塵寰，為問君心安不安。」自此數年老師填詞數量銳減，到三十七歲那年乾脆停止了詞的寫作。我想，老師深諳詞體陰柔的特質，自知性情才分不在此，也意識到此體已難延續，所以就不再填詞了。對他來說，詞但可欣賞，不必繼續創作，轉而從事詞的研究，則有時代的使命。鄭老師說：「傳習講述，我輩之責。」發揚舊學精神，啟發後進，融古入今，以應時代之所需，詞之為學還是有意義的。較諸當代學者，鄭老師治詞有更自覺的意識，他一方面繼承了境界說與史傳批評的觀點，一方面受到白話文學運動的影響，重新評定詞史的地位，並賦予它現代的意義。鄭老師始終秉持批判的態度從事詞學研究，既不墨守傳統的治學觀念與方法，也能矯正新時代詮釋觀點的偏失，在新舊之間取得了平衡。史遷所謂「通古今之變，成一家之言」，這應是鄭老師心中期待能達到的意境。

詞以境界為上，這是王國維的主張。鄭老師之研治詞學，亦自有境界的追求，如同東坡作詞那樣「指出向上一路」。那源自一份自信，一種真誠面對生命的態度。鄭老師一輩子都在

讀書做學問，所謂眞積力久則入，遂能成就由詩到曲的一番勝境。鄭老師曾說：「不下死功夫，何來活學問。」這是老師個人的經驗之談。我以爲老師治學，有三大支柱：詩人的才情、通達的史識、豐富的學養。這表現於詞學自然能獨樹一幟，別有意境。舊詩有新詩接續，傳統的詩詞學是否有新契機，做出能回應時代的學說，不至於墨守成規，遠離人生？這是我一直思考的問題。如果我們效法鄭老師，能以誠敬的態度面對學問與人生，以坦蕩寬厚的心接納傳統和現代，持續領受詩之爲詩、詞之爲詞的英華膏澤，傳習講述，不離文學之爲文學的本質，則詩詞學術就不會有消沉之慮。

二、撰作旨趣及篇章概要

　　鄭騫老師的詞學，務平實，重直覺，識見通達，辨析精微，根於傳統而能開創新局，對後世詞學之發展極富啓發作用。他前承王國維、胡適之餘緒，得師友之助，在大陸時期已奠定厚實之基礎，渡海後，教學相長，識見更廣，呈現更恢弘之格局，可以說是臺灣詞學的奠基者，亦是臺灣詞學通古變今的橋梁，因此要研究近現代詞學的演進，是不能忽略鄭老師的。他所建構的詞學體系，兼顧了時代與作家、情感與形式內外各個層面，縝密而周延。爲了全面瞭解鄭騫詞學的內容及特色，發揚鄭騫詞學的精神，並探究其時代意義，我從2002年至2010年間，分別向國科會提出並通過了四個研究計畫——「鄭騫先生的詞學理論」（2002）、「鄭騫與顧隨的詞學因緣」（2003）、「鄭騫先生的稼軒學」（2009）和「鄭騫先生的東坡研究」（2010）。2023年，我又完成了「形式的意義——鄭騫先生的詞學文體觀」的休假研究計畫報告。長期以來，我在大學及研究所講授詞的課程，時刻都會引用鄭老師的

論見，不時亦要參考自己先前的相關著作。而隨著教研經驗的累積，知識的增長，對老師的詞學常有新的體會，因此不斷修訂補充上述國科會計畫的報告及其後發表的論文，改善了一些缺失，也拓寬了論述的層面。不知不覺間，我從事鄭騫詞學這一課題的研究已逾二十年了，所撰文章雖未臻完善，但也應是結集成書的時候了。於是，我花了一年的時間，重新編排整理，完成本書。我以爲鄭老師治詞，不只是個人的興趣，他是有時代使命感的，既承繼前業，發揚光大之，更要啓導來者，期待開創新境，因此書名定爲《鄭騫詞學的時代意義》，我想這是最能彰顯老師的著作精神的。本書共收六篇文章，簡述各篇要旨如下：

　　詞史觀的建立是鄭騫詞學的核心——他藉此董理過去，評定詞人地位，並開示未來，啓引後學門徑，試圖建構體系，貫徹一己的主張，以反映時代的精神。這些批評理念在老師的大陸時期已大體形成，後來更充分落實在臺所編的《詞選》和《續詞選》二書中。之後面對新的教研環境，他不斷反思，並修訂了若干看法。這些選輯、評論，究竟反映了怎樣的時代？表現了作者怎樣的情志與見解？它的體系是否完整？是否能樹立典範？這些都是我們欲瞭解並評價鄭騫詞學的重點。這是第一篇〈豪婉正變之間——詞史觀的建構〉的研究主旨。另須留意的是，詞乃合樂的文體，它的表現形式也是構成詞體之美的重要部分。鄭老師對詞的字聲、音韻、句式、體調特別關注，時有精彩的見解。他這方面的論述雖無嚴謹的體系，但簡明扼要的文字中，亦足以加深並豐富我們對詞體形式美的認識。第二篇〈形式的意義——詞學文體觀的確立〉，主要就是探討鄭老師如何反思胡適詞學帶來的影響，回歸詞體本質的論述，重新爲詞的形式賦予意義。這部分配合第一篇所述，更能將鄭老

師詞學文體論的輪廓賦予更完整且清晰的面貌。

　　鄭老師認爲文學作品風格的形成，與作家的性情、學問、襟抱很有關係，也受到時代環境的影響，而作家的際遇亦是重要的因素。唐宋詞人中最能具體呈現人文合一的精神，最爲鄭老師所推崇的詞人是蘇軾和辛棄疾兩家。因此，綜論文體觀之後，接著就以東坡與稼軒做專題的討論。第三篇〈出入詩詞之際——東坡詞境的探索〉，先論鄭老師的東坡學。老師在東坡詩詞方面的研究既精且深，別具特色，亦予後人許多啓發。本章評述鄭老師的東坡研究，一則探究其所以形成的個人與時代因素，一則分析其撰作內容、研究觀念與方法，希望藉此探得鄭老師的東坡研究之時代意義，給予他公允的評價，並體察其文學品味，知悉其知人論世、以意逆志的詮釋方法的效用性。第四篇〈個人與時代——鄭騫稼軒研究的省思〉，焦點放在鄭老師長期關注的研究課題。老師研究辛棄疾及其詞，長達五十年之久。他在大陸時期即著有《辛稼軒年譜》、《稼軒詞校注》等書，來臺後仍不斷增補修訂，力求完美，而其所撰專論和詞評，分析稼軒詞的內容和特色，見解精闢獨到，允能顯現鄭老師的學術個性和詞學識見。鄭老師爲何專研稼軒？他賦予稼軒詞怎樣的時代意義？本章研究鄭老師的稼軒學，藉著各種內外緣的探討，應能知悉鄭老師如何融會境界說與史傳批評，以體認稼軒詞的主體意識及風格特色，更能觀察他如何修正胡適等人持白話文學觀點以論詞的缺失，重新確立詞體的本質，以評定稼軒的詞史地位。

　　研究鄭騫詞學會發現，他與顧隨有一段頗不尋常的詞學因緣。顧先生年長鄭老師九歲，鄭老師的寫作風格、詞學品味，與顧先生頗多相似之處，可以看出彼此的關係。第五篇〈平生風義兼師友——鄭騫與顧隨的詞學因緣〉，主要是敘述鄭老師

與顧先生結交的過程，比較二人在詞的論述及創作上的異同，釐清他們的承傳關係，並分析二家學理的精義。他們相識相知在北方世局動盪、日寇侵華的年代，卻選擇了詞作為論學切磋的主要文體，當然別具意義。這一篇的論述，為欲瞭解鄭騫詞學底蘊提供了一些相當重要的線索。至於第六篇〈鄭騫先生詞學繫年新訂〉，乃敘述鄭老師的生平事蹟、師友交往，以詞學創作、教學、研究生涯為主軸，輔以詞壇背景，旨在呈現鄭騫詞學的衍變軌跡，並彰顯其成就。這年譜的編撰，對我們瞭解鄭騫詞學形成的背景及其時代氛圍會很有幫助。

　　本書主要是分析鄭騫詞學，老師的詞作不在討論之列。不過，若能提供一些他早期填詞的訊息，亦未嘗不好，因為學者的研究與創作總有關聯。鄭老師二十一歲開始填詞，三十七歲停筆。二十四歲自印《永陰集》，幾已失傳。今據北京國家圖書館藏本，對照老師後來出版的《網春詞》，詳加整理，以見老師修改、發表之概況，並輯得散見各刊物的詞若干首，撰成〈鄭騫《永陰集》並附集外詞〉一文，附於書末，以饗讀者。

　　附錄另載〈鄭騫《稼軒詞校注》編撰出版概況述要〉，簡略敘說鄭老師畢生從事稼軒詞箋釋工作的情況。鄭老師的《稼軒詞校注》，生前手定稿本最終未有付梓。臺大出版中心出版的《稼軒詞校注附詩文年譜》，校注部分係據老師遺稿三種（線裝本、油印本和稿紙本）整理。今發現老師另有一謄寫本，收錄在國科會期終報告，雖非最後定稿，也應是現存較晚的整理本。提供這一資訊，可供相關研究者參考。

　　鄭老師於詩詞曲學都有精深的造詣，本書只就其詞學作研究。而我所探討的幾個課題，也只是我認為相對重要的部分，有許多層面未能涉及，自有不足之處。現在整理出來的成果，各篇之間因為寫作時間前後差距頗大，基本的論調大致相同，

細部的解釋則略有參差，全文組織不夠嚴密在所難免。我沒有重新改寫，統一文氣理路，爲的是保留一己學思歷程的蹤跡。本書主題的選擇，寫作時的心境，雖有不同，但誠敬面對學術的態度則始終如一，希望沒有乖違老師爲文的本意，更期盼能充分表述老師爲學的精神。至於是否做到，則不敢自信，還須讀者指正批評。

目錄

豪婉正變之間

——詞史觀的建構

鄭騫先生（字因百，1906-1991）才識學兼具，他的詞學教研工作及成績，為學界樹立了典範，影響廣泛而深遠，奠定了近現代臺灣詞學的基礎。鄭先生的詞學成就，不在數量之多[1]，而是在其質素上。他之所以勝於一般學者，乃由於「功夫在詞外」[2]：既有淵博的學識，也有詩人的才情、曠達的胸襟。因此，無論是材料的取捨、詞家生平考述、詞人作品批評，或是風格分析、詞史通論等，都能切理合情，精審簡要，既可信亦可取。就傳承關係而言，鄭先生在詞學史上前承王國維，後啟葉嘉瑩[3]，可說是臺灣詞學通古變今的橋梁，因此要研究近現代詞學的演進，是不能忽略鄭先生的。

---

* 本文原題〈鄭騫先生的詞史觀〉，曾刊載國科會人文及社會科學發展處編《臺灣學術新視野——中國文學之部（二）》（臺北：五南圖書公司，2007），頁655-684。後亦收錄於劉少雄：《詞學文體與史觀新論》（臺北：里仁書局，2010），頁279-324。

[1] 鄭先生的詞學著作，主要有《辛稼軒年譜》、《稼軒詞校注》兩部專著，《詞選》、《續詞選》兩選集，《景午叢編》中詞學相關文章二十餘篇，《永嘉室雜文》、《龍淵述學》收詞學相關序文及論著約六、七篇，散見報章雜誌之詞學文章十餘篇，以及〈論詞絕句三十首〉，《網春詞》（六十四首）。

[2] 鄭騫先生〈論讀詩〉說：「學詩不能只讀詩，也不能只讀一切文藝作品，總要博覽群籍，才不致於枯窘空疏。最少要讀史書以開拓胸襟識見，讀哲學書以濬發思想。……此外對於自然的觀察，人事的體驗，也一樣要緊。……陸放翁有兩句詩說：『汝欲求學詩，功夫在詩外』，就是上述的意思。」見鄭騫《景午叢編》（臺北：臺灣中華書局，1972），上編，頁6-7。按：鄭先生之於詞學，正如其所述能做到「功夫在詞外」。

[3] 柯慶明〈現代中國文學批評述論〉說：「鄭騫或許可算是王國維文學批評事業的最重要的繼承者。……他像王國維一樣，一面討論作品的精神風貌，一面從事各種版本體式格律的考據。早年論詞亦多有發揮王國維觀點之處，但如積薪，後來居上，眼界較寬，論斷亦較不穩交貼，對於詞曲的精神與演變亦頗多發揮。」見柯慶明《現代中國文學批評述論》（臺北：大安出版社，1987），頁95。葉嘉瑩〈懷舊憶往——悼念臺大的幾位師友〉云：「當我正式到臺大來任教時，我更曾抽暇去旁聽過鄭先生的詞選課，而鄭先生每次見到我來旁聽，就會在講課時或提到他與我的老師顧先生（按：指葉之恩師顧隨）的一段交誼。……我旁聽鄭先生的課不多，但卻也仍然獲得了不少教益。後來在一九五七年春夏之間，臺灣的教育部曾經舉辦過一次詩詞研賞的系列講座，他們原來是請鄭先生去擔任詞的講座，而鄭先生卻向他們推介了我，這是我平生第一次講授詞的研賞。」按：葉嘉瑩早期的詞學專著《迦陵談詞》多次引用鄭騫《詞選》及其相關詞論，後來在《靈谿詞說》中亦常引用並發揮鄭先生若干重要的詞學看法，如對溫韋詞比較、馮延巳詞的風格特色、晏殊〈山亭柳‧贈歌者〉的詮解、辛棄疾詞不直接敘寫家國之事等。

綜觀海峽兩岸的詞學發展，鄭先生處於大陸與臺灣、古典與現代的樞紐地位，表現出繼往開來的恢弘格局。可是，鄭先生雖有詞學史上的地位，他的見解仍有時代的意義，但相關的研究卻不多，顯得量少而質輕。雖然鄭先生的詞學奠基於大陸，已有不錯的表現，然而彼岸最近所出幾部詞學批評史，未有論及鄭先生，而一般的詞學專著，亦未見深入的討論。至於臺灣方面，則只有林玫儀〈鄭因百師的詞學〉一文正式論述鄭先生的詞學成就[4]。林文提綱挈領，對鄭先生的詞學特色有簡明扼要的分析，提供了若干值得思考的線索。

閱讀鄭騫先生的詞學著作，給人的印象是：他厚植於文史，通情達理，知深識廣，且別有駿逸之才思，能以簡馭繁，觀念明晰，形成其融通、信達而富卓識的詞學特色。本人曾根據鄭先生的著作及其相關材料，撰述〈鄭騫先生詞學繫年〉[5]，對其詞學歷程和學術特色已有初步的認識。簡言之，鄭先生的詞學可分大陸與臺灣兩個時期。前期，創作與理論並重，考據與義理平衡發展，先生能入乎其內亦能出乎其外，頗能彰顯詞家的特質，也能顧及詞人風格形成的內外因素，建立一以「溫—韋」、「柳—蘇」、「周—辛」等相對詞風為軸線的詞史觀，反映了先生兼容並蓄的態度。後期，經歷時代變遷、人生歷鍊，鄭先生自覺地修正了若干看法，並藉由編撰選本，輯錄唐宋以迄明清詞篇，評析詞人，分列成家與不成家二類，豐富了其詞史觀的內容，呈現出更完整的體系。此外，先生更著

4　林玫儀〈鄭因百師的詞學〉，《中國文哲研究通訊》，第1卷，第3期，頁104-108；另載《詞學》第十輯（上海：華東師範大學出版社，1992），頁47-52。此外，黃文吉〈從詩到曲，一代宗師──鄭因百先生〉一文概述鄭先生的治學成就，柯慶明〈詩人的寂寞、多情與自得──懷念鄭因百教授〉、張淑香〈存在焦慮中的定靜──懷念鄭騫教授〉二文描述鄭先生的才學性情──這些文章雖非詞學專論，但可以幫助我們認識鄭先生的學問與人品。

5　見《中國文哲研究通訊》，第13卷，第1期，頁51-72。

力鏊析詞體的特質，從體調形式上確立了詞的體式，而特創單雙句式之說，扣合豪放婉約之論，令人耳目一新。綜合來說，鄭騫先生的詞學，務平實，重直覺，識見通達，辨析精微，根於傳統而能開創新局，對後世詞學之發展極富啓發作用。

鄭騫詞學可包括三個部分：一是詞學理論，一是詞學考據，一是詞的創作。所謂詞學理論，這裡乃採比較寬泛的定義，包含詞體特質的基本看法、詞體風格論、詞家的批評和詞史觀的形成與確立——這些方面其實是環環相扣的。當中，詞史觀的建立應是鄭先生的詞學核心——他藉此一則董理過去，評定詞人的地位，一則開示未來，以啓導後學，並試圖建構體系，貫徹一己的主張，反映時代的精神。這批評理念在先生的大陸時期已大體形成，後來更充分落實於先生在臺所編的《詞選》和《續詞選》二書中。誠如鄭先生所說，詞選的作用，「可分二端：一曰反映選者之時代，二曰表現選者之見解與性情」[6]。鄭先生於此對唐宋迄明清詞作了一總的評選。而這些選輯、評論，究竟反映了怎樣的時代？表現出作者怎樣的見解與性情？體系是否完整？有無樹立典範？他的說法是否別具創意、特色或意義？這些都是我們想瞭解並評價鄭騫詞學的重點。

我們解讀、研探鄭騫先生詞學的義蘊，尤其他所持的詞史觀念，須注意兩方面：一是鄭先生所處的時空環境——他的國學根底，歷史意識，和時代感受，造就了鄭先生特有的文學觀。而如何批判性地吸納前賢的成果，展現通達的文學論見，以應新時代的需求，指引來者門徑與出路，更是先生教研工作最關心的課題。即此要評量鄭先生的詞學成就並衡定其歷史地位，除了直接面對其相關論著，更要從整個近現代詞學的演變

6　見〈三十家詞選序目〉，《景午叢編》，上編，頁170。

勢態上來觀察，方能呈現較具體而周延的面貌；二是鄭先生的詞學歷程——鄭先生治學為人，平實懇切，識見高而體情深，是一位才情兼具且甚能自我反思的學者，他的詞學有階段性的發展[7]，因此研究先生的理論，還須留意其時代、年齡與心境的變化。

一、鄭騫的詞學歷程及其時代背景

　　昔劉知幾謂良史須兼才、學、識三長[8]，鄭騫先生作為詞作家、詞史家、詞論家，正因其本有才高、學廣、識深的長處，其詞學之能於義理、詞章、考據等方面卓然有成，是有道理的。林玫儀歸納鄭先生研治詞學的特色為：「第一、是理論與作品並重，第二、他十分注重結合周邊資料來作研究，第三、他能結合史學的觀點來研究詞。[9]」歸根究柢，此乃緣自先生的三大支柱：詩人的才情、通達的史識、豐富的學養。而鄭騫詞學正以其才學識，回應時代的需求，通古變今，作出適切的詮解與論評。

　　鄭先生的詞學，早歲在大陸時期已初具規模，奠定了相當深厚的基礎，來臺後正是他沉澱、反思、發揚的階段。個人的才學、後天的際遇、師友的影響、時代的刺激，都烙印在先

7　如〈成府談詞〉題識云：「民國二十九年（1940）庚辰，予任教北平燕京大學，講授之餘，試撰詞話若干條，興到筆隨，『辭無詮次』；……壬寅（1962）之秋，全部錄出，用備省覽。謄寫之際，每有見解異於往昔，或仍舊意而別有發揮者，輒低一格附識於各條之後。又五年丙午（1966），復取平時筆記中論詞之語分別繫錄，不低格而註『新附』二字者是也。雖新舊並陳，條理凌亂，而二十餘年中情趣宗旨之變遷略見於此，或足供讀者參考之資。」見《景午叢編》，上編，頁249。

8　《舊唐書・劉子玄》：「禮部尚書鄭惟忠嘗問子玄（名知幾）曰：『自古已來，文士多而史才少，何也？』對曰：『史才須有三長，世無其人，故史才少也。三長：謂才也，學也，識也。』」見《新校本舊唐書》（臺北：鼎文書局，1987），卷一百二，頁3173。

9　見林玫儀〈鄭因百師的詞學〉，《中國文哲研究通訊》，第1卷，第3期，頁105。

生詞學發展的脈絡上。為便於論述鄭騫詞學及其詞史建構的歷程，茲先臚列其詞學論著目錄，悉依發表之先後排序如下[10]：

（一）大陸時期（1906-1948，1歲-43歲）		
發表年代	篇（書）名	增修或改寫時間
1933（28歲）	〈跋稼軒集鈔存〉	
1936（31歲）	〈珠玉詞版本考〉 〈稼軒詞版本考〉	1967（62歲）
1938（33歲）	《辛稼軒先生年譜》	1977（72歲）
1939（34歲）	〈讀詞絕句三十首並序〉 *	1971（66歲）
1940（35歲）	《稼軒詞校注》 〈三十家詞選序目〉 * 〈成府談詞〉 *	1954（49歲） 1962（57歲） 1966（61歲）
1941（36歲）	〈評唐編全宋詞〉	
1943（38歲）	〈論詞衰於明曲衰於清〉 *	
1944（39歲）	〈溫庭筠韋莊與詞的創始〉 * 〈柳永蘇軾與詞的發展〉 * 〈劉秉忠的藏春樂府〉 *	1958（53歲） 1957（52歲）
1946（41歲）	〈論馮延巳詞〉 * 〈小山詞中的紅與綠〉 〈辛稼軒與陶淵明〉	1953（48歲）
1948（43歲）	〈辛稼軒與韓侂胄〉 〈評王笑小山詞〉 〈關於拙著辛稼軒年譜〉	

---

10 鄭騫論著目錄，詳黃文吉編《詞學研究書目》，臺北：文津出版社，1993；林玫儀編《詞學論著總目》，臺北：中央研究院文哲所，1995。鄭騫先生詞學著作之編年，詳劉少雄〈鄭騫先生詞學繫年〉，見注5。按：表中有*者，是研究鄭先生詞學理論（詞史觀）須參考的重要著作。

（二）臺灣時期（1948-1991，43歲-86歲）		
發表年代	篇（書）名	增修或改寫時間
1951（46歲）	〈董西廂與詞及南北曲的關係〉 〈辛稼軒的一首菩薩蠻〉	
1952（47歲）	《詞選》*	
1954（49歲）	〈詞曲的特質〉* 〈詞曲概說示例〉* 〈再論詞調〉* 〈論詞曲的規律〉 〈杜著辛棄疾評傳序〉*	
1955（50歲）	《續詞選》*	
1957（52歲）	〈論溫韋馮三家詞〉* 〈明詞衰落的原因〉*	
1960（55歲）	〈朱敦儒的樵歌〉* 〈陳簡齋年譜〉	1974（69歲）
1961（56歲）	〈評介世界書局本詞學叢書〉 〈陳著詩詞論叢序〉 《從詩到曲》*	
1969（64歲）	〈陳鐸（大聲）及其詞曲〉	1970（65歲）
1970（65歲）	〈漫談蘇辛異同〉* 〈晏叔原繫年新考〉	
1971（66歲）	〈夏瞿禪著二晏年譜補正〉 〈讀詞絕句三十首〉*	
1972（67歲）	〈詞曲的音樂性〉 〈辛棄疾之生平及其詞〉 《景午叢編》*	
1973（68歲）	〈陳簡齋傳〉	
1974（69歲）	〈無住詞合校彙注〉	
1977（72歲）	〈蘇東坡的陽關曲〉 〈生查子「去年元夜時」的作者是誰〉 〈再談朱淑眞的詩詞〉	

（二）臺灣時期（1948-1991，43歲-86歲）		
發表年代	篇（書）名	增修或改寫時間
1978（73歲）	〈跋順治鈔本劉秉忠藏春集〉 〈辛稼軒年譜再版後記〉 〈論蘇辛詞〉*	
1985（80歲）	〈黃著宋南渡詞人序〉 〈朱敦儒生卒年月彙考〉	
1987（82歲）	〈林著詞學考詮序〉	

　　縱觀鄭先生詞學的表現與發展：在大陸時期的三四十歲間，先生已兼顧義理、詞章、考據等方面的詞學研治工作，致力於詞家評論、版本考證、詞人年譜的撰述。先生以其才情學識，出入其間，頗能掌握詞家之特質及其風格之成因。兩宋詞家中，先生尤尚晏殊、蘇軾、辛棄疾詞，而其所建立之以「溫—韋、柳—蘇、周—辛」等相對詞風為主線的簡要詞史觀，正是先生既重氣格又愛渾涵之境的詞學品味的最佳寫照。尤為人所稱道的是，先生能以詩人之心、詞人之情，分析詞家之風格、詞體的特質，精簡扼要，辨析深微，而且引用比喻，出語平常，氣調悠緩，口吻幽默，言簡而意遠，富啓發之興味[11]。先生治詞，尤重真情實感，不作虛談，常以知人論世之法，考述作者生平，所撰辛棄疾年譜（及其後的陳師道、陳與義年譜），用力極深，鑑別精當。歷經世變之後的臺灣時期，鄭先生基本上沿著早先詞學的路徑發展。他曾自覺地修正了對若干詞家的看法[12]，並藉由編撰詞選，遍覽詞籍，評選歷代詞人，

---

11 鄭先生這一論述特色，於詩於曲也都一樣。詳曾永義〈鄭師因百的曲學及其對我的啓迪〉，何寄澎〈獨立蒼茫自詠詩——因百師論詩絕句一百首所顯示的特質〉，俱見國立臺灣大學中國文學系編印《鄭因百先生百歲冥誕國際學術研討會論文集》（2005），頁435-458、515-528。

12 如〈成府談詞〉云：「予於古今詞人所作褒貶前後懸殊者，宋人則賀方回，近人則鄭叔問。……予對於方回觀念之轉變，在讀其《慶湖遺老集》諸詩之後；不讀賀詩

分列成家與不成家二類，貫串系統，臧否得失，建構了更爲完整的詞史輪廓。此外，先生更著力於詞體特質的分析，從體調形式上確立了詞的體式，所撰論文，用語簡要，辨析明細。整體來說，鄭先生之詞學，乃承晚清之餘緒，得師友之助，在大陸時期已奠定厚實之基礎，渡海後，教學相長，識見更廣，遂開臺灣近現代詞學之格局。

　　鄭先生出古入今，頗能吸納清代詞學的精華，又知其得失；主詞尊體之說，亦重意境之論，蓋出入於常派張惠言、周濟、陳廷焯諸子和王國維之間，而別有個人的體會。先生論詞常轉錄上述諸家的看法，或援加引證，或推衍論說，或反辨駁斥，或借題發揮[13]，可以看出先生重視傳統，偏於保守的態度，也可窺見先生知所變通，頗爲開放的精神。這正是先生處於新舊交替時期的應變之道，展現出融通的一面，既能傳承舊

不能認識其爲人及其詞。」又云：「予往時僅能欣賞碧山詞語句之峭拔，而未能完全領味其意境之幽深；故云有句無篇，故云晦澀。即夢窗、玉田詞，當時亦只見其枝節，未窺全體。」見《景午叢編》，上編，頁253-254、261。

13 援加引證之例，如〈成府談詞〉說：「張炎《詞源》：『東坡詞如〈水龍吟〉詠楊花、詠聞笛……等作，皆清麗舒徐，高出人表。』周濟《介存齋論詞雜著》：『人賞東坡粗豪，吾賞東坡韶秀。韶秀是東坡佳處，粗豪則病也。』清麗舒徐，韶秀，皆是蘇詞確評，而古今罕道及者。蘇詞與辛詞不同處，即在舒徐二字：韶秀則稼軒偶然能到。」（見《景午叢編》，上編，頁254。）　推衍論說之例，如〈溫庭筠韋莊與詞的創始〉說：「張惠言《詞選·序》說：『飛卿之詞深美閎約。』周濟《介存齋論詞雜著》說：『飛卿醞釀最深。』所謂醞釀，即是對於宇宙人生的觀察體驗。想把觀察體驗所得的感覺與印象寫出來，常是要以外界景物爲寄託，當然詞藻也就易於濃麗。有寄託，所以深；濃麗，所以美；背景是整個宇宙人生，所以閎；寫出來的則是其中精粹（即上文所謂感覺與印象），所以約。……若僅是聲音形色的美，那是浮淺的，缺少生命力的，所以必須要深美。深者：不僅是淺近的欣賞，還要有透徹的觀察；不是一時的激動，而是長期的醞釀。明瞭此點，可以讀溫詞。」（見《景午叢編》，上編，頁107-108。）　反辨駁斥之例，如〈成府談詞〉說：「清人如張惠言、周濟、陳廷焯等，極力推崇碧山，而皆以纏綿忠愛許之，以爲每作皆寓故國之思。蓋緣胸中先橫一尊體之見，牽引附會以求微言深意，於是催雪落葉，皆成麥秀黍離矣。」（見《景午叢編》，上編，頁261。）借題發揮之例，如〈論馮延巳詞〉引王國維《人間詞話》論溫、韋、馮三家詞說：「作品既然是作者襟懷情調的表現，當然可以從中挑選出適當的句子來形容作者的詞品。現在根據王先生的意見，加以發揮，把溫韋馮三人詞的風格，分著來說一說。（按：文長不贅錄）」（見《景午叢編》，上編，頁110。）

學，又能創立新說。鄭先生持論相當有自信，勇於反省，隨時願意修正一己的看法，也有不會改變的原則。隨便舉引先生三段詞論，即可見一斑：

> 予舊論貶碧山太過。當時雖能欣賞碧山小部分作品之峭拔，而未能認識其全體，蓋見解仍停頓於《人間詞話》之階段也。今日自覺已有轉變，然對清人穿鑿附會之解說則始終未能贊同。（〈成府談詞〉）

> 時賢有譏夢窗詞為堆砌空洞全無意境者，予故有此論。然在今日，一定改右文「亦非」二字為「絕非」。（按：先生原評曰：「夢窗詞亦非全無意境。集中如〈霜葉飛〉『斷煙離緒關心事』，……〈賀新郎〉『喬木生雲氣』諸作，皆意境高絕，有崇山壁立，老樹擎雲之慨。」）（〈成府談詞〉）

> 說白描勝於塗飾，內容重於外表，那是從前矯枉過正的論調。近年來，文學理論已漸漸步入正軌，承認白描並不見得勝於塗飾，外表要與內容並重。這是極可欣喜的事。……所謂乾柴棒子也者，《樵歌》裡不是沒有，例如……這也是我所謂枯乾淺率的作品。如有人推許此種惡札，那當然是誤解了白描的意義，同時也不認識詞是怎麼一種文體。十幾年前的確有人持此看法；在詞上，乃是對於清末民初推尊周清真吳夢窗一派的反動。凡是反動初起，沒有不矯枉過正的。以今觀之，《樵歌》中這類詞與《夢窗集》中一部分作品之堆砌晦澀，一樣不成東西。峨冠博帶，「紅綠纏身」，固然有些討厭像；但不衫不履，裼裘而來，也就行了，何必袒裼裸裎。

（〈朱敦儒的樵歌〉）[14]

　　先生對清代詞論，多所徵引，擇優闡述，藉以建構他的理論。他最不以為然的是清人那些牽強附會之說，雖然先生亦嘗以史證詞、因人論品（詳下節）。而面對當時各種過猶不及之論，先生多能折衷處理──認定詞的基本特質，儘量做到主客觀見解調和、內容形式並重、人格與風格兼顧。事實上，鄭先生詞論主要是針對近現代詞學在新舊之間所產生的失調現象而發的。夢窗詞的褒貶抑揚，確是當時詞學論爭的要項。沈曾植《菌閣瑣談》也有類似的論評：「自道光末戈順卿輩推戴夢窗，周止庵心厭浙派，亦揚夢窗以抑玉田。近代承之，幾若夢窗為詞家韓杜。而為南唐、北宋學者，或又以欣厭之情，概加排斥。若以宋人之論折衷之，夢窗不得為不工，或尚非雅詞勝諦乎？[15]」鄭先生文中所謂「清末民初推尊周清真吳夢窗一派」，應指清末四大家（王鵬運、鄭文焯、朱祖謀、況周頤）、陳洵等人[16]。而與之相抗、最反夢窗的，則以主境界說的王國維為代表[17]。其後，胡適提倡白話文運動，以新觀念治詞，重性情而喜白描之作，相對地則極厭以形式見勝的工麗篇什。胡適認為南宋典雅派詞，重音律而不重內容，側重詠物又多用古典，習於模倣，缺乏真精神，「音律與古典壓死了天才與情感，詞的末運已不可挽救了」，這個時期的詞故可稱作

----

[14] 見《景午叢編》，上編，頁261、260、128-129。

[15] 見唐圭璋編：《詞話叢編》（臺北：新文豐出版公司，1988），頁3613。

[16] 詳劉少雄《南宋姜吳典雅詞派相關詞學論題之探討》（臺北：臺大出版委員會，1995），第二章，頁72-74。

[17] 王國維於南宋詞最惡吳文英與張炎，〈樊志厚人間詞序〉說：「君之於詞……於南宋除稼軒、白石外，所嗜蓋鮮矣。尤痛詆夢窗、玉田。謂夢窗砌字，玉田疊句，一雕琢，一敷衍，其病不同，而同歸於淺薄。」《人間詞話》也說：「夢窗之詞，余得取其詞中之一語以評之，曰『映夢窗，零亂碧』。玉田之詞，余得取其詞中之一語以評之，曰『玉老田荒』。」見《詞話叢編》，頁4275、4251。

「詞匠的詞」[18]。如是，夢窗詞遂被判定爲「幾乎無一首不是靠古典與套語堆砌起來的」[19]，意境不高，這與王國維斥夢窗「堆砌」而「有隔」的觀點大致相同。胡適以白話文學的觀點論詞，特別推崇朱敦儒，欣賞他樂天自適的一面，而南宋小詞人向鎬的作品「明白流暢，多有純粹白話的詞」[20]，也得到肯定。不過，胡適《詞選》也收錄了不少淺俗乏味之作。可見在文學上因對古典的反動而重視語言明白易懂的論調，亦有偏頗之處。鄭先生之評論白描和塗飾的過失，確是有感而發。

雖然，鄭先生批評了王國維、胡適及其後學的若干表現或說法，但我們仍有理由相信：鄭騫詞學終究是王國維、胡適一脈的繼承者、修正發揚者。柯慶明先生剛好有兩段文字談論鄭先生時提到了王、胡二人，一則特意分析鄭先生的文學批評特色，眼光獨到，言明先生與王國維的承傳關係，並揭發先生學術的精義；一是與我們分享鄭騫先生多情多感的一面，讓大家知悉先生對胡適由衷的敬仰之意，反映了先生治學爲人的風範，頗值得玩味：

> 鄭騫或許可算是王國維文學批評事業的最重要的繼承者。……他像王國維一樣，一面討論作品的精神風貌，一面從事各種版本體式格律的考據。早年論詞亦多發揮王國維觀點之處，但如積薪，後來居上，眼界較寬，論斷亦較平穩妥貼，對於詞曲的精神與演變亦頗多發揮。但是最有理論興味的，卻是他的「詩人寂寞」的說法，……。他由王國維的「無我之境，人惟於靜中得

---

18 見胡適〈詞選序〉，《詞選》（臺北：臺灣商務印書館，1982），頁11。
19 見胡適《詞選》，頁342。
20 同上，頁189-190、182。

之。有我之境，於由動之靜時得之」的瞭解，可能參酌了朱光潛所再三稱道的華茲華司的名言：「詩起於沉靜中所回味得來的情緒」，而主張……。採用了「寂寞」的觀念就不只是純粹美學或創作理論的觀念，自然也就及於作者的生平與作品的內在情趣。所以雖一語之轉，卻在文學批評的方法上深具意義，因為就在這個詞語上溝通融會了原本分歧的史傳批評與境界說。

老師最為「多情」的時刻，表現在講辛棄疾詞〈感皇恩‧讀莊子聞朱晦庵即世〉。……老師念完了，忽然站了起來。我從座椅中往上看，發現老師的下巴顫抖得很厲害。突然我意識到老師是在掙扎著強要忍住不哭出來，終於老師還是忍不住哭出聲來。……然後擦了眼淚，恢復過來，對我們說：「……我是想起了胡先生。」接著對我們講起胡適先生的為人，真的可以當得「克己復禮，夙興夜寐」。胡先生的成就德業也和朱子相彷彿。並且以「身經萬里頭初白，名已千秋心自清」兩句詩，來形容他所體會到的胡先生晚年的心境。……在那天之後，我們不但對老師有了全新的認識，且多年來一直困擾著我們的中西文化論戰的迷霧，似乎也一掃而空！我們終於從老師這兒學會了，杜甫所謂的「不薄今人愛古人，清詞麗句必為鄰」的當代意義。[21]

　　鄭先生在王國維、胡適之後，如何在詞別是一家的認定上，融會境界說與史傳批評，強化人格與風格的論述，又如何

21 見柯慶明〈現代中國文學批評述論〉，《現代中國文學批評述論》（臺北：大安出版社，1987），頁95-96；柯慶明〈詩人的寂寞、多情與自得──懷念鄭因百教授〉，《昔往的輝光》（臺北：爾雅出版社，1999），頁41-43。

切合時代的需要，詮釋詞人詞作，賦與現代的意義，此乃鄭騫詞學的核心項目。至於如何由王國維的文體遞變觀、胡適的白話文學史觀，導引出鄭先生的詞史觀念，這更是值得探索的課題。

還須一提的是，鄭先生早年與顧隨（羨季）先生交往一事[22]。鄭先生與顧先生初相識且同在燕京大學時期，嘗題贈、唱和，彼此切磋。鄭先生晚年仍深深感念，題詩曰：「平生風義友兼師，弱翰慚無絕妙辭。卻憶惜年相勉語，危欄獨自倚多時。」所謂相勉之語，即顧先生題鄭先生詞集賦〈采桑子〉云：「文章事業詞人小，如此華年，如此塵寰，為問君心安不安。雙肩擔起閒哀樂，身上青衫，眼底青山，同上高樓再倚闌。」蓋勉之努力從事於詩古文辭，而毋以倚聲自限也[23]。後來鄭先生果然棄詞不作，專精學術，轉工於詩，而視詞為小道的顧先生卻終以詞名，實始料未及。不過，二人的詞學觀卻頗相近。譬如顧先生為詞，主要學辛棄疾、朱敦儒、韋莊、馮延巳等名家；這些也是鄭先生所喜愛的詞人，而且鄭先生都撰有專文論述這些詞家的風格特色[24]。又如鄭先生賞詞析情，每能正前人之得失，發一己獨得之見，引喻比況，用語平常而思致

22　顧隨先生生平事蹟，參劉少雄〈顧隨先生詞學年表〉，《中國文哲研究通訊》，15卷1期，頁137-160。

23　詳鄭騫《清晝堂詩集》（臺北：大安出版社，1988），頁96。

24　例如二人皆尚向晏殊和辛棄疾，論見亦相近。顧隨〈靜安詞題記〉云：「然謂珠玉遜於六一，則亦未敢強同。大晏之詞，陸士衡所謂『石蘊玉而光輝，水懷珠而川媚』，其道著人生痛癢處，若不經意而出，宋之其他作者，用盡技倆，亦不能到，非獨見地無其明白，抑且感處無其真切也。六一精華外露，含蓄漸淺，遂開豪放一派，自下珠玉一等。」他對晏、歐詞看法，與鄭先生彷彿一致：「俊在氣韻，深在情致。……歐詞有時過於『流連光景，惆悵自憐』，我寧喜晏之俊，不喜歐之深。」（〈詞曲概說示例〉）「晏殊詞雖不能如蘇辛之幾於每事皆可寫入，而堂廡氣象決非花間所能籠罩。……能深刻真摯以寫人生即是尊體，非必纏綿忠愛。」（〈成府談詞〉）又顧先生有《味辛詞》，專學稼軒詞體，又撰《稼軒詞說》，暢論辛詞妙境，可見其於辛詞實有偏好。至於鄭先生則不用多說，他不但為辛詞作校注，並撰稼軒年譜，更著有多篇評析文章，其推稼軒為「詞中之聖」，實非偶然。

深遠；這種解讀的能力，亦爲顧先生之所長[25]。仔細觀察，二人的詞學其實都與王國維有密切的關係。顧先生一向推重王國維的理論與創作，歷年講授詩詞，亦每每論及，而其賦詞之鑄新語、發新意，蓋亦王氏之遺旨。至於鄭先生則融會王氏見解，發爲議論，時出新意，讀其〈成府談詞〉及各家專論文章最能看出其遙契之精神。總之，二先生之才情學識實各有所長，他們所樹立的典範，是近現代詞學史上值得記載的一頁。而我們如要論述鄭騫詞學，是不能忽略他與顧先生這段詞學因緣的[26]。

二、鄭騫論詞的準則

鄭騫先生在〈中國文學的精義〉一文中，認爲文學既有先天的性情，又有後天的修養，「和平中正，溫柔敦厚」的志道合一，才是中國文學精義之所在，既含蓄，又優美，沒有過的地方，也無不足之處，始終把人的天性自由與優美和後天的修養揉合一起。優美中涵泳自然的成分，就是中國文學的特質。不過，文學既重情志之本質，亦須鍛鍊以聲色，形成文學的美感[27]。這是鄭先生對中國文學整體的看法，而這看法當然也適用於詞。

人文合一，文質並重，是鄭先生所堅持的文學理念。但詞之爲體，自有其獨特性，鄭先生亦深諳此道。他在〈詞曲的特質〉一文[28]，精要地比較詩詞曲之異同，也用多重角度分析詞

---

[25] 詳葉嘉瑩〈紀念我的老師清河顧隨羨季先生——談羨季先生對古典詩歌之教學與創作〉，《迦陵談詩二集》（臺北：東大圖書公司，1985），頁149-192。

[26] 詳劉少雄〈鄭騫與顧隨的詞學因緣〉，載《吳宏一教授六秩晉五壽慶暨榮休論文集》（臺北：里仁書局，2008），頁725-751。

[27] 〈中國文學的精義〉一文，見鄭騫等著《談文學》（臺北：三民書局，1973），頁28-42。

[28] 見《景午叢編》，上編，頁58-65。

體的特質及其形成的因素。詩與詞曲的體製有別，鄭先生認為：詞曲都是配合新樂能歌唱的，組成的文字音聲與詩相異，而因之形成的風格更大大不同。他說：「這個特點，使喜歡諧婉的人，認詞曲為鏗鏘曼妙的詩歌，使喜歡古拙的人，認為這玩藝兒的音節有點輕飄。對於天才宜於收斂曲折的人，詞曲是足以見其利器的盤根錯節，對於天才放曠不受羈勒的人，詞曲幾乎是荊天棘地。」這一因人及文的辨體論，是傳統的論辯方式。鄭先生更進一步據此分別詞曲的異同：「在性行也就是內容風格方面，詞曲雖云相異，卻也是異中有同。這弟兄兩個的性行都是偏於瀟灑輕俊美秀疏放，而缺少莊嚴厚重雄峻，他們都只能作少爺而不能作老爺。所不同者：詞是翩翩佳公子，曲則多少有點惡少氣味。詞所表現的是中國文化的陰柔美，曲所表現的則是文化衰落時期一般文人對於現實的反應。」至於詞體這種的美感特質，則與其體製形式密不可分：「先從詞調的組成上看詞的風格。絕大多數的詞調，都是由單式（三五七言）、雙式（二四六言）兩種句法合組而成。……這樣單雙句式相配合的組織，造成了音律的和諧。尤其要注意的是：多數詞調的組成，都是雙式句比較多，單式句比較少。越是講究音律的詞家所常用的調子越是如此，音樂性越高的調子越是如此。這種雙多單少的配合方式，使詞的音律舒徐和緩，不近於立體而近於平面。這是構成陰柔美的條件之一。自然，詞調的音律也有縱橫跌宕，近於立體不近於平面的，如〈水調歌頭〉、〈歸朝歡〉這兩個調子。它們之所以縱橫跌宕，正因為其中句式單多雙少。但像這樣的調子，不僅在詞調裡占少數，而且只有稱為豪放派，不甚拘音律的詞人才用。……再從作詞所用語彙及表現方法來看。詞中字面都是輕靈曼妙的，古樸典重的字面簡直不用。表現方法則華飾多於素描，優美多於壯美，很少痛快淋漓奔放顯豁之作，多是隱約含蓄，託興深微，

一唱三嘆。……比之於光：詞中的景物情調都是月光之下的，無論怎樣皎潔如畫，也是月光，並非日光；即使是日光，也只是無限好的夕陽。比之於水：詞是一道清溪，是一片澄湖，只能泛起漣漪，至大是煙波浩渺；有時卻會波濤洶湧起來，那就是蘇東坡的『大江東去』，辛稼軒的『千古江山』。但要注意：至此為止，不能再過，文各有體，勉強不得。」這可以看出鄭先生既保守又開明的態度，一方面堅守詞為獨立文體的本色派立場，一方面也能知正變，容許詞在可能的範圍內作體製形式的突破、題材意境的創新。整體來說，鄭先生分析詞體的陰柔特性，能結合時代文化與個人才性，兼顧內容與形式，並鎔鑄了作品的藝術形相和作家的精神面貌，其所描述的詞體特質是相當周全的。

鄭先生有相當明白的辨體意識，他對詞之為美也有個人的喜好，這可以說是他主客融合、情理並重的一貫表現。簡言之，鄭先生論詞有幾個要點：

第一、各種風格兼容並蓄，惟須合體，以婉雅為正，過與不及皆不足取，而基於詞之本質，則華、密尤勝疏、樸。《詞選》錄詞充分表現了這一態度，〈例言〉說：「本書於各種風格，兼收並錄，不立宗派。……惟有二種風格在屏除之列：粗獷，纖佻。二者於詞為魔道，亦詞之敵也。[29]」即是此意。又鄭先生既欣賞婉約詞（如大小晏），也愛賞豪放詞（如蘇辛），同時也推崇介乎兩者之間的朱敦儒與劉秉忠詞。在勾勒與白描，疏密之間，鄭先生以為：「過度白描以致枯乾淺率，與過度塗飾以致臃腫板滯，正所謂其失維均。說白描勝於塗飾，內容重於外表，那是從前矯枉過正的論調。」（〈朱敦儒的

---

[29] 見鄭騫編注《詞選》（臺北：中國文化大學出版部，1995），〈例言〉，頁1。

樵歌〉）[30]「勻稱二字為作詞要義，不可不知。而且詞的本質是精金美玉，寧可失之過華，不可失之過樸。」「吳（文英）密張（炎）疏，各有千秋，我寧取吳之密。」（〈詞曲概說示例〉）[31]情意與文辭的雅正，是文學的基本特質[32]，而詞之為體既是配合音樂而能歌唱的詩，別具「精金美玉」之本質，理當以婉約清麗、莊重醇雅之作為尚。詞為雅製，自以蘊藉深厚為美，若語意太露太盡，而流為纖佻輕滑、粗獷叫囂，則不但不足取，實已失體。

第二、愛光明磊落之士、風流儒雅之輩，特重詞的氣格。晏殊、蘇軾、辛棄疾、劉秉忠等皆為先生所鍾愛的詞家。如比較晏、歐云：「俊在氣韻，深在情致。……歐詞有時過於『流連光景，惆悵自憐』」，我寧喜晏之俊，不喜歐之深。」（〈詞曲概說示例〉）[33]評蘇軾〈念奴嬌〉云：「這首詞完全表露出所謂逸懷浩氣，而最大特點，就是有作者自己，即所謂『人格與學問的結晶』，蘇軾所以能把詞擴大提高，全在於此。……蘇所表現的自我是高雅磊落的，柳所表現的自我則是平凡局促的。人品學問，性情思想的不同，造成蘇柳兩家的差異。」（〈柳永蘇軾與詞的發展〉）[34]評介辛棄疾云：「（稼軒）忠憤鬱勃之氣，皆發之於詞，故能於剪紅刻翠之外，屹然別立

---

[30] 見《景午叢編》，上編，頁128。

[31] 同上，頁74、82。

[32] 鄭先生尚雅的論調，更清楚地反映在他對曲的批評上：「我以為曲有四弊：頹廢、鄙陋、荒唐、纖佻。……古今中外的文學，沒有不寫男女之情的，這是正當而優美的人類情感，無可非議。但在寫出來的時候，要寫得蘊藉深厚，若寫得太露太盡而流於纖佻輕薄，那就失去其正當優美。……所以讀曲選曲，最怕的是以冶艷為飄逸清麗，以鄙俗為本色自然。須知，一涉纖俗，無藥可醫；而誤認纖俗為曲的本質從而欣賞之者，則大有人在。因此，我們拿準眼光，從散曲劇曲的全集裡，自己去找莊重醇雅之作，不要為陳陳相因的選本所誤。」見〈詞曲的特質〉，《景午叢編》，上編，頁63-64。

[33] 見《景午叢編》，上編，頁75。

[34] 見《景午叢編》，上編，頁124、126。

一宗，與蘇軾並稱蘇辛，至今不替。」（《詞選》）[35] 論劉秉忠云：「《藏春詞》佳處在性情深厚，襟抱磊落；悲天憫人之胸懷，澄澈之思想，尤爲歷來詞家所無。淒婉蒼涼之致，猶爲餘事。」（〈成府談詞〉）[36] 以上引文，可見先生特別重視的詞質，乃一種緣於詞人學問、性情、襟抱而有的高華的氣度和剛健的風骨。這種高健的骨氣，往往帶一點詩的高遠沉雄的意境。先生之將僅存十八首詞且以詩名世的陳與義也列爲宋詞名家之一，正是愛賞他氣稟之清剛、詞格之高朗[37]。事實上，鄭先生本身是詩人，對詩人爲詞別有會心，因此他對蘇軾、黃庭堅、陳與義、張孝祥、陸游等詩人的詞作，語意超拔、駿發蹈厲的表現，甚爲推崇，是可以理解的。

　　第三、特別欣賞俊逸清新、沉著雄奇之作，尤以疏俊綺麗之筆寫深厚渾涵之境爲高。鄭先生說：「詞之爲體，婉約曲折，最好用來抒情，尤其是傷感之情。韋莊、李煜、晏幾道、秦觀，這些人所以卓然名家，還不全是由於以清麗之筆寫感傷之情？[38]」宋詞代表中國文化陰柔的一面，但所謂陰柔不是一味的纏綿軟弱，而要有一種堅定的生命力，鄭先生稱之爲「韌性」。他分析說：「所以，粗獷叫囂固然是詞之異端，纖艷佻薄的靡靡之音也同爲魔道。詞有韌性，才能成爲文學之一體。[39]」這種韌性，來自認眞熱誠的生命意態，不屈不撓的個

---

35 見《詞選》，頁112。

36 見《景午叢編》，上編，頁262。

37 《詞選》陳與義略傳云：「與義爲人清愼靖一，容狀儼恪，平居謙以接物，然內剛不可犯。……與義一生專力爲詩，塡詞特其餘事，故僅十八首，然首首可傳。」見《詞選》，頁95。又〈成府談詞〉云：「《白雨齋詞話》：『陳與義擬〈法駕導引〉三章，以清虛之筆寫闊大之景，語帶仙氣，洗脫凡艷殆盡。』的是確評。『自洗玉舟斟白醴，月華微映是空舟。』『千乘戴花紅一色，人間遙指是祥雲。』皆可爲去非詩詞寫照。」見《景午叢編》，上編，頁255。

38 見〈朱敦儒的樵歌〉，《景午叢編》，上編，頁130。

39 見〈詞曲的特質〉，《景午叢編》，上編，頁61。

性，發抒爲文自有一種格調，一種骨氣，而詞雖寫感傷之情，但名家之作普遍都不卑下，反而筆力清健，跌宕有致，正因有這韌性在。〈成府談詞〉評大小晏說：「珠玉詞清剛淡雅，深情內斂。……馮煦〈宋六十一家詞選序錄〉以爲歐詞：『疏雋開子瞻，深婉開子游。』……疏雋即是豪放，深婉即是沉著。疏雋而不能深婉則失之於輕滑，豪放而不能沉著則失之於叫囂，二者皆詞之魔道。」「小山詞境，清新淒婉，高華綺麗之外表不能掩其蒼涼寂寞之內心，傷感文學，此爲上品。」[40]爲詞而能發之於深摯的情感、沉著的意態，出之以清俊的筆調、綺麗的詞藻，將「美麗與哀愁」融爲一體，是抒情文學蘊藉動人的最佳表現[41]。又《續詞選》評諸家詞，尤可見其觀點。譬如，評蔡松年：「尤工詞，寓豪放於清麗，『驛騎於東坡淮海之間』。」評劉秉忠：「秉忠詞雄廓瀏亮中有蕭散沖遠之致，於兩宋名家之外，別樹一幟。」評劉因：「因平生學術以宋儒爲主；詩詞則寓豪宕於和平，別具風格。況周頤跋其詞云：『眞摯語見性情，和平語見學養。』確論也。」評陳維崧〈夏初臨〉：「感慨興亡，寓沉痛於清婉，絕無劍拔弩張之態，《迦陵集》中，難得此等筆墨。」[42]其他文章，如論馮延巳詞「在高華濃麗的底面蘊藏著無限悲涼」[43]，朱敦儒詞「悲涼壯慨的情調之外」，「還要有清麗芊綿的筆墨」[44]，都能揭露詞

---

[10] 見《景午叢編》，上編，頁251-252。按：先生對晏幾道的評論，〈小山詞中的紅與綠〉也有相同的看法：「在高華朗潤的風度之外，顯示著無限悲涼情調，在濃麗的色澤之上，籠罩著一層黯淡的氣氛。」見《景午叢編》，上編，頁117。

[41] 鄭先生〈詩人的寂寞〉亦云：「若夫唐人詩的高華豪邁，那是那一朝也比不上的；……中晚以後，雖然漸漸的收斂起來，趨入深秀雋永一途，高華豪邁的流風餘韻卻依然存在。當時以寂寞見長的幾家也都是寓清剛於淒婉，在阮陶謝之外，另開新境。」見《景午叢編》，上編，頁15。

[42] 見鄭騫編注：《續詞選》（臺北：中國文化大學出版部，1982），頁1、22-23、32、91。

[43] 見〈論馮延巳詞〉，《景午叢編》，上編，頁111。

[44] 同注38。

人作品中結合內在情思與外在文辭而形成的特殊美感。詞體之美，就在鄭先生的辨析下，呈現了更清晰的輪廓：寓豪宕於逸麗、以清筆寫哀情、於陰柔見韌性，形成一種內外抗衡、情辭跌宕的張力。

　　第四、人文合一的觀念與知人論世的觀點。在中國文學批評傳統裡，人格與風格往往被認為是互有關聯的。人格決定詞格之高下，而詞格的高低，則影響詞體的尊卑。鄭先生〈柳永蘇軾與詞的發展〉一文說：「蘇比柳高，其所以然的緣故，則如王鵬運所說，蘇的才華性情，學問襟抱，舉非恆流所能夢見。柳永比起蘇軾，當然只是一個『恆流』。……柳詞的風格，正是他個人性情生活的反映。他的性情不一定是輕佻僄薄，他的生活則完全是放浪頹靡。抱著流落不偶的沉哀，整年的看舞聽歌，淺斟低唱，即便有些逸懷浩氣也消磨淨盡了。蘇則無論江湖廊廟，到處受人尊敬，無形中養成卓犖不群的自尊心，與高雅的品格風度，再加上天資學問，當然與柳不能同日而語。這種差別，表現到他們的作品上就形成了蘇詞柳詞的異點；而後人給予柳詞的評價也就低於蘇詞。[45]」至於詞體風格的形成之於個人身世之關係，鄭先生亦有很好的評說，如論辛棄疾云：「這些詞的根源，是他一生動蕩的身世，鬱勃的懷抱，所以能夠深厚雄闊，蒼渾沉鬱，『於剪紅刻翠之外，屹然別立一宗，迄今不廢。』他的成就不盡是由於他的才氣、性情、學問，更重要的是他所處的時與地。……他生於南渡後不久的紹興十年，甫經淪陷的山東，北方的情形既能啟發激勵，使他想有所作為，而南方的氣氛又足以壓抑摧折，使他『欲飛還斂』，二者互相蕩摩，這才產生出那樣的身世、懷抱，那

---

[45] 見《景午叢編》，上編，頁124。

樣的作品。[46]」這樣的兼顧主客觀的因素，分析稼軒詞風的形成，切要而精當，可見評者的識見。此外，如評史達祖：「南宋詞人善寫兒女之情者，梅溪為第一。然其胸襟似不及小山淮海之磊落，故少俊邁之氣。此固由於性分，亦有運會關係在其中；弱國之民，即談私情亦不易開展也。[47]」評納蘭成德：「德天性深厚，篤於友誼，愛才好客，尤喜江南文士，所交游皆一時俊異。又嘗扈蹕聖祖，西登五臺，東北出榆關，南抵三吳。山川人物皆有以自廣；故其詞時有英特奇逸之氣，非僅以清新倩秀見長者。然僅工小令，長調則傷碎弱，且多不協律；蓋才力、年壽，兩有未逮也。[48]」除了依個人性分，又能就身世歷練、時代精神、文體特性，來論析詞人作品的風格及其優劣，這樣的文體觀，照顧層面頗廣，而各因素所激盪、映襯出來的面貌，自更精切而周延。鄭先生詮解詞意，常發揮其文史長才，在「以意逆志」中，又能運用「知人論世」之法，以史證詞，據事立說，嚴謹拿捏分寸，得出相當不錯的成果[49]。

---

[46] 見〈杜著辛棄疾評傳序〉，《景午叢編》，上編，頁133。
[47] 見〈成府談詞〉，《景午叢編》，上編，頁133。
[48] 見《續詞選》，頁93。
[49] 如論韋莊〈菩薩蠻〉五首：「此五章一氣流轉，語意聯貫，選家每任意割裂，殊有未安，今全錄之。張惠言《詞選》云：『此詞蓋留蜀後寄意之作』。恐未必然。《栩莊漫記》云：『韋曾二度至江南，此或在中和時作，與入蜀後無關。張氏《詞選》好為附會，其言不足據也』。是為得之。」見《詞選》，頁7。又如謂辛棄疾〈永遇樂‧京口北固亭懷古〉一詞寓身世家國之感，云：「據岳珂《桯史》，知此詞作於宋寧宗開禧元年稼軒守鎮江時。其年稼軒六十六歲。上距高宗紹興三十一年辛巳白山東率義兵七八千人渡江歸宋，恰為四十三年。登北固可望揚州，揚州為稼軒率兵渡江處，時金主亮南下侵宋，隔江對峙，揚州正在烽火中也。京口英雄，仲謀而後當推宋武，宋武一生事業自以北伐為首；稼軒亦主恢復之議者，且自信有恢復之才，特始終未得大用耳。故前章專寫孫劉二人而以劉為主，望古遙集，聲情激越。宋文帝元嘉中，用王玄謨諸人之議，出師北伐，而國力未集，致遭敗衄；魏太武帝遂引兵南下，直抵長江，飲馬瓜渡。文帝登石頭城，北望敵軍甚盛，頗有懼色。事詳《南史》及《通鑑》。稼軒守鎮江時，韓侂胄當國，力主北伐；而用人失當，措置乖方，其後草草出兵，卒致大敗。稼軒此時已隱憂事之不濟，故敘元嘉往事，以劉宋喻趙宋，諷諭當道不可輕舉妄動。文氣則仍承上『金戈鐵馬』、『氣吞萬里』而來。『四十三年』以下，純是個人身世之感而仍與國事有關。此時金邦雖漸趨衰亂，餘勢尚盛，故有『佛貍祠下』、『神鴉社鼓』之語。宋則主和者泄沓，

三、鄭騫詞史觀的內容和意義

　　尊體，尚雅，重意境，主氣格，這是鄭騫詞學的基本立場。經由上兩節的分析，我們認識了鄭先生融會了「詩—詞」、「文—史」等觀念的詞學特色，知悉其結合了境界說與史傳批評以強化其人格與風格相應的論述方式，更體認了先生繼承傳統也知新變、既保守又開明的治詞態度。鄭先生所愛賞的幾位詞家，都是詞史上關鍵的人物。他之所以能明乎詞體、詞家的特質，自是通識古今之變後比較得出的結論。而鄭先生的主張，誠如上文所述，是有其特別的時代意義的，尤其須注意王國維、胡適等人的影響。他如何依違於王、胡等人的詞史觀，提出新的論述觀點？以下分三方面來說明。

（一）詞是詩的支流，有其婉雅的特質，獨特的地位

　　詞在文學史中有何地位？鄭先生在主觀上雖尊體，但也能認清客觀的事實，充分理解詞體的特性及其限制，評定了詞體的價值，並確立了其在抒情文學演變史上應得的地位。從學習新體的角度來觀察，鄭先生認為：文體的衍變，是一種新陳代謝式的遞嬗，由古詩而近體而新詩，它們的血脈相連在一體，新與舊之間交相融合，很難截然劃分，不過，文學與時俱進乃自然之勢，是無法抵擋的；而在中國抒情文學的長河中，主流是詩，詞與曲都只能算是旁出的支脈，未來必定是以白話寫作的新詩來接續主流發展。鄭先生〈論讀詩〉說：

主戰者鹵莽，軍事財政，毫無準備。老成謀國之士，睹此情形，中心憂鬱，可以想見。然稼軒非反對北伐者，特主慎重從事，備而後動耳；故末二句仍有攬鞍顧盼，以示可用之意，其所謂烈士暮年，壯心未已乎。……顧炎武云：『幼安久宦南朝，未得大用，晚年多有淪落之感，亦廉頗思用趙人之意爾。』（《日知錄》十三）殊違知人論世之義。」見《詞選》，頁122-123。文中「以意逆志」，配合「知人論世」之法，既考又辨，所論相當有說服力。

詩體的需要轉變，已是不能否認的事實。王國維先生在《人間詞話》卷上裡，有這樣一段話：「四言敝而有楚辭，楚辭敝而有五言，五言敝而有七言，古詩敝而有律絕，律絕敝而有詞。蓋文體通行既久，染指遂多，自成習套，豪傑之士，亦難於其中出新意，故遁而作他體，以自解脫。一切文體所以始盛終衰者，皆由於此。……」他所論詩體發展的程序，雖有商量餘地，而所論原理，則是對的。所謂敝，即是衰微、凝固。衰微則不能活躍，凝固則無從發展。以前通行的詩體之衰微凝固，絕不自今日始，遠在南宋末年，一切古風律絕，已竟沒有多少活躍發展的生命力。元明以來，沒有像以前那樣偉大的詩家，正是詩體已敝的緣故。詞曲只能算是詩的新支流，並不能繼承古風律絕而作詩的新體。因為它們始終受著音樂譜律的支配，不能徹底盡量發揮詩的作用。所以，我以為元明以來，詩只有變格的發展，而沒有本格的發展。本格的發展，正有待於今後數十年中文學者的努力。因為現代人的生活文化，與以前截然不同，人們的心境比較以前複雜廣大，僅受音律支配的詞曲，和受平仄對仗束縛的律絕，固然不足以容納表現近代人的思想情感；即使用格式比較自由，伸縮性較大的古風，也還是不能收此功效，勢非另換新體不可。……時至今日，新詩雖在急切的需要，而情感意境的啓發涵泳，文辭技巧的運用觀摩，還是非借重舊詩不可。要緊在怎樣把從舊詩裡得來的資料，提鍊淨化了，運用到新詩裡。[50]

---

50 見《景午叢編》，上編，頁1-3。

鄭先生原則上贊同王國維的文體遞變觀，認為文體之所以有變，乃由於文體習染過久，出現了衰微凝固的現象，遂不得不變他體以延續文學的生命。不過，鄭先生對王國維所列之詩體發展程序，頗有些意見。按照王氏的說法，詞是繼律絕而產生的新體，這容易讓人誤以為詞是詩之後的主流文體，詞與詩地位相當。所以，鄭先生廓清了詞與詩的關係，認為詞不過是詩的主流中派生的支脈，在抒情文學中詩和詞自有主客地位的差別。雖則如此，詞亦有自家風味，具特殊的美感，是陰柔之美的代表。關於詞體之美，上一節已有陳述，此處不贅。

《論語·子張》云：「雖小道，必有可觀者焉；致遠恐泥，是以君子不為也。」鄭先生似深諳此理[51]。他認真地辨析詞為小道的意義，切實地揭發詞體可觀之處，彰顯其獨特的文化精神特質。但另一方面，他也不得不承認，在詩的潮流發展上，詞只是詩的支流，從未匯成大江河，而依進化的通例，詞的創作生命已結束，不易復興，因為詞的受音律支配的格式殊不足以應現代詩歌的需要，而且詞所代表的陰柔之美也與現今的時代精神不相合，不過，若就欣賞言，則詞仍具價值[52]。由此可見鄭先生務實而通達的歷史觀——因為知道文學生命的延續性，充分掌握了抒情文學的主軸發展脈絡，瞭解每種文體的意義及彼此間的傳承關係，而且深具現代意識，體認文學趨新的勢態，遂不致厚古薄今，抱殘守缺，展現出圓融寬厚的氣度。所謂「不薄今人愛古人，清詞麗句必為鄰」（杜甫〈戲為六絕句〉），確是先生的寫照。

---

[51] 鄭騫〈蘇東坡的陽關曲〉：「謹守聲律而又能游行自在的作品，如東坡的『中秋月』，是可遇不可求的，所謂『妙手偶得之』。能作得很好，卻無法可以作得很多；固然精嚴，卻很難雄闊。從正面說，『雖小道亦有可觀者焉』；從另一方面說，雖有可觀而畢竟是小道。這就是詞曲所以不足與詩相提並論的最大原故。」見《龍淵述學》（臺北：大安出版社，1992），頁63。
[52] 見〈詞曲的特質〉，《景午叢編》，上編，頁64。

鄭先生「詞是詩的支流」的說法，表面看來，彷彿是傳統詞學「詩餘說」的觀點，但事實上他不僅僅從純文學的角度看詞，重視詞的意境，他更強調詞作為音樂文學的特性，視體製合律而有清雅韻致為詞之要素。換言之，鄭先生的詞學觀可說是調和了「本色論」與「詩餘說」，他既重格律形式也重內容意境，有個人的品味與主張。

　　鄭先生這一詞史觀及其對新詩的看法，正也反映了他在大陸時期面對新文學思潮的態度。民國初，胡適繼承王國維的文體遞變觀，發展了一套白話文學史觀，結構清晰，影響甚為廣遠。鄭先生雖沒有直接針對胡適的說法加以評論，但可以觀察得知他的相關理論應是這波文學革命潮流的反響，他是看到了文學白話化的問題，有感而發，而提出修正意見的。筆者曾為文論述胡適的詞史觀，該文有三個論點，值得再加審視，以瞭解鄭騫詞學之所由起及其建構一己學說的用心。第一，胡適認為一部中國文學史就是一部「活文學」（以白話為主）起來取代「死文學」（以文言為主）的歷史。文學演變的流程可歸納為一個公式：一種新的文體往往是出於民間，而衰於文人之手；在文人手中，這種文體已成習套，流為模倣的形式主義，失去了創新的精神，新的一體就漸從民間興起，取而代之，最後又在文人手中僵化；如此循環遞變，便構成了文學的歷史。將這一套公式再配合以朝代作文學史的分期依據，則自然產生一代有種代表文體的機械看法。而文學的演進，按照胡適的想法，應是由文言體系步向白話語境的歷程。根據這套白話文學的觀點，遂大幅改寫了傳統以詩文為主軸的古典文學藍圖，歷代歌謠、宋詞、元曲、明清小說即由此而得到了重視，大大地提升了各體在文學史上的地位。第二，胡適重視詞的語言特性，詞基本上就是詩的一體，可與音樂分離。詞的歷史價值就在於它

提供了較詩爲自然的語言，詞體的長短句式，較詩能達曲折之意，傳婉轉頓挫之神，而詞調的音節形式仍具現代的意義，可提供新詩學習參考。詞乃詩的進化，而曲就是詞的進化，對此三體，胡適皆從白話文學性的鑒賞標準來論定其歷史地位的，正由於這是從新詩自然的語言特性來考察其歷史的進化過程，則詩與詞或詞與曲的不同，就只有因時代先後而導致其接近自然語言的程度之差異而已，文體的時代愈前，距離自然的語言便愈遠，反之，便更具活的性質。第三，文學的白話化與民間性，發展到極端，容易陷入強烈二分法的論調，把士大夫階層與人民階層對立起來，著重文學的階級意識。後來許多學者在唯物論的推波助瀾下，一味強調文學的階級性與意識型態，重視文學的實用性猶勝於藝術價值，如是，詞的文學性便被忽略了[53]。筆者以爲，在當時如火如荼的文學革命思潮裡，鄭先生實不能置身事外，無動於衷。誠如上文所述，他十分敬仰胡適，但對於胡適這一套文學史觀，他的態度顯然是有所保留的。新詩是必然的趨勢，鄭先生也不否認，可是如依胡適及其追隨者的理路，以白話作依歸，採取了決定論的立場，過分強調由詩而詞而曲而新詩的單一演化系統，因而形成簡單的二分法理論，實在有違文體發展的事實，更混淆了文學的價值。因此，以白話的角度，將詞曲抬舉到與詩一般的地位，視之爲宋元文學的代表，而且抽離它們的樂律屬性，用一套現代語文的標準、文學功用論的新觀點來選詞論詞，這很容易導致詞曲惟尚語言淺易、內容勝於形式的僵化論調。鄭先生指出詞是詩的支流，無法取代詩的地位，它基本上是一種合樂而能歌唱的詩，內容與形式並重，是宋代陰柔文學代表之一，但詞的創作

---

53 詳劉少雄〈論胡適的詞史觀〉，林玫儀主編《詞學研討會論文集》（臺北：中央研究院中國文哲所籌備處，1996），頁427-447。

時代已過，它有現代的意義，但不純然是提供白話語料或音節形式等方面。這可以清楚看出鄭先生切實回歸歷史、維護文學本質的立場。前引論朱敦儒的段落中說：「我所謂枯乾淺率的作品。如有人推許此種惡札，那當然是誤解了白描的意義，同時也不認識詞是怎麼一種文體。十幾年前的確有人持此看法；在詞上，乃是對於清末民初推尊周清真吳夢窗一派的反動。凡是反動初起，沒有不矯枉過正的。」的確，誇大了詞的白話作用、民間特性，無疑淺化了、窄化了的詞的世界，也消解了詞作為一種獨立文體的意義，如一切都以白描為尚，以寫所謂正面題材為高，則詩詞曲的特質都被稀釋了，又如何彰顯出各自的姿態和美感？如因反動而推許內容枯乾文辭淺率之作，則更是不知文學為何物了。〈成府談詞〉說：「大抵滑稽率易之作，無論為詩為詞為曲，皆惡札也。[54]」雅正是文學的基調，鄭先生的立場是相當堅定的。又說：「當時欣賞詩詞，只知豪放而不解婉約，但喜顯豁而不辨幽微；今則持論幾於相反。[55]」可見鄭先生當時也曾受時代氛圍的影響，愛清逸雄奇之作，偏重內容意境，後來卻能自我調適，於婉約幽微處發現詞體之美，以為「疏雋而不能深婉則失於輕滑，豪放而不能沉著則失於叫囂，二者皆詞之魔道[56]」，先生自始至終最不能容忍的就是詞的淺俗化，既不優美也不自然，那樣的作品怎稱得上是文學？

　　鄭先生〈吾道漸消沉〉有一段話說得很對：

　　　　詩，本來就是屬於少數人的「高寒文學」，無從普及，也無須普及，必求普及而使其「大眾化」，只是降低詩

54　見《景午叢編》，上編，頁255。
55　同上，頁250。
56　同注54，頁251。

的品質，這是我們不願見到的。但是，既有花必有花香，既有鳥必有鳥語；詩是精練的語言，人類既有文化就不能沒有詩。雖不必求其擴展，總該求其延續。事實上也必能延續下去，只是內容及形式會隨時代不同有所變化而已。[57]

先生對詞的看法也是一樣的，文體隨時可變，但格調不能降低。相對於當時不少學者的「變節」，鄭先生冷靜、理智、通達的態度，堅定的文學信念，始終保持不卑不亢的優雅身段，實屬難得。

（二）詞史五期說

鄭先生的詞史分期說，無論是就整體的發展由唐迄清，或單就代表時期的兩宋而言，所述輪廓大致與王國維以降的近現代學者相同，不過在細部的解釋上，或個別詞家的評價上，有些差異，於此可以看出先生尊體、主雅、通變的意識。

鄭先生嘗分詞史為五期：一、萌芽期——主要指中唐階段，亦可包括之前的胚胎期；二、發展期——晚唐五代到北宋中期；三、成熟期——北宋後期到南宋（宋末已老熟）；四、衰落期——明代（元中葉已開始衰落，但兩宋餘韻猶存）；五、復興期——清代[58]。茲簡述重點如下：

一、詞的萌芽期——中唐時，詞已興起，不過這時期屬由詩到詞的過渡階段，作家作品不多，所用詞調簡單而稀少，

---

57 見鄭騫《永嘉室雜文》（臺北：洪範書店，1992），頁178。
58 參崔成宗筆錄〈鄭師因百詩詞專題研究講記〉，《書目季刊》，第26卷第2期，頁42-43；林玫儀：〈鄭因百師的詞學〉，《中國文哲研究通訊》，第1卷第3期，頁106。

而且多未脫詩（五六七言絕句）的形式；鄭先生認為「所有作品都是介乎詞與詩之間的東西，這時的詞，還不能確定的叫它作詞」，除了形式數量外，此時的詞多屬詩人（如劉禹錫、白居易）偶然寄興之作，不夠專業，所作內容簡單狹小，個人風格並不顯著[59]。至於敦煌詞的屬性問題，鄭先生未有論述。不過，他倒認為唐時已有長調，只是「有些是有聲無辭」，「有些則是雖有歌詞而非出於文人之手，其詞鄙俚，流行不廣，遂致失傳」[60]。事實上，先生崇雅，不太欣賞俚俗之詞，《詞選》不錄民間作品，所載唐詞僅六首，而且都是中唐後文人長短句[61]，可見他論列為詞的依據：文人雅製，使用真正詞調者始納入範圍。

　　二、詞的發展期── 鄭先生認為「溫韋的貢獻在詞的創始」，「柳蘇的貢獻在詞的發展」；而由晚唐到北宋中葉，則是詞本體的發展階段，形式上由小令到長調，內容上逐漸能於寫景不出園亭，言情惟工綺艷之外，寫出更深曲的情感，更闊大的意境。詞到溫庭筠、韋莊二家，數量增多，所用詞調大部分是長短句，各有各的風格情調（溫深美、韋清俊），完全脫離詩的範圍而獨立，附庸蔚為大國，是從這個時候開始的[62]。到了南唐宋初，馮、晏、歐諸家雖各自建立深婉、清剛、豪宕之詞風，但仍多屬傷時念遠、感舊懷人之作，形式上雖已試為長調，仍是以小令為主。其後，真正能推動詞體往更深廣的境地發展的，便是柳永和蘇軾了。鄭先生說：「柳永在形式方面使

59　詳〈溫庭筠韋莊與詞的創始〉，《景午叢編》，上編，頁103。
60　見〈再論詞調〉，《景午叢編》，上編，頁97。
61　《詞選》收舊題李白詞二首，注云：「據蘇鶚《杜陽雜編》所載，〈菩薩蠻〉為唐宣宗大中初新起之調，太白自無從預填。〈憶秦娥〉亦不似盛唐已有之詞調，惟此詞氣象頗似太白耳。」又收張志和〈漁歌子〉，白居易〈憶江南〉、〈長相思〉，司空圖〈酒泉子〉，計選錄唐人詞六首。
62　同注59，頁104。

詞發展，蘇軾在內容方面使詞發展。」柳永在詞史上的地位，就是奠定在長調寫作的質與量上；而蘇軾的成就則在此基礎向上發展，擴大了詞的領域，提升了詞的意境[63]。

三、詞的成熟期──鄭先生認為宋詞的鼎盛時期在北宋末到南宋間，以周邦彥、辛棄疾為代表；他說：「周邦彥繼承柳的形式而襟抱勝於柳，辛棄疾繼承蘇的內容而音律嚴於蘇，遂成為詞中二聖。詞到了周辛兩家，才發展到登峰造極，如日中天。[64]」其時，正是由柳永所開的周邦彥、姜夔、吳文英一派和由蘇軾所開的張孝祥、陸游、辛棄疾一派相抗衡的狀態。宋末，吳文英詞練字運筆，質實密麗，張炎鋪章構篇，轉折分明，各擅勝場。〈成府談詞〉說：「凡一種文體至極盛將衰之時，多以雕鏤刻畫為工。詞至南宋末年，已漸老熟，正合有此一格以結三百年之局。[65]」宋詞最後就在吳文英和張炎兩家手中結束[66]。

回顧宋代詞史，溫韋、柳蘇、周辛、吳張八家無疑是最關鍵的人物。鄭先生認為詞以宋為代表，詞代表陰柔之美。他分析說：「詞之所以有此性分，則因為他的全盛時代在南北兩宋。宋朝的一切，都足以代表中國文化的陰柔方面，不只詞之一端。最後我們要注意，柔並不是一味的軟綿綿，而要有一種韌性。[67]」其後各代，運會不同，元明兩代政治社會不怎麼清

---

[63] 見〈柳永蘇軾與詞的發展〉，《景午叢編》，上編，頁119-127。
[64] 同上，頁127。
[65] 見《景午叢編》，上編，頁259。
[66] 林玫儀〈鄭因百師的詞學〉說：「再至吳、張二氏，前者濃厚茂密，後者清空流麗，已將詞體發展到極致，自後作家，很難再有重大的突破，是為詞之結束。……因百師曾擬定題目，要撰寫『溫庭筠韋莊與詞的創始』、『柳永蘇軾與詞的發展』、『周邦彥辛棄疾與詞的完成』、『吳文英張炎與詞的結束』四文，以代表他整個詞學史觀，前二文在來臺以前即已撰成，後收入《景午叢編》，後二篇則因播遷來臺而中輟，此後一直未曾完成，殊為可惜。」
[67] 見〈詞曲的特質〉，《景午叢編》，上編，頁61。

明健全，是中國文化的衰落時期，宜乎詞之衰落了。

四、詞的衰落期——詞到元中葉以後，才有衰落的跡象；到了明朝，真的式微了。鄭先生〈論詞衰於明曲衰於清〉指出：「詞之衰落，並不自明朝始，從元朝中葉，詞已竟衰落下去。但兩宋的風流餘韻，尚未盡泯，元朝還有幾位詞家，若干好詞。[68]」在元初，詞還保留著兩宋的餘勢，分南北兩派發展。名家如張炎、周密、王沂孫以及後來的張翥都屬南派，劉秉忠、劉因則屬北派；前者承周姜，講究唱嘆寄託，詞風纏綿深婉，後者繼蘇辛，寓豪放於清麗，有飄逸清新的氣韻。鄭先生又注意到元詞北派的源流脈絡，他說：「宋朝南渡以後，程學行於南，蘇學行於北。學術思想上如此，文學上也是如此。蘇詞一派到了南宋雖也大行於世，而有張孝祥、陸游、辛棄疾、劉克莊諸大家。但其發展情形總不如繼承柳周的一派興盛。辛棄疾與姜夔是同時而分別代表兩派的；但姜以後有史達祖、吳文英及上述的張周王諸人，辛以後則只有一個劉克莊勉強支持豪放派的門面。在北方的金朝，則金初的吳蔡體（吳激與蔡松年），金末的元好問（遺山詞），都走的是豪放一路，正因為蘇學盛行，而北人的性格情調又接近豪放一派。[69]」在宋元之間，也須留意金詞的發展，它可說是宋詞的支流，元詞北派的濫觴。《續詞選》評元好問說：「其詞『清雄頓挫，閒婉瀏亮』，上承明秀（蔡松年），下啓藏春（劉秉忠），北方詞派之巨擘也。[70]」可見元好問承先啓後的地位。詞發展到元中葉以後，疲態已露。到了明朝，真的無以為繼了。當時有名的詞家如劉基、楊慎、陳子龍，也不過中下之才。鄭先生評析明詞

---

68 見《景午叢編》，上編，頁162。
69 見〈劉秉忠的藏春樂府〉，《景午叢編》，上編，頁157-158。
70 見《續詞選》，頁11。

衰落的現象說：「明人填詞，都是偶然揮灑，很少專攻此道，所以多不成集，僅有的若干詞集，流傳也非常少。……明詞之所以如此式微的緣故，簡單來說，就是受了文壇上新舊兩方的夾攻。所謂舊，是詩文的復古；所謂新，是曲的盛行。[71]」詞就在這兩種復古與新變的風氣影響之下，遂被冷落，詞籍因而流傳不廣，而文人填詞又無精確的譜律可以遵從，隨意緣曲入詞，體式混淆，明詞至此已竟不得不衰落了。

　　五、詞的復興期 ── 清代的詞，規矩對了，內容也擴展了，不論婉約豪放，都有佳作。樂觀地說，是復興時期；悲觀地說，是返照時期。清詞之復興，鄭先生認為須注意兩方面：一是明清文人擇體抒情，由詞而曲，又由曲而詞，乃自然轉變的態勢，他說：「詞衰於明，乃是轉變，即是詞轉為曲之意。當時的文人才士並不是不需要詞這類的文體，詞的功用在明朝依然存在。不過有了與它相近而又更進步的曲，於是詞的發展就轉到曲上去，而其本身則呈現衰敝的現象。到了清朝雍乾以後，曲又衰落下去，而文人們依然需要比詩清倩纏綿，較富彈性的文體，於是詞又復興起來。可見詞衰於明，乃是轉變，當時曲的發展，也可說是詞的發展。假使詞至明朝，氣數已盡，那就不會復興於清了。[72]」一是曲的衰落，詞的再興，與整個社會文化氛圍有關，鄭先生說：「因為政治社會比較清明，清朝人無論在甚麼上，他們的態度都是前進的，他們的心情思想都是光明健全的。……這樣當然會養成向前向上，實事求是的精神。……清人是講考據，重實在的。他們弄慣正經切實的學問，看到曲子裡邊的胡說八道，當然要起反感。……清代文學的主要空氣是雅正，曲之為物卻是既不雅又不正。其內容

---

71 見〈論詞衰於明曲衰於清〉，《景午叢編》，上編，頁162。
72 同上，頁165。

的不雅不正就是所謂四弊（按：指頹廢、鄙陋、荒唐、纖佻）。形式上則多用方言俗語，以及民間傳說與俗典，這與清代文人的習慣也不相合。[73]」元明曲裡所反映的是一種頹廢淫靡的社會風氣，到了清朝，這種風氣已有改變，一般學人都是端雅凝重的，因此緣情興感，發而為文，自以蘊藉深厚為尚。他們棄曲而就詞，因為詞較曲雅正，那是大家可接受的體製。詞，畢竟是小道，「不過是詩的附庸，曲的前驅」，經過了清代的復興，它已經發展到了極點，實在已無可再發展的餘地。至於清詞本身的發展，鄭先生說：「有清一代詞蓋終始於二朱（竹垞、彊村）。[74]」他在《續詞選》中按清詞三階段選錄了七大家，即始於朱彝尊，終於朱祖謀：清初，以朱彝尊、陳維崧、成德為代表，朱陳分別代表婉約與豪放之風，成德則以有英特奇逸之氣見稱；清中葉，以項廷紀、蔣春霖為代表，項之幽艷空靈，蔣之淒厲壯慨，皆深得詞體深婉之美；清末，以鄭文焯、朱祖謀為代表，兩家詞既精密又清曠，為晚清詞壇宗匠。之後，進入新的時代，詞的創作生命不得不結束，因為長短句合律的體製實不足以容納表現近代人的思想情感，勢非另換新體不可。

鄭先生《詞選・例言》說：「金詞為宋之支流；元詞為宋之餘波；明詞雖衰，不無佳作；清代則詞之復興時期。四朝之詞自應選錄，而其標準則難與唐宋相同。選唐宋詞須從嚴，選金元明清詞宜從寬。[75]」鄭先生以為金元明清詞各有發展，與唐宋詞之評選，有嚴寬之別；我們讀詞，須知流變，也要知高低分寸，入門須正。〈永嘉餘札〉說：「凡一種文體，沿用既

---

[73] 同注71，頁167-169。
[74] 見《續詞選》，頁134。
[75] 見《詞選・例言》，頁1。

久，未有不由衰敝而腐朽者；惟其全盛時期之作品，則千古常新。[76]」詞的創作已無復興的可能，但詞的欣賞卻歷久彌新。總之，鄭先生落實一己的詞史觀，選詞以立典範，因古導今，可說用心良苦。

附帶一提，先生選列各時期的代表名家，在大陸時期和來臺之後，因時代環境不同，情趣轉變，去取之間，頗有差異。茲整理列表如下，以供參考[77]：

	民國二十九年（1940）選錄三十家詞	民國五十三年（1954）改編為四十二家
唐五代	4家：溫庭筠*、韋莊*、馮延巳、李煜	6家：溫庭筠、韋莊、**顧敻**、**孫光憲**、馮延巳、李煜
宋	18家：晏殊*、歐陽修*、晏幾道*、柳永、蘇軾*、黃庭堅*、秦觀*、周邦彥、朱敦儒*、陳與義*、李清照*、陸游、辛棄疾*、姜夔、史達祖*、吳文英*、張炎*、蔣捷*	24家：晏殊、歐陽修、晏幾道、**張先**、柳永、蘇軾、黃庭堅、秦觀、**賀鑄**、周邦彥、朱敦儒、陳與義、李清照、**張孝祥**、陸游、辛棄疾、**劉克莊**、姜夔、史達祖、吳文英、**王沂孫**、張炎、**周密**、蔣捷
金	1家：元好問*	2家：**蔡松年**、元好問
元	1家：劉秉忠*	3家：劉秉忠、**劉因**、**張翥**
清	及近代6家：納蘭成德*、蔣春霖*、**文廷式***、沈曾植*、朱孝臧、王國維	7家：**朱彝尊**、**陳維崧**、納蘭成德、**項廷紀**、蔣春霖、**鄭文焯**、朱孝臧

---

[76] 見《龍淵述學》，頁291。
[77] 見〈三十家詞選序目〉，《景午叢編》，上編，頁170-172。按：表中符號*所指乃同一時期所撰〈成府談詞〉有論列者。另有見於〈成府談詞〉，卻未列為大家的有賀鑄、劉過、劉克莊、王沂孫、劉因、朱彝尊、陳維崧、王鵬運。當中賀鑄、劉克莊、王沂孫、劉因、朱彝尊、陳維崧等，後亦被列為大家。

（三）詞史發展的主軸——婉約（正）、豪放（變）並流對峙

鄭騫詞史觀最精采的地方，不在它的分期，而在於它的分體，辨正變。分期說是線性的敘述，按時代先後，論說各期的成就與特色，是比較平面的敘論方式；而體式風貌、體調正變之辨析，由內而外，尋源探流，則屬多層面的觀照，趨近於立體——經過分析詞人之特質、歸納詞家之所屬、明辨風格之異同和探索家派的承傳關係等步驟，詞人間相互對立又相互依存的關係則更形顯著，詞史所呈現的面貌便更生動而豐富。

鄭先生認為婉約豪放二派源出溫韋。〈成府談詞〉說：

> 飛卿詞託物寄情，端己詞直抒胸臆，飛卿詞深美，端己
> 詞清剛。後世所謂婉約派多自溫出，豪放派多自韋出。
> 雖發揚光大，後來居上，而探本尋源，莫能或易。此所
> 以溫韋並稱，為詞家開山祖也。[78]

其後撰〈溫庭筠韋莊與詞的創始〉一文比較溫韋詞風，對所謂二家婉約、豪放之特色，有更詳盡的分析：「溫詞濃麗，韋詞疏淡，溫詞含蓄，韋詞痛快。溫詞所寫是人類對於宇宙人生所同具的感覺與印象，韋詞所寫則是他個人的離合悲歡。用《人間詞話》的說法來講：溫詞是造境，韋詞是寫境；溫詞是無我之境，韋詞是有我之境。用普通話來解釋：溫詞是客觀的描摹，韋詞是主觀的抒寫。……溫詞各種特質是婉約派出發點，因為這些特質所表現出來的風格是深厚、茂密、精美、靜穆，這都是婉約派的好處。韋詞各種特質則是豪放派的出發點，因

---

78 見《景午叢編》，上編，頁250。

爲這些特質所表現出來的風格是顯豁、清利、樸素、生動，這都是豪放派的好處。[79]」先生之所以特別推舉溫韋兩家作爲創始時期的代表，因爲他認爲：

> 一部詞史始終是婉約與豪放兩派並流對峙的局面，而溫韋兩人的作風，正好分別代表這兩派。[80]

以婉約、豪放這兩個概念來分詞家宗派，前人多有論述，藉此而貫徹整部詞史卻是鄭先生相當獨特的主張。

甚麼是婉約？甚麼是豪放？鄭先生認爲詞的作用主要是抒情，而婉約與豪放是兩種相對的抒情方法和態度。歸納先生所述婉約豪放之別[81]，表舉如下：

兩種風格 分析面向	婉約 （正宗）	豪放 （變調）
抒情態度	表現情感不直截了當，而是含蓄委婉，指東説西，借題取喻，使讀者深思頓悟，自行領會。	有甚麼話説甚麼話，痛快淋漓，明白顯豁，使人當下了然，感覺爽利。
文辭表現	詞藻多偏於濃麗（不可流於晦澀臃腫）。	詞藻多偏於疏淡（不可流於輕滑淺率）。
調性音節	常用舒緩和暢的調子（雙式句多、單式句少的詞調，音律舒徐和緩，不近於立體而近於平面）。	常用健捷激裊的調子（單式句多、雙式句少的詞調，音律縱橫跌宕，近於立體而不近於平面）。
美感特質	屬於陰柔的美。	屬於陽剛的美。

---

79 見《景午叢編》，上編，頁107。
80 同上，頁104。
81 同注79，頁105。並參〈詞曲的特質〉，《景午叢編》，上編，頁59-60。

溫韋之後，在詞的形式與內容的發展上，柳永與蘇軾相對的詞風，正代表了婉約派與豪放派的對立，其後據此歸宗立派，貫通歷史，詞史相抗相生的局面便具體呈現：

> 柳的筆墨，細膩妥溜，而又非常高健，這與蘇詞已可稱
> 是「異曲同工」；其音律則於生澀之中反倒見出諧婉，
> 尤為蘇所不及。蘇只是從胸襟氣勢方面開後來張孝祥、
> 陸游、辛棄疾一派，而不曾從工力技巧方面開後來周邦
> 彥、姜夔、吳文英一派。……僅憑諷誦，我們已能感
> 到，柳周一派確是很諧婉優美的樂歌，蘇辛一派則不免
> 成為長短句的詩。詞的內容，當然可以與詩相同，但
> 總該有它自己的格調體製；所以我們只好承認以前一般
> 論詞者的說法，以柳周為正宗，蘇辛為變調。（變調並
> 非不如正宗，有時也許變調會比正宗容易被人欣賞。所
> 謂正變，只是為了分析敘述的方便而起的名詞，並沒有
> 甚麼軒輊輕重。）……後來周邦彥繼承柳的形式而襟抱
> 勝於柳，辛棄疾繼承蘇的內容而音律嚴於蘇，遂成為詞
> 中二聖。詞到了周辛兩家，才發展到登峰造極，如日中
> 天；而承先啟後，則是柳蘇兩家的事業。（〈柳永蘇軾與詞
> 的發展〉）

> 自南宋以來，一般人論詞總是把詞分為兩個宗派：婉約
> 與豪放。婉約為正，豪放為變，各有千秋，無分軒輊。
> 而蘇東坡與辛稼軒則同被認為是豪放派的代表作家，蘇
> 辛並稱，由來已久。（〈漫談蘇辛異同〉）

> 詞到南宋，已經發展成熟，登峰造極，入元以後，便是
> 走下坡路。……在元朝初年，詞還保留著一些餘勢，到

了中葉，大德延祐以後，才眞的衰落下去。元初保持著
兩宋餘勢的詞，可以分爲南北兩派。著名的詞家如張
炎、周密、王沂孫以及後來的張翥，都屬於南派。屬於
北派的則有劉秉忠與劉因。南派的作風，是繼承柳周姜
史的，這一派是詞的正宗。……這一派的佳作，固然是
細膩妥溜，珠輝玉映，諧婉的音節，藻麗的詞句，處處
足以引人入勝。卻有一種共同的短處，就是缺少豪放的
情調與飄逸的氣韻。他們作詞，講究唱嘆寄託，纏綿深
婉，這雖是很優美的風格，而與此俱來的壞處流弊，便
是平鈍晦澀，若非具有相當高深的文學天才和修養的
人，不容易欣賞領會這種作品。（〈劉秉忠的藏春樂府〉）[82]

據引文所述，鄭先生的詞史觀，是以婉約爲正宗，豪放爲變
調，婉約與豪放不分軒輊，並行發展，形成詞史派別相對的局
面。以溫庭筠、韋莊代表詞的創始，柳永、蘇軾代表詞的發
展，至周邦彥與辛棄疾，後出轉精，遂成爲詞中二聖。南宋極
盛，姜夔、史達祖、吳文英與張孝祥、陸游、劉克莊諸家分別
代表了婉約與豪放的派系。發展到元初，又分爲南北兩派：南
派繼承周姜，以張炎、周密、王沂孫爲代表，詞風走婉約一
路；北派繼承蘇辛，以及金朝之蔡松年、元好問，以劉秉忠、
劉因爲代表，詞風走豪放一路。及至衰於明而振於清，朱彝尊
之婉約，陳維崧之豪放，亦自源於周姜、蘇辛。這樣建構的詞
史，結構相當完密，脈絡也清晰，使人容易掌握，清楚認識詞
的源流正變。

---

[82] 見《景午叢編》，上編，頁126-127、266、156。

鄭先生一方面強調詞體婉約之特性，一方面肯定寓變化於常體的表現，能兼形式與內容之美，融豪放與婉約為一體，變古入今，見我真性情，他深信這是詞最理想的風格。文體因時而變，但始終不會改變的是它的精神。古詩已過，詞曲也逝，新詩體必然繼起，這是自然演進之勢，不可挽回，也無須惋嘆。先生於治舊學中發揚新精神，轉研究之所得為創新之所需，詮解歷史寓時代之意識，時刻反省對照，孜孜矻矻，樂在其中，因為他知道「薪盡火傳」的道理，並且相信生生不息，綿綿相續，本無所謂新舊。這是對傳統的禮敬，也是對未來存希望，達觀而自信的表現。

　　今日重理先生的詞史觀，除了緬懷老師，更想從中體悟博古通今之道。楊牧當年回應鄭先生一段話，現在讀來，仍有戚戚焉之感。先生說：「傳習講述，我輩之責。」我們是否也應省察詞學的生命意義，以誠敬之心，批評轉化，知而能行，延續活活薪火，以應時代之所需？

> 先生嘆息「吾道漸消沉」，我們於心有戚戚焉，但又深知只要現代詩能如他所殷切期望的，持續詩之所以為詩的英華膏澤，吾道何曾有消沉之虞？我們反看新時代的新詩人，在實驗在突破，何妨也深入體會之，鼓舞之？詩的宇宙是多麼的廣大，今天不能企及把握的藝術層次和文化內涵，「實有望於後起俊彥」。坦蕩寬厚的心才是永遠的詩心。我們若能以那詩心擴展延續這文化藝術的生命，則吾道是永遠不會消沉的。[83]

---

[83] 楊牧〈吾道不消沉〉，附載鄭騫《永嘉室雜文》，頁184。

形式的意義
——詞學文體觀的確立

鄭騫先生的詞學，植根於傳統而能開創新局。他一方面繼承了境界說與史傳批評的觀點以論詞，一方面受到白話文學運動的影響，重新評定詞史的地位，並賦予它現代的意義。鄭先生始終以批判的態度治理詞學，既不墨守傳統的治學觀念與方法，也能矯正新時代詮釋觀點的偏失，在新舊之間取得了平衡。他所建構的詞學體系，兼顧了時代與作家、情感與形式內外各個層面，縝密而周延。尤其是對詞體格律形式方面的研究，鄭先生花了許多心力，就詞的字聲、音韻、句式、體調，分析論辨，以確立其作用，及其與文體風格的關聯，可加深並豐富我們對詞之為體的特色及其美感的認識。

　　本文旨在探討鄭騫先生的詞學文體觀，重點放在詞體形式方面，看鄭先生如何在傳統的觀念下，經過新時代的洗禮，重新審視詞的質性，確立詞作為一種獨特文體的意義。處理的步驟大致如下：

　　（一）材料的取捨──除了〈詞曲的特質〉、〈詞曲概說示例〉、〈再論詞調〉等幾篇專論外，鄭先生關於詞體格律形式的論見，散見於其他詞學論著、雜文、詞話、詞選評注、論詞絕句中，須爬梳整理，去蕪存菁。此外，鄭先生大部分的著作都註明寫作時間，因此可觀察其撰作歷程，以瞭解其所反映的時代問題。

　　（二）研究的面向──要充分認識鄭先生的詞學文體觀，須在局部與整體之間作辯證的論述，方能得其全貌。因此，得仔細辨析他對字聲、音韻、句式、體調、結構的看法，也要顧及文體完整、和諧、統一的概念，留意彼此之間的關聯性，並結合結構形式與情意內容兩方面作體認。當然，與詩、曲作更細密的比較分析，自然更能彰顯詞體美感特質之所在。這些都是研究這一課題時必須關照的幾個層面。

一、辨體之必要——詞體婉雅並富音樂性的特質

　　鄭騫先生的詞學文體論，基本上係依循傳統中國的文體觀立說，照顧到內外緣各因素（情感—形式、作家—作品、時代—個人），是一整全的概念。換言之，鄭先生對詞體的本質有較通透的認知。誠如上文〈詞史觀的建構〉所述，鄭先生既承傳舊學，也能涵養新知，在守舊與創新之間，他採取的是相對折衷的立場，企圖矯正時流之弊端，維繫詞作為一種獨特文體的本位。本人曾指出胡適所建構的詞史觀，「以白話文學的觀點，從語言形式的角度入手，取其同而略其異，自限了視野，也模糊了傳統文學的界域，這對詞的體認是有所偏失的，說詞與詩、詞與曲沒有本質上的差異，便大有問題。總之，胡適的詞史觀最令人詬病的，主要有兩點：一是泯滅了詞體的個別特性，一是簡化了詞的發展程序。[1]」鄭先生原則上繼承了傳統的文學遞變觀，主張一時代有一時代的文學，但他認為中國抒情韻文學的主流是詩，詞與曲都只能算是支流，未來必定是白話新詩來接續主流發展的[2]；而且不能以單一標準（白話——語言表達的方式）看待各種文體，詞的內容題材、表現形式、抒情特性、風格面貌，畢竟與詩、曲不同，因此要欣賞詞或評論詞，就必須辨析清楚詞體之為美的特質何在。

　　首先，須重新確認詞體婉約雅正的本質。民國初年，詞學革新派走到極端，一味強調文學的階級性與意識型態，重視文學的實用性猶勝於藝術價值，則詞的文學性便被忽略了。而且用一套現代語文的標準、文學功用論的新觀點來選詞論詞，很

---

* 本文乃據國立臺灣大學111學年度第2學期（2023）教師「休假研究報告」修訂而成，原報告名稱為〈形式的意義——鄭騫先生的詞學文體觀〉。
[1] 見劉少雄〈胡適的詞史觀及其詞學效應〉，《詞體美典形成與詞史建構之探索》（臺北：五南圖書公司，2023），頁293。
[2] 同注1，頁306-309。

容易導致詞惟尙語言淺易、內容勝於形式的僵化論調。鄭先生
對此頗不以爲然，他維護文學本質的立場是非常清晰的：

> （例如朱敦儒〈憶帝京〉〔原來老子曾垂教〕、〈減字木蘭
> 花〉〔虛空無礙〕）這也就是我所謂枯乾淺率的作品。如
> 有人推許此種惡札，那當然是誤解了白描的意義，同時
> 也不認識詞是怎麼一種文體。十幾年前的確有人持此看
> 法；在詞上，乃是對於清末民初推尊周清眞吳夢窗一派
> 的反動。凡是反動初起，沒有不矯枉過正的。

> 過度白描以致枯乾淺率，與過度塗飾以致臃腫板滯，正
> 所謂其失維均。說白描重於塗飾，內容重於外表，那是
> 從前矯枉過正的論調。近年來，文學理論已漸漸步入正
> 軌，承認白描並不見得勝於塗飾，外表要與內容並重。
> 這是極可欣喜的事。[3]

當時革新論者誇大了詞的白話作用、民間特性，無疑淺化了、
窄化了的詞的世界，也消解了詞作爲一種獨立文體的意義。如
一切都以白描爲尙，以寫所謂正面題材爲高，則詩詞曲的特質
就都被稀釋了，又如何彰顯出各體的姿態和美感？如因反動而
推許內容枯乾、文辭淺率之作，則更是不知文學爲何物了。
〈成府談詞〉說：「大抵滑稽率易之作，無論爲詩爲詞爲曲，
皆惡札也。[4]」雅正是文學的基調，鄭先生的立場相當堅定。
又說：「當時欣賞詩詞，只知豪放而不解婉約，但喜顯豁而

3　見鄭騫〈朱敦儒的樵歌〉，《景午叢編》（臺北：中華書局，1972），上編，頁
　129、128。
4　見〈成府談詞〉，《景午叢編》，上編，頁255。

不辨幽微；今則持論幾於相反。[5]」可見鄭先生當時也曾受時代氛圍的影響，愛清逸雄奇之作，偏重內容意境，後來卻能自我調適，於婉約幽微處發見詞體之美，以為「疏雋而不能深婉則失於輕滑，豪放而不能沉著則失於叫囂，二者皆詞之魔道」[6]。後來他在臺教學之餘，編輯《詞選》，以樹立典範，在編例上即開宗明義地說：「本書於各種風格，兼收並錄，不立宗派。凡傳誦之作，即使編者所持宗旨不同，亦均選錄。惟有二種風格在屏除之列：粗獷、纖佻。二者於詞為魔道，亦詞之敵也。[7]」先生雖有兼容並蓄的雅量，但對作品文學性的要求始終不變。他最不能容忍的就是詞過度粗鄙、纖弱，總認為詞若失去了它應有的典雅含蓄的格調，既不優美動人也乏感發的興味，就稱不上是文學之一體。因為詞特具「陰柔之美」，是兩宋的代表文學：

> 詞之代表陰柔之美，是無可置疑的，有時也作陽剛的表現，則是因為「兩儀雖分，同出太極」。詞之所以有此性分，則因為他的全盛時代在南北兩宋。宋朝的一切，都足以代表中國文化的陰柔方面，不只詞之一端。最後我們要注意，柔並不一味的軟綿綿，而要有一種韌性。所以，粗獷叫囂固然是詞之異端，纖艷儇薄的靡靡之音也同為魔道。詞有韌性，才能成為文學之一體。[8]

這陰柔而有韌性的特質，乃詞的內外各因素形塑而成的。時地

5　同上，頁250。
6　同注5，頁251。
7　見《詞選·例言》，鄭騫編注《詞選》（臺北：中國文化大學出版社，1995），頁1。
8　見〈詞曲的特質〉，《景午叢編》，上編，頁61。

的氛圍與作家的生涯歷鍊、詞人的性情及其面對人生的態度，在在都影響了文體的風格韻味。在〈詞史觀的建構〉一文中，已就人文合一的觀點有所分析，此處不再複述。至於詞的形式表現如何成就詞體美的特性，鄭先生在〈詞曲的特質〉、〈詞曲概說示例〉等文章都有簡明扼要的分析，下文將會就幾個關鍵要點加以論述。

　　詞以陰柔之美為主調，偶有陽剛的表現，那就是一般所謂的婉約與豪放之別。鄭先生主張：詞有正變，但以婉約為正宗，豪放則屬變調[9]。而一部詞史始終是婉約與豪放兩派並流對峙的局面，由「溫─韋」到「柳周─蘇辛」有著相當明顯的脈絡。詞畢竟重在言情，婉與豪雖有題材內容的不同，但抒情的質性卻是一致的，只是表現的手法與語調稍有不同而已。鄭騫先生說：

> 文學的作用當然不只抒情，詞這種文體，卻是只供抒情之用。王國維《人間詞話》上說：「詞之為體，要眇宜修，能言詩之所不能言，而不能盡言詩之所能言」即是詞之作用專在抒情的意思。抒情之外，寫景詠物，只是象徵寄託，實在還是抒情；詠寫景物的作品，若無情感在內充實活躍，則雕木為龍，剪彩為花，無論如何形似，也是毫無生氣。若用詞來紀事說理，恐怕只有失

9　鄭騫〈柳永蘇軾與詞的發展〉：「現在詞雖不能再歌唱了，可是僅憑諷誦，我們已能感到，柳周一派卻是很諧婉優美的樂歌，蘇辛一派則不免成為長短句的詩。詞的內容，當然可以與詩相同，但總該有它自己的格調體製；所以我們只好承認以前一般論詞者的說法，以柳周為正宗，蘇辛為變調。（變調並非不如正宗，有時也許變調會比正宗容易被人欣賞，只是為了分析敘述的方便而起的名詞，並沒有甚麼軒輊輕重。）」見《景午叢編》，上編，頁127。又〈杜著辛稼疾評傳序〉：「本來，『詞之為體，要眇宜修』，確是適於軟性而不適於硬性；所以蘇之清曠，辛之豪縱，都只能算是變調。」見《景午叢編》，上編，頁135。

敗。詞的作用既是抒情，所謂婉約與豪放也就是抒情時兩種不同的方法態度。有人表現情感並不直截了當的痛快說出，而是含蓄委婉，指東說西，借題取喻，使聽者讀者深思頓悟，自行領會。這就是所謂婉約。與此相反，有甚麼話說甚麼話，痛快淋漓，明白顯豁，使人當下了然，感覺爽利。這就是所謂豪放。……婉約屬於陰柔的美，豪放屬於陽剛的美，文藝的美總難出這兩個範圍，歷代各體文學的風格宗派，也就不出這兩樣。只是詞史局面較小，兩派並流對峙的情形更易看出而已。[10]

婉約與豪放究竟在體式（形式表現）有怎樣的差別，下文再作細部論析，這裡就此打住。

回到詞的基本特性而言，確認詞為婉雅之體，則其質感與詩便有明顯的差別。鄭先生的辨體論於此有相當扼要的說明：

> 陳後山〈挽曾南豐〉詩云：「丘原無起日，江漢有東流。」稼軒聞朱晦庵即世〈感皇恩〉云：「江河流日夜，何時了？」意同而語氣各異。陳詩語直而卻含蓄，「重」故也；辛詞語婉而卻顯露，「輕」故也。重輕二字即詩詞區別之所在。[11]

詞善抒情，詩則言情之外，且能敘事、說理、議論，兩體的功能性質本自不同，這在上段，鄭先生引述王國維說法後，已約略指出詞表現情感含蓄委婉之基本屬性。而詩詞即使同為抒情，立意相當，它們的「語氣」還是不一樣。鄭先生拈出「輕

---

10 見〈溫庭筠韋莊與詞的創始〉，《景午叢編》，上編，頁105。
11 見〈成府談詞〉，《景午叢編》，上編，頁258。

重」二字以爲區別，著眼點即在語調質感上：詩直詞婉是基本的分際。詞所用的語彙和表現手法，大抵如下：

> 詞中字面都是輕靈曼妙的，古樸典重的字面簡直不用。表現方法則華飾多於素描，優美多於壯美，很少痛快淋漓奔放顯豁之作，多是隱約含蓄，託興深微，一唱三嘆。……誠然，詞所用的語彙及表現方法未免稍爲狹窄，但這正是詞的本質。詞本來就不是雄闊壯偉的東西；前人甚至目之爲小道末技，固然礙難承認，若稱之爲精金美玉，卻是頗爲恰當。[12]

詞是精緻的文類，它的本質是「精金美玉」[13]，隱約含蓄是其美感之所在，這論點與繆鉞〈論詞〉所謂詞之四種特徵——其文小、其質輕、其徑狹、其境隱[14]——大致相同。

關於詩詞之辨，鄭先生其實最在乎的不僅僅是語言詞彙、表現手法所形成的婉雅特質，而是詞有別於詩的音樂性。鄭先生開宗明義即說：「詞曲都是配合音樂能夠歌唱的詩。[15]」並強調：「詞曲只能算是詩的新生支流，並不能繼承古風律絕而作詩的新體。因爲它們始終受著音樂譜律的支配，不能徹底盡量發揮詩的作用。[16]」點出了詞曲的基本特色及其限制。傳統的詩原本也有可歌可誦的，但沒有如詞曲按譜協律那樣的嚴格要求，而且可歌的詩的音樂調性與風味也與詞曲不同。鄭先生

12　見〈詞曲的特質〉，《景午叢編》，上編，頁60。
13　〈詞曲概說示例〉：「詞的本質是精金美玉，寧可失之過華，不可失之過樸。」見《景午叢編》，上編，頁74。
14　見繆鉞〈論詞〉，《詩詞散論》增訂本（北京：北京大學出版社，2018），頁11-23。
15　見〈詞曲概說示例〉，《景午叢編》，上編，頁66。
16　見〈論讀詩〉，《景午叢編》，上編，頁2。

在〈詞曲的特質〉一文中更就使用的文字和配合的音樂兩方面較論詩與詞曲的風格：

> 詞曲都是配合音樂而能夠歌唱的詩，其組織成分當然是文字與音樂。他們所使用的文字，是唐以來一般文學作品所使用的文字。國風、楚辭、以及漢魏六朝詩賦駢文所使用的文字，在詞曲裡固然少見；宋元時代的語體文及方言俗語，也不像一般所想像的那樣普遍使用。他們所配合的音樂，則是隋唐以來，中國音樂受了外國特別是印度的影響，演變而成的一種新樂。……因為要配樂，詞曲都有固定的格式，即所謂詞調、曲調，或稱詞牌、曲牌，……這些也就是樂譜。既是樂譜，句法當然是長短不齊的居大多數，……。作詩只調平仄，填詞製曲還要細分四聲。詞及南曲，每個調子中都有若干字的四聲是固定的，該用平聲或上或去或入，不能移易，名篇佳作，莫不如此。……以上種種，組成詞曲本身相同而與詩相異的特點。這個特點，使喜歡諧婉的人，認同詞曲為鏗鏘曼妙的詩歌，使喜歡古拙的人，認為這玩藝兒的音節有點輕飄。對於天才宜於收斂曲折的人，詞曲是足以見其利器的盤根錯節，對於天才放曠不受羈勒的人，詞曲幾乎是荊天刺地。[17]

詞曲的文字介乎雅俗之間，是一種「中間」文體，音樂較為鏗鏘曼妙，因此整體的語調相對和諧婉轉，且富節奏感。鄭先生更指出文體有不同的屬性與風格，適合不同的讀者與作家，不可勉強。喜歡婉約輕倩的人與喜歡古樸拙重的人，自然各有偏

---

17 見〈詞曲的特質〉，《景午叢編》，上編，頁58-59。

好 —— 這原是詩詞輕重有別的體質。而作家的個性才情有別，各有專長，如放蕩不羈者恐怕難以適應詞的寫作規範，而性向內斂、心思細密的人，則較能於詞曲長短跌宕的語句中表達曲折深隱的情思。

詞曲雖同為「配合音樂而能夠歌唱的詩」，不過在音樂、文字表現上，亦有格律寬嚴、辭情雅俗之不同 —— 曲之格律較詞自然寬鬆，詞之辭情則比曲精美優雅。除此之外，鄭騫先生則更就文學體性、時代因素，辨析詞曲內容風格相異之處：

> 這弟兄兩個的性行都是偏於瀟灑輕俊美秀疏放，而缺少莊嚴厚重雄峻，他們都只能作少爺而不能作老爺。所不同者：詞是翩翩佳公子，曲則多少有點惡少氣味。詞所表現的是中國文化的陰柔美，曲所表現的則是中國文化衰落時期一般文人對於現實的反應。[18]

這段文字，辨體切要，形容也相當傳神。

詞之為體，文辭須婉雅且富音樂性的特質，鄭先生已作了相當清晰的陳述。詞須典雅合律，原是正宗詞評的基調，從李清照〈詞論〉開始便明確宣示了這一立場[19]。鄭先生針對詞之流弊，因時制宜，似是舊調重彈，許多看法或與時人相關的論說接近，但亦有他個人特別強調的主張，尤其在維護詞體雅正的觀點，和在詞審音協律及句式表現的討論上。

---

[18] 同上，頁59。
[19] 李清照的〈詞論〉主張詞「別是一家」之說，是詞學文體論中第一篇重要的文獻。它的主要論旨是：詞之為詞，必須講究形式，協合樂律，遣詞用字也要典雅得體，方為本色。詳林玫儀〈李清照詞論評析〉，《詞學考詮》（臺北：聯經出版事業公司，1986），頁317-335。

二、詞體格律形式要項

　　詞的形式與詩最大的不同處是它有獨特的抒情效果，乃源自詞的音樂性。鄭先生以為正視詞的這方面的特色，可矯正白話化後的詞學觀點之偏失，還給詞體合理的藝術評價。詞原是合樂的體製，因為要配樂，作家就得依據樂曲固定的格式填寫歌詞，這些格式就是所謂詞調，或稱詞牌。鄭先生說：「到現在，詞曲雖不再被之管絃，其音樂性卻依然存在。……我們雖不唱詞曲，卻仍讀詞曲，讀時就會感到其鏗鏘曼妙，怡情悅耳，不一定要唱才能覺到，這當然是音樂性所發生的作用。所以，我們無論讀詞曲，作詞曲，都要十分重視其所藉以表示其音樂性的格式。[20]」詞的音樂性確實已不太能從音樂本身去認識，並感受其抒情效應，因為時空環境已變，流傳下來的樂譜真是寥寥可數，詞既不能被之管絃，也不能歌唱，我們只能憑藉文本來詮釋解讀，而詞的文本背後即存有形式上的規律，那是配合樂調而作成各種格式的方法。因此，要瞭解詞的音樂性，就得弄清楚這些格式。

　　關於詞的規律，鄭先生在〈詞曲概說示例〉列出五個項目。分別說明如下：

　　　一、斷句：第一要認明句式，第二要知道破法。先說句式。有些句子，其字數雖相同，而這些字的組織段落並不相同，所謂組織段落，即是句式。例如：「斜陽冉冉、春無極」，與「千古事、雲飛煙滅」，兩句同是七字，而句式並不相同，前者是上四下三，後者是上三下四。……再說破法。有時十

20　見〈詞曲概說示例〉，《景午叢編》，上編，頁66。

幾個字一連直下，因爲字數多了，讀時不能不破開爲兩句或三句，而其破開後的形式有時不同，這就是破法的問題。……更要注意，破句的時候，如有文義與音節衝突的情形，寧可顧音節而不顧文義。因爲所謂句，只是音節上的停頓，並不一定表示語意的完成，句斷意連的情形是常見的。

二、分段：每首詞或曲都包含有若干句，當然不會一氣連接，也不會每句獨立，總要分成若干段落，分段才是表示語意的完成。各個牌調，其段落大致是固定的。作者要按照段落去作，讀者也要按照段落去讀，方能得其宛轉曲折之致。

三、調律：律有兩種意義。其一爲格律或規律之律，即是各個調子的規矩作法，包括平仄、押韻、句法、一切在內。其二，乃是指每句裡邊平仄聲的分配。本段所說的是第二義，調律也就是調平仄。作詩只調平仄而已；詞曲還要細分。即分平聲爲陰平陽平二者，分仄聲爲上去入三者，這樣就是五聲。陰陽平之分似不甚重要（唱時仍是重要，寫作誦讀時則是次要），所以普通只說詞曲要講究四聲，即平上去入。詞曲每調之中總有若干字四聲是固定的，不僅平仄不能通融，同屬仄聲的上去入三聲也不能混用。……諸如此類，四聲都是固定的，若不如此，就叫作「落腔」，不僅不能唱，就是讀起來也要失去其抑揚抗墜，鏗鏘曼妙的音樂美。

四、協韻：協韻即普通所謂押韻。……詞則平聲獨用，
　　入聲獨用，上去兩聲合用獨用均可；有時平聲也
　　可與上去聲押在一起，只限於〈西江月〉、〈渡江
　　雲〉、〈換巢鸞鳳〉等少數調子，又有平仄換協之
　　例，即某幾句協平聲韻，某幾句協仄聲韻，平仄聲
　　彼此不必協韻，例如〈虞美人〉。……再進一步要
　　談到選韻。例如：東鍾韻沉雄，江陽韻壯闊，車遮
　　淒咽，寒山悲涼，這要看所用的調子和要抒寫的情
　　調來斟酌運用。

五、選調：詞曲的牌調，有些並無特質，拿來寫任何題
　　目都可以；有些則因聲調或習慣的關係，而不能
　　普遍應用。例如：〈賀新郎〉本是個悲壯慷慨的調
　　子，寫淒婉之情也還可以，並不適於歡娛喜慶之
　　用。……要緊的是：我們要把若干調子，特別是長
　　調，逐調熟讀，記住它們的格律之後，也就能夠體
　　會到它們的聲響，或為悲壯慷慨，或為歡娛恬適，
　　或為清新深婉，或為悽愴怨慕。遇到寫作的時候，
　　按照所要表現的情調，所要寫的內容，去找合適的
　　調子，也就行了。[21]

從句子到段落，調律、押韻到選調，涵蓋的層面相當周延，鄭
先生的分析簡明扼要，給予讀者許多指引，讓我們對詞體鏗鏘
曼妙的音樂美及其宛轉曲折之致，有更廣泛而深入的認識。這
當中有些是老生常談之論，但在鄭先生筆下道來卻顯得更有層
次，各項目之間有更緊密的關聯。

21　同上，頁66-69。

後來鄭先生也曾單獨論述曲的格式，提出了六項要目。其實，相對於詩，詞曲的音樂性格式基本上是一致的，鄭先生上述的五點本來就是詞曲並論。因此，他所提的曲的格式，也可一併參考：

　　　　曲為配樂之詩，首重協律，自須有固定之格式，……所謂格式，包括六項要目。(一)句數：全曲共若干句。(二)字數：全曲共若干字，每句各占多少。(三)句式：句中的字如何分配。例如：同為五字句而有上二下三與上三下二之別，同為七字句而有上四下三與上三下四之別。(四)調律：句中某字須平，某字須仄，某字平仄不拘；而有時平聲須辨陰陽，仄聲必分上去。(五)協韻：某句必協韻，某句必不協韻，某句可協可否。(六)對偶：某些句必須對偶，某些句必不對偶，或可對可否。凡此六項，必須亦步亦趨，嚴格遵守，否則寫作漫無準繩，歌唱失其尺度，是長短句之詩而非審音協律之曲也。[22]

相較於前述五項，這裡多出了句數、字數和對偶三項。鄭先生沒有就此三項分析說明其音樂性的作用。不過，這也不難理解。詞的規模大小，句數字數之多寡，當然與其整體結構，語調的緩急快慢有關。而字數組成的長句、短句，是平均分布或錯落安排，自然會產生不同的節奏感。至於對偶，兩句字音平仄與字義詞性相互對稱，前後呼應，構成平衡迴盪的方式，誦讀時會較徐緩，而相對地，散行句上下文語意流動貫串，則較疾促。

---

22 見〈論北曲之襯字與增字〉，《龍淵述學》（臺北：大安出版社，1992），頁119。

其實，不管是五項或六項，鄭先生最著意的是調律與句
式，因為在過去歌唱或現在吟誦時，這兩項是最能反映詞的節
奏音色的。近現代詞的創作之所以欠缺音樂性，主要就是因為
平仄不調，或句法不對；而欣賞評論者之未能充分體認詞體美
感之所在，關鍵亦在此。因此讀詞惟求意懂，詮釋方法與態度
幾與讀詩無異，卻無法深切體會詞的音韻特色，殊不知文辭與
音律並美，聲情合一，才算得上絕妙好詞。

三、聲情與詞情的結合

調律方面，鄭先生依循詞律家的看法，認為填詞務須明辨
平上去入四聲在聲樂上的性質作用。這是詞之於詩在格律上最
要關注的項目：

> 嚴辨四聲的意思是：句中諸字不僅要分平仄，該用仄聲
> 的字還要分上去入，加上該用平聲的字即是四聲。這四
> 聲的分配，各有一定，不能混淆。但不是每個仄聲字都
> 要分上去入，而是有些字可以通融，有些字必須嚴格。
> 換句話說，最寬的地方，連平仄都可以不拘，嚴的地
> 方，四聲必須分明。[23]

在宋代辨體論開始的時候，即注意到能歌的詞的聲律問題。主
詞「別是一家」之說的李清照，在她的〈詞論〉中就主張詞
為合樂之體，須協合音律，謹守規格，認為詩的創作講平仄即
可，但詞無論用字、押韻，則不只調平仄，還須知五音，辨聲
調[24]。當時詞能配樂歌唱，在創作上除用字的聲調外，還須顧

---

23 見〈蘇東坡的陽關曲〉，《龍淵述學》，頁59。
24 李清照〈詞論〉：「詩文分平側，而歌詞分五音，又分五聲，又分六律，又分清濁
　輕重。且如近世所謂〈聲聲慢〉、〈雨中花〉、〈喜遷鶯〉，既押平聲韻，又押入

及樂律音調和發音的清濁輕重。後來詞已不可歌，重點就只得放在平上去入四聲的作用上。鄭先生的「嚴辨四聲」之說，主要係參考清代詞律學家萬樹和近代戲曲學家王季烈的意見：

> 萬樹《詞律‧發凡》第十二條云：「平仄固有定律矣；然平止一途，仄兼上去入三種，不可遇仄而以三聲概填。蓋一調之中，可概者十之六七，不可概者十之三四，須斟酌而後下字，方得無疵。此其故當於口中熟吟，自得其理。夫一調有一調之風度聲響，若上去互易，則調不振起，便成落腔。尾句尤為喫緊……蓋上聲舒徐和軟，其腔低，去聲激厲勁遠，其腔高，相配用之，方能抑揚有致。」

> 同書凡例第十三條云：「上之為音，輕柔而退遜，故近於平。今言詞則難信，姑以曲喻之。（以下舉例從略）如此等甚多，用上皆可代平，卻用不得去聲字。但試於口吻間諷誦，自覺上聲之和協而去聲之突兀也。」

> 王季烈《螾廬曲談》卷一：「入聲本與平聲相近，入聲長吟，便似平聲。……上聲則出口先當低唱，方能逐漸向上，去聲則出口即高唱，始能遠送。高低迥異，故不能相替也。」

> 萬氏只談上去，王氏又兼論入聲，合此兩說，所謂嚴辨四聲，其原理已經很清楚了。[25]

　聲韻：〈玉樓春〉本押平聲韻，有押去聲，又押入聲。木押仄聲韻，如押上聲則協；如押入聲，則不可歌矣。」
[25] 見〈蘇東坡的陽關曲〉，《龍淵述學》，頁59-60。

四聲的辨別中，尤尚上去聲的調配，和入聲字的靈活運用，做到聲義相得，是詞應追求的美感。萬樹的說法，多為方家所採用，已是論詞調律的共識。中國的文字本是合形音義於一體，在我們日常的語調中，上去或去上聲連用，有著高低起伏的變化，如與詞情相應，自能產生抑揚跌宕的節奏，增加誦讀的韻味，傳達更佳的抒情效果。萬樹是詞曲作家，尤其長於曲的寫作，而詞曲本是一理，因此以其嚴守格律的作曲經驗，編撰《詞律》，辨析四聲，特別是上去聲的配合，故常有精闢的見解。誠如鄭先生評介《詞律》一書說：「他並非僅僅取古人成作比較歸納出結果來，而說明其當然；更能以音理及經驗為根據，來說明其所以然。這是萬書不能廢的另一種緣故。[26]」鄭先生論析詞的聲律之美，常參考《詞律》意見，正是因為萬書言之有理，實乃作者經驗之談。他在多篇文章中引萬樹《詞律》幾處論上去聲之說，以為「簡明透澈」[27]。不過，鄭先生在很多地方談詞的規律，亦非完全襲用《詞律》所有說法，依據他個人的讀寫經驗，憑藉較周延的文體觀，更多面向的思考，不時也提出各種修正意見，亦自可取[28]。

---

26 見〈評介世界書局本詞學叢書〉，《景午叢編》，上編，頁548。
27 見〈吳梅的羽調四季花〉，《景午叢編》，上編，頁286。
28 例如：鄭先生論柳永〈曲玉管〉句法，云：「此調幽咽可誦，而作者極少。萬樹《詞律》分作兩段，前段至『思悠悠』止；今從葉氏《天籟軒詞譜》，所謂雙拽頭也。首段句法與第二段完全相同，萬氏於『蕭索』索字斷句，非是。」又論柳永〈鳳歸雲〉句法，云：「天末以下八字即拋擲以下八字，但同中求異：天末八字宜作二六，拋擲八字宜作四四，此與其上數句節拍有關，細讀自知。萬樹《詞律》於天末八字亦分為兩個四字句，不惟文義不能斷開，音律亦有未合。《詞律》末句無『去』字，亦誤。此處必須用一去聲字始能煞住。若夫前後結字數不同，固常見之事也。」又論周邦彥〈解語花〉（風銷焰蠟）語法，云：「『桂華流瓦』之瓦字『鈿車羅帕』之帕字俱是暗韻，觀方楊和作及夢窗詞可見。萬樹《詞律》於此兩字斷句，而以其下三字為一逗，屬下句，殊誤。周密『晴絲□蝶』一首與此同調異格，故此兩句不用暗韻，句法亦不相同。」見鄭騫編注《詞選》（臺北：中國文化大學出版社，1995），頁43、45、84。

上去聲配合固然是調律中重要的一環，但詞的聲情之美，其他項目也有著不同的作用。鄭先生選詞論詞每每能從聲韻格律各方面立說：

> 這首〈千秋歲〉（秦觀「水邊沙外」），自來膾炙人口，末兩句尤為有名，其神味則全在「去也」、「萬點」兩組去上聲用字，所謂聲情跌宕是也。詞曲中兩個仄聲字相連，或宜去上，或宜上去，或可不拘，隨調而異。[29]

> 右詞（李煜〈浪淘沙〉）之感喟蒼涼，與其所用寒山韻有關。……詞的聲響不盡關韻，句子裡邊諸字的配合，也有同樣關係。[30]

> 柳詞善寫冷落之景，右詞（〈雪梅香〉）「漁市孤煙」以下數句，寫景之工，不減於有名的〈八聲甘州〉和〈雨霖鈴〉。但我選這個調子還是為了他的音節聲響。我在拙編《詞選》本詞注文裡說：「此調流利頓挫，甚為美聽，不知何以宋人竟無繼響。清人始有填之者；鄭文焯『夢半塘翁』一首，青勝冰寒矣。」……這詞（指鄭作）勝於柳作，只在一個雅字。柳詞用筆高健，意則淺俗，他的作品大都如此，這是性情襟抱的關係，勉強不來。這個調子屬於正宮。燕南芝庵所撰《唱論》上說：「正宮惆悵雄壯。」雖是元人論曲的話，但詞曲音理一樣。所以柳、鄭兩作，都用與這種情調最適合的東鍾韻。[31]

---

29 見〈詞曲概說示例〉，《景午叢編》，上編，頁78。
30 同上，頁74-75。
31 同注29，頁76-77。

無論宮調、韻腳的選擇，或是四聲中的上去聲、句子裡諸字的配合，各自都可製造音節聲響美聽的效果，且能與詞情相應而產生聲情跌宕、流利頓挫的姿態及美感。這方面的特色，怎能置之不理？而欣賞文學之美，又豈止是修辭、意境而已？

鄭騫先生說「詞曲音理一樣」，我們從他談論吳梅的曲子〈四季花〉時，如何綜合音律方面幾個要項，分析其相互作用以構成這支曲的整體效果，即可知曉同樣須協律的詞，要真正做到聲情與詞情結合，是怎樣的一種理想型態：

> 吳先生這支〈四季花〉，諧婉與峭折，相得益彰，其音節之美與南譜所收舊曲完全相等。分析起來，有四個原故：一是去上聲的分配，一是雙聲字的運用，一是拗句，一是多用陰平聲押韻。

> 詩的音樂性比較小，尚且有「雙仄定須分上去，三平還要辨陰陽」之說，何況音樂性極強的詞曲。

> 以陰平為主，用陽平調劑。所以這兩支曲的音調都是清遠高亢，遏響入雲；吳曲以之寫淒清悲壯的情調，尤為適合，真是聲情合一了。這當然是詞曲的最高境界。

> 以上所舉四項：去聲字及拗句構成這支曲調的峭折，去上聲連用字及雙聲字構成其諧婉。

> 以上所說都是音律方面的問題，……詞藻意境畢竟還是比較重要。王鵬運論劉秉忠《藏春樂府》云：「周旋於法度之中，而聲情識力常若有餘於法度之外，庶幾為填

詞當行。」詞曲一理。吳先生這一支〈四季花〉以及他平生所作曲子的大部分，都能適合於王氏所說的標準。審音極細，守律極嚴，而總是「美人細意熨貼平，裁縫滅盡針線跡」，恢恢然游刃有餘，從容閒雅。詞藻高華，意境清真，文字與音律並美。此其所以不同於不知而作的外行，又非被格律壓得不能動轉自如的曲匠。[32]

所列的四個項目——去聲字及拗句，去上聲連用字及雙聲字——營造出相反相成的既峭折又諧婉的聲情，分析相當精到切要。姑不論鄭先生評論吳梅的曲子是否過譽，當中提到的所謂「聲情合一」，「詞藻與意境俱佳、文字與音律並美」，卻是詞家要努力追求的境界，讀者須用心欣賞的地方。鄭先生最後提醒的一點也相當重要，嚴守格律固然重要，但不能死守格律，要能周旋於法度之中，也能出乎其外，不是刻意求之，而是自然成文，靠的是經驗學養、識力才情。

四、句式與風格的關係

詞的音樂性關乎調律與協韻，顯而易見。上去聲的分配，形成兩字間高低跌宕的節奏，而韻是律的一部分，用以追求複沓的效果，有界定一段、一節的意義，韻腳的聲調、音質、疏密和韻部的轉換，都與情意內容、情緒變化相關。這些都是音律的要項，那是毫無疑問的。但詩詞以句組篇，句子本身的組成方式，因字數不同，自然形成各種不同的組合方式，有長有短，誦讀起來便有差別。詞是長短句的詩體，句子長短參差不齊，從一字句到十字句都有，這和近體詩之以五、七言為基礎的形式不同。詞中也使用大量的五七言句，這些句子的節奏

---

32 見〈吳梅的羽調四季花〉，《景午叢編》，上編，頁283-286。

很多是和詩一樣的；五言是上二下三的句式，七言是上四下三的句式。但是，詞配合曲調節拍，自有它獨特的音節形式，因此，即使字數相同，它的節奏停頓處和詩未必相符，須細加分辨。所以鄭先生早先論詞的規律，所列的五個項目中，為首的就是「斷句」，而斷句裡的第一點就是「認明句式」，可見它的重要性。鄭先生認為這本是最起碼的認識，但有些初學者卻忽略了它，於是作品讀起來就不順口，毛病就在這裡[33]。

鄭先生有許多處談論句式，可見他重視的程度。句式的問題，存在於詩詞曲之間，鄭先生在〈論北曲之襯字與增字〉一文中有非常明白的敘述：

> 《曲律易知》論聲韻襯字又有一條云：「平仄四聲固然遵譜，惟有時平仄錯叶尚可通融，而句式尤為重要。如上三下四萬勿作上四下三，上四下三者萬勿作上三下四；是兩句者萬勿誤作一句，本是一句萬勿誤作兩句。」此處提出「句式」兩字，最為切要。

> 予所云撇開音律專論文字，即謂欲明襯字之性質即使用襯字之方法規矩，與其講「板式」，不如講「句式」。蓋板式純屬音律問題，不明音律無從了解，句式則凡能誦讀詞曲之文字者皆能辨識也。

> 然則何謂句式？句式者，一句中所應有之字數，及此若干字之如何分配是也。例如：同為七字句而上四下三者為一式，上三下四者又為一式；同為六字句而上四下二

---

33 見〈詞曲概說示例〉，《景午叢編》，上編，頁67。

者爲一式，平分兩段每段三字者又爲一式[34]。無論文詩
詞曲，其所謂「句」，並不表示意義之完成，而係語氣
音節之一段落；此種段落不能太長，是以每句字數始一
終七。……一字、二字、三字，字數既少，語氣短促，
不必亦不能再分小段，故不發生句式問題。四、五、
六、七，字數既多，語氣舒緩，可以再分小段，於是有
所謂句式。句式之大別，可分爲二，曰單與雙。五字、
七字者，單式也；四字、六字者，雙式也。單式句，其
聲「健捷激裊」；雙式句，其聲「平穩舒徐」，吾儕讀
《楚辭》與《詩經》，覺其音節韻味迥然不同，即緣
《楚辭》單式句多，而《詩經》雙式句多之故。

詩騷如此，詞曲亦然。……單式句讀之有跳動之立體
感，雙式句有舒展之平面感，是爲中國一切文體之共
同情形，但曲之音樂性特強，句式之必分單雙更爲必
要耳。

---

34 就詞句而言，以四、五、七字句爲主。四字句——四字句是詞調的基本句式，在中
  調、長調中用得比較多。詞調中的四字句，常常連用，且多有偶句和排句。上二下
  二，是它常用的句式。不過，也有上一下三的，如「使李將軍，遇高皇帝」（劉克
  莊〈沁園春〉）；也有中二字相連的，如「搵英雄淚」（辛棄疾〈水龍吟〉）、
  「卷西風去」（張炎〈水龍吟〉）。
  五字句——五字句不僅詞中常用，而且有些詞全首是用五言句組成的。詞調中的五
  字句也常常連用，有的還作對仗。五字句的句式一般與詩句相同。可是，也有作上
  三下二的，如「繡幃人念遠」（韓縝〈芳草〉）、「一聲聲更苦」（姜夔〈齊天
  樂〉）；也有作上一下四的，如「自清涼無汗」（蘇軾〈洞仙歌〉）等。
  七字句——七字句也常並列連用，配爲對仗。它的句式一般作上四下三。但也有上
  二下五、上三下四、上一下六等特殊句式，如「見說蘇堤晴未穩」（張炎〈珍珠
  簾〉）、「楊柳岸曉風殘月」（柳永〈雨霖鈴〉）、「嘆畫闌玉砌都換」（周邦彥
  〈玲瓏四犯〉）等。
  其他，如六字句，通常作上二下四或上四下二的句式，如「一片神鴉社鼓」（辛棄
  疾〈永遇樂〉）、「七八個星天外，兩三點雨山前」（辛棄疾〈西江月〉）。比較
  特殊的是上三下三，如「都付與鶯和燕」（陳亮〈水龍吟〉）、「故畫作遠山長」
  （歐陽修〈訴衷情〉）。七字以上的長句，在詞中較少見，像八字句大都合二五成
  句，也有上一下七、上二下六、上四下四等句式；九字句則多是四五句式，但也有
  上三下六、上六下三、上二下七的，也有一字領兩個四字句的。

既知何謂單雙，再談句之分段。一二三字之短句無須分段，亦不能再分，前已言之。四五六七字句則均須分段，以調節語氣之輕重疾徐。而句式之究竟爲單爲雙，即視其下段所含字數爲定。蓋無論詩詞曲，兩句爲一聯者，其音節之重點恆在下句，兩段或三段爲一句者，音節之重點恆在下段故也。

詩中五言七言皆用單式，古風拗句偶可通融或故意出奇，近體如用雙式句即爲失律。詞曲諸調如僅照全句字數填寫而單雙互誤，則一句有失而通篇音節全亂。[35]

句式的辨識，可獨立於音樂之外，在誦讀時皆能爲之。填詞依譜調而作句式的安排，語氣輕重疾徐有節，讀來便有韻味。鄭先生談句式，異於一般學者的是，特別提出了「單式」與「雙式」的概念。而從一首作品中使用單雙句之多寡，可作風格之判分，這是相當新穎的看法。句式究竟是單是雙，鄭先生定義爲「即視其下段所含字數爲定」：五七言是二三和四三句式，所以是單；四言是二二，六言是四二或二四句式，所以是雙，如作三三，則是單。單式句的聲情是「健捷激裊」，雙式句聲情是「平穩舒徐」，據此誦讀《楚辭》、《詩經》，會感覺到兩者的音節韻味迥然不同，那是因爲《楚辭》單式句多，而《詩經》雙式句多的緣故。這說法是頗有道理的。

從詞調組成的方式來看，它的風格之所以趨於陰柔，鄭先生以爲：

---

35 見〈論北曲之襯字與增字〉，《龍淵述學》，頁127-132。

絕大多數的詞調，都是由單式、雙式兩種句法合組而成。完全單式句的詞調像〈玉樓春〉，完全雙式句的像〈十二時〉，佔極少數，而且都只是小令。這樣單雙句式相配合的組織，造成了音律的和諧。尤其要注意的是：多數詞調的組成，都是雙式句比較多，單式比較少。越是講究音律的詞家所常用的調子越是如此，音樂性越高的調子越是如此。這種雙多單少的配合方式，使詞的音律舒徐和緩，不近於立體而近於平面。這是構成陰柔美的條件之一。自然，詞調的音律也有縱橫跌宕，近於立體不近於平面的，如〈水調歌頭〉、〈歸朝歡〉，這兩個調子。他們之所以縱橫跌宕，正因為其中句式單多雙少。但像這調子，不僅在詞調裡佔少數，而且只有稱為豪放派，不甚拘音律的詞人才用。……所以我說，從詞調的組成上，也就是從音律上看，詞所表現的風格是陰柔之美。[36]

雙多單少的句式形成舒徐和緩的音律，單多雙少的句式形成縱橫跌宕的音律，兩者截然不同。這從詞調組成、句式單雙多寡的狀況，來分辨豪放與婉約的差別，確實提供了詞藻意境之外的另一種觀察的角度。此外，可加注意的是，句式的變化，聲情的疾徐輕重，在詞的長調中比小令更為顯著：

> 小令不脫詩的形式。……長調則段落不齊，句法不一，全是詞的形式。也可說長調才是詞的本格，小令只是句法變，長調則整個組織也變了。同是長調又有快慢之分，這要看句式之單雙，而不在字數之多少。三五七言

---

[36] 見〈詞曲的特質〉，《景午叢編》，上編，頁59-60。

的謂之單式句,二四六言的謂之雙式句。一個調子,單式句多了就快,雙式句多了就慢。

尤其是每段末一句之爲單爲雙,更有關係。試看另外兩首詞(蘇軾〈水調歌頭〉、〈念奴嬌〉)……〈水調歌頭〉九十五字,〈念奴嬌〉一百字,但前者快得多,因爲〈水調〉每段末句都是單式,〈念奴嬌〉則只有「捲起千堆雪」一句單式。這種情形,在小令也是一樣。

明乎此,便可知詞的快慢全在音節聲響,與字數多寡不一定有關。以上所說快慢,是在歌唱或誦讀時的快慢,長調之稱慢詞,則已成專門名詞,乃是另一回事。[37]

句式安排影響節奏的快慢,無關乎字數的多寡,這點補充意見相當重要。填詞讀詞須明句式,是有道理的。我們感知詞情,不懂樂理也沒關係,憑讀文本,依句式分配的情況,即可直接體察節奏的快慢緩急,得悉其風格的基本屬性,語調或豪或婉,自能心領神會。當然如能結合前述各項,兼顧文辭語意、內容意境與各種規律形式,交會融通,則對詞體之美會有更通達、透澈的體認。

五、小結——再從出格失律說起

鄭先生的詞學文體論,確立詞婉雅合律的特質,特別強調詞的規律,爲詞的形式重新賦予意義,他爲救時弊的用心相當清楚。詞不同於詩,自有它獨特的文體特色、美的要點,不能完全用現代白話文的觀點來評論詞,更絕不可以任由意識形態

---

37 見〈再論詞調〉,《景午叢編》,上編,頁96-99。

操縱，以今代古，顛倒文學藝術的價值與品味。

鄭先生認為詞律的破壞不自今日起，由明代開始已見亂象：

> 明人的詞，辭藻意境兩無可取，更有一種很普遍的毛
> 病，就是不合格律，長調尤甚。不是字數多寡不合，就
> 是平仄不調，或是句法不對，如上三下四作上四下三之
> 類。這種現象固然是因為缺少詞譜一類的書，作者無所
> 適從。但最大的緣故還是在曲上。從曲興起以後，詞律
> 就漸漸為所混淆破壞。……明人填詞，既無精確的譜律
> 可以遵循，詞的唱法又已失傳，他們只習於曲的音節格
> 律，以這種手眼習慣來填詞，當然無怪其顛倒錯亂。[38]

詞的創作如此，當時的評論亦無甚高明之處。所以詞衰於明，
乃必然的事實。詞發展到清代，情形又怎樣？鄭先生說：

> （成德〈金縷曲〉、〈摸魚兒〉兩調）兩詞感慨豪宕，合讀之
> 正可見此君襟抱。惟〈摸魚兒〉中落腔失律之處頗多，
> 此調亦不宜用入聲韻；然音律之事，宋元人以外，惟晚
> 清諸家知之，不能以責清初作者也。

> （張惠言〈木蘭花慢・楊花〉）換頭句應作一七字一五字，兩
> 句均須協韻，右詞失律。[39]

清人治學嚴謹，填詞較用心，於詞之定律，頗有成績，尤其晚
清諸家多知音律之事。雖然如此，名家如納蘭性德、張惠言，

---

[38] 見〈論詞衰於明曲衰於清〉，《景午叢編》，上編，頁165-166。
[39] 見《續詞選》（臺北：中國文化大學出版社，1982），頁102、165。

亦多有失律之處，可見其難也。這一情形在近代詩界，縱然是大家，也一樣的不諳詩詞韻文的音樂性：

> 散原老人詩固不失爲近代一大作家。但「凝鍊太過，真氣不出」，故不能感人；又於詩之音樂性全不注意，故不能上口。不能感人，不能上口，自不能謂爲上乘之作。散原詩僅調平仄而不講求上去聲之配合，又不避雙聲疊韻二病，往往一句之中用數個雙聲字數個疊韻字：此皆予所謂不注意詩之音樂性。[40]

民國以後，情況就更爲惡劣了。詞的音樂性特質及其格律形式之美，在白話觀點的詮釋下已不爲大眾所重視，初學者也無從習得這樣的知識。鄭先生以言簡意賅的方式，用白話語文陳述指引，確實用心良苦。

　　就整個文體論而言，鄭先生論述詞體的陰柔特性，頗能結合時代文化與個人才性，兼顧內容與形式，並鎔鑄了作品的藝術形相和作家的精神面貌，其所描述的詞體特質是相當周全的。而鄭先生詳細分析詞體規律，爲其賦予意義，試圖喚回文學的真精神，可見其熱愛詩詞、忠於藝術的情懷，和謹守學術分寸的態度。因爲是有生命的學問，自然有興發感動的力量存在於文章的字裡行間，有待有心的讀者體察分享。

---

[40] 見〈永嘉餘札〉，《龍淵述學》，頁275。

出入詩詞之際

——東坡詞境的探索

鄭騫詞學的研究，具有時空的雙重意義，既可揭示近現代詞學之發展歷程，也可連結大陸與臺灣詞學的脈絡。他前承王國維，後啓葉嘉瑩，是臺灣詞學通古變今的重要推手。他建立了一套以「溫—韋」、「柳—蘇」、「周—辛」等相對詞風爲軸線的詞史觀，反映了其兼容婉約與豪放詞風，尚雅正，重氣格的治詞態度。而在眾多詞人當中，鄭先生最愛賞的應是蘇軾與辛棄疾二家。本章先論述鄭先生的東坡詞研究，下一章再談稼軒。

一、由個人的喜好到專業的研究

蘇軾不只是大詩人大詞家，更是學人的典範。要眞切瞭解鄭騫先生的學問人格，不能忽略他與東坡的關係。鄭騫〈論詞絕句〉之十二說：「銅琶鐵板短長歌，浩蕩天風挾海波。太息吾衰眞甚矣，三年不復夢東坡。」注曰：

> 予年十一歲時，讀前後〈赤壁賦〉，雖不甚了了，而能琅琅上口，心喜其文，心儀其人。厥後常夢古衣冠者來訪，自稱蘇東坡，至二十餘歲時猶然。因之頗爲自喜，曾有三夢詩，……又以「夢坡」自名其室。後見近人周君文集，即名《夢坡室集》；又讀馮應榴《蘇詩合註》，知應榴亦有東坡之夢，且倩人繪爲圖卷，遍徵題詠。乃知夢見古人實尋常之事，上自孔子，下至凡夫，皆可有此一夢，不必大驚小怪。爽然自失，其夢遂絕。[1]

其後，鄭先生雖不復夢見東坡，但他對東坡的愛慕和敬意卻不曾衰減。他愛讀東坡詩文，常效東坡筆法爲詩，嚮往東坡意

---

* 本文乃據國科會〈鄭騫先生的東坡研究精簡報告〉（2011）重新改寫。
[1] 見鄭騫：《清晝堂詩集》（臺北：大安出版社，1988），卷九，頁315。

境[2]，更重要的是東坡詩觸發了他的身世之感。如〈讀東坡詩有所憶〉云：「當日無人送臨賀，昨宵有夢到燕臺。平生南北長亭路，第一淒涼是此回。[3]」先生離家赴臺，自能體會東坡遠謫的心情。而在研究方面，在他的大小文章中，有事理的考證，有詩詞美的評鑑，有義理意境的體察，充分表現了他的學養與性情。

鄭先生可以說是東坡的異代知音。他晚年曾說，他的個性在蘇辛之間。先生與東坡相契，我們若細讀〈詩人的寂寞〉一文[4]，即可看出端倪。「千古詩人都是寂寞的，若不是寂寞，他們就寫不出詩來。」先生解釋說：「寂寞是介乎苦悶與悠閒之間的。……只有寂寞，是苦悶漸趨舒緩，悠閒無所棲泊時的心情，是最適合於寫詩的。」文中列舉具有寂寞心情而筆之於詩的作家包括阮籍、陶潛、謝靈運、柳宗元、李商隱、王安石、蘇軾等七人，並分析比較他們不同的寂寞樣態。先生說：「阮籍的寂寞偏於苦悶，陶淵明的寂寞就是悠閒。」「淵明表現於外的是淡泊寧靜，靈運只是一味的躁急狂放。」「我以爲陶淵明的寂寞生於沖遠的思，李商隱的寂寞生於深摯的情，王安石的寂寞則是生於侘傺不平之氣。」「東坡這時的生活（指貶謫瓊州）很像柳宗元之在永州，但他的性情曠達，學養深厚，與柳有本質的不同。」鄭先生中年渡海來臺，晚歲以詩自娛，充分反映他的寂寞心境[5]。私意以爲鄭先生的寂寞頗接近

2　如先生〈辛酉春感〉說：「重溫陶杜開新境，更拜韓蘇作晚師。」〈代將進酒〉詩序云：「東坡〈十八羅漢讚云〉：『空山無人，水流花開。』予素愛其語。」

3　見《清晝堂詩集》，卷四，頁72。

4　鄭騫：〈詩人的寂寞〉上下，《景午叢編》（臺北：臺灣中華書局，1972），上編，頁8-15、16-24。

5　詳林文月：〈《清晝堂詩集》中所顯現的詩人的寂寞〉，國立臺灣大學中國文學系、行政院文化建設委員會編印《鄭因百先生百歲冥誕國際學術研討會論文集》（2005），頁489-514。

東坡的類型。鄭先生說：「讀者若順著我所說的途徑，在各家的全集裡多找這類的作品來讀，或者對於所謂詩人的寂寞能有深刻的了解。當然最要緊的還是實際生活的體驗，這卻不是可以強求的，只好看各人的機緣如何了。」文章寫後四年，鄭先生於民國三十七年來到臺灣，有一回迷路，轉不出去，「沿路看到不少牛矢；我立即想起牛矢歸路之語。從此對於東坡此詩，不但不覺奇怪，反而甚為欣賞了。回去後曾作了四首七絕。[6]」這就是他所說的「實際生活的體驗」了。而東坡那種「雖同於柳的困窮，卻得到陶的自在，於是野老溪童，彼我無間，天涯海角的荒村，融化成舞雩歸詠的氣象」[7]，何嘗不是他中晚年遠離大陸故土流寓臺灣所嚮往的意境？

鄭騫先生的東坡研究，有將近四十年的歷史。鄭先生之愛東坡文學，實與他個人的情志、時代的氛圍，有著緊密的關係。鄭先生在大陸求學、教書的時期，正是新文學發展的時期。這時候的文學思潮，重內容而輕形式，尤以氣格為高，排斥纖柔修飾之調，在詞人中自以高雅磊落、忠義奮發之蘇辛為尚。早在晚清內憂外患之際，蘇辛詞即被賦予新的詮釋意義，寄託著文人學者承擔苦難、急欲思變的精神。另須注意的是，鄭騫先生與顧隨先生共同喜愛蘇辛詞及其相互影響的關係。在北方淪陷期間，二人仍留居北平，依舊從事教研工作。顧先生於此時撰成〈東坡詞說〉、〈稼軒詞說〉，鄭先生則專心研究稼軒詞，先後完成了《稼軒詞校注》、《辛稼軒先生年譜》，並撰〈柳永蘇軾與詞的發展〉。受到時代因素和學術環境的刺激，鄭先生於東坡學既有所承亦能創新。他以其才情學識，出

6　見《景午叢編》，上編，頁24。
7　見《景午叢編》，上編，頁23。

入其間，頗能掌握詞家之特質及其風格之成因。兩宋詞家中，先生尤尚蘇辛詞，而其所建立之以「溫—韋、柳—蘇、周—辛」等相對詞風為主線的詞史觀，正是其既重氣格又愛渾涵之境的詞學品味的最佳寫照。先生治學，特重真情實感，不作虛談，而以知人論世之法，簡述東坡詩集之要義，考證東坡先世與家庭，皆平實精審，頗富參考價值，而其評論東坡詩詞，尤能表現融合境界說與史傳批評之特色，及其兼義理、詞章、考據之長。

簡言之，鄭先生對東坡的研究，博而能約，既精且佳，主要有四方面：一是東坡先世與家庭的考證，一是《宋刊施顧註蘇詩》之研究，一是東坡詞的評論及其詞史地位之確立，一是東坡詞的心境與意境之分析。這些方面融合了「知人論世」和「以意逆志」的詮釋方法，充分展現了鄭先生的人文合一的文學理念。由史傳批評到境界說，鄭先生在東坡研究的課題上，指出了一條由語及意、內外緣交互論證的詮釋道路。誠如論者所說，他是王國維文學批評事業的重要繼承者，他既從事各種版本體式格律的考據，又討論作品的精神面貌，而眼界則較王氏為寬，論斷亦較平實周延[8]。

本文的重點是評析鄭先生對東坡詞的論說，不過如能對其前兩者的成就稍有認識，應該更能體認東坡其人其詞的整體成就。首先，在東坡先世與家庭的考證方面，鄭先生於民國五十七年發表了〈蘇東坡的乳母與蘇子由的保母〉、〈蘇東坡的先世及其親屬〉兩文，補充東坡相關的生平資料，簡明扼

8　柯慶明說：「鄭騫或許可算是王國維文學批評事業的最重要的繼承者。……他像王國維一樣，一面討論作品的精神風貌，一面從事各種版本體式格律的考據。早年論詞亦多有發揮王國維觀點之處，但如積薪，後來居上，眼界較寬，論斷亦較平穩妥貼，對於詞曲的精神與演變亦頗多發揮。」見柯慶明《現代中國文學批評述論》（臺北：大安出版社，1987），頁95。

要，別具意義。鄭先生說：「從前人研究文學作家的身世，寫作家傳記，對於他們的家庭情形，私人生活，尤其是他們家裡的女性，往往不甚注意，這是不對的。[9]」鄭先生根據文本，道出一段真摯的主僕之情，平實真切，相當感人。

> 此文連誌帶銘共一百四十三個字，一個閒字沒有，這是短篇文章的必要條件。敘事方面，能寫出一個終身寄食，以他人之家為家，以他人之子孫為子孫，「不識不知」，誠懇勤儉，跟著少主人南來北往而終於客死異鄉的老太太。另一面則又從字裡行間流露出東坡對於這位老乳母的感念。……「皆有恩勞」，寫任氏對他們兩代的愛護。「恩勞」二字下得重而恰當，如不是乳母，東坡不會用這兩個字。……銘文起首兩句是說：奶起來的孩子，一樣可奉養她，不必是她自己的孩子。中兩句說：死有葬身之地也就行了，不是必須歸葬故里。這四句無形中顯示出任氏暮年的心情。末兩句則表示東坡會永遠祭祀她，她的魂氣也會隨時地享受這祭祀。讀此兩句，彷彿聽見招魂的聲音：「魂兮歸來！」[10]

這段文字甚能寫出東坡為文之用心，讓我們清楚看見東坡真情與至誠之一面。至於另一篇文章，由先世到親屬，簡單道來，娓娓動聽，仿如讀了一段蘇氏家族的興衰史，所謂「君子之澤，五世而斬」，令人無限感嘆。鄭先生說：「讀了東坡祖父蘇序的幾篇傳記，使我覺得東坡性格才能以及行事，很像他祖父。可以說東坡是他祖父的擴展：讀書比祖父多，眼界比祖父

9　見〈蘇東坡的乳母與蘇子由的保母〉，《景午叢編》（臺北：臺灣中華書局，1972），下編，頁291。
10　同上，頁295-296。

廣，本質則是大致相同的。[11]」這描述提供了我們認識東坡性格特質的一個新面向。東坡獨特的個性及其用情的態度，自然影響到他的行文風格，這一點甚能呼應鄭先生人文合一的論述觀點，在其評論東坡詞時即可得到具體的引證。至於鄭先生在《宋刊施顧註蘇詩》之研究方面，翁萬戈先生敘述影印此書之緣起說：「影印這部《宋刊施顧註蘇詩》的最大原因，就是它現在變成了存卷最多的孤本。在原有的四十二卷裡，它仍存有完整如新的三十二卷，……把人間所有的殘本湊補起來，也只能再加上四卷，而仍有六卷無存。」又說：「三十幾年前在北平匯文高中念書的時候，我的國文老師是鄭因百先生。民國五十四年他到美國耶魯大學講學，使我得到再承教誨的機會。當時我們並沒有談到這部蘇詩，鄭先生回國之後，看到小川和倉田兩教授合輯的《蘇詩佚註》，才知道此書仍在我手中。去年我返國的時候，他就邀請臺靜農先生一起作介紹人，提議我同藝文印書館主持人嚴一萍先生合作推進。……同時，因百先生也答應寫一篇〈宋本施顧註蘇詩提要〉，詳細的指出這部書在我國文學史上的重要性。」[12]果然，鄭先生竭盡心力，推介此書，寫了兩萬六千多字的長文；而他之撰寫這一提要，「目的是敘述此書的內容，考證一切問題，為這一件二三百年來學術上的公案作一總結」[13]。舉凡此書的作者、體例、內容、評價、流傳等情況，都作了詳盡的考證，殊多勝意，甚有參考價值。如果沒有上述的因緣，剛好是熟悉東坡其人其詩的鄭先生，就不會有如此完美的結果。此書沉埋多年，再度影印刊出，是東坡詩學史上的大事，鄭先生則是關鍵人物。這四十年

---

[11] 見〈蘇東坡的先世及其親屬〉，《景午叢編》，下編，頁285。
[12] 見翁萬戈〈影印宋刊施顧註蘇東坡詩緣起〉，鄭騫《宋刊施顧註蘇東坡詩提要》（臺北：藝文印書館，1970），頁1-2。
[13] 見〈全篇要旨〉，《宋刊施顧註蘇東坡詩提要》，頁1。

來，有更多資料出現，對《宋刊施顧註蘇詩》之研究也有不同的看法，劉尚榮〈宋刊施顧注蘇詩考〉說：「據王水照同志在日本講學時所見，藝文印書局出版的《增補足本施顧註蘇詩》並不完備。[14]」按：所謂藝文版即鄭先生據以撰作的版本。除了劉尚榮之外，像王水照、王友勝等學者都有東坡詩集版本的考述專論[15]，他們對此版的內容、體例、評價，都有不同的觀點與體察。至於各家的得失，還須蒐集更多資料，再作評斷。緣於鄭先生對東坡詩有相當通透的認識，他之討論東坡詞自能揭發其「以詩為詞」的要義，而相對於傳統專研詞學的人，他對東坡詞意境的體悟自然也較為深廣。當然，這與鄭先本身既是詩人，又是一位自覺意識甚強的學者有關。

二、東坡詞史地位之確立

鄭先生的文體觀相當周延。一種文體的形成，涉及形式與情感、作家與作品、個人與時代等內外各因素。鄭先生評論東坡詞，都注意到這些層面。

先談東坡詞的格律形式。鄭先生論〈水龍吟〉的句法說：

> 結處十三字應作一五兩四，如質夫原作云：『望章臺路杳，金鞍游蕩，有盈盈淚』是也。東坡此作與之小異（按：鄭先生讀為『細看來、不是楊花，點點是、離人淚。』）；然此十三字一氣直下，句讀少異，原自不妨。後人亦有用東坡句法者。[16]

---

14 見劉尚榮《蘇軾著作版本論叢》（成都：巴蜀書社，1988），頁101-102。
15 詳見王水照《蘇軾研究》，上海：上海人民出版社，2021；王友勝《蘇詩研究史稿》，長沙：嶽麓書社，2000。
16 見《詞選》頁42。按：此詞結處如按正格，應作「細看來不是，楊花點點，是離人淚。」鄭騫《詞選》則作「細看來、不是楊花，點點是、離人淚。」除了這兩種句法，諸家編錄東坡此詞，也有作「細看來、不是楊花，點點是離人淚」、「細看

句式的長短，鄭先生以爲須結合情意來看，不必謹守成規。出入於格律之間，嚴寬之際，鄭先生的態度顯然是相對開明的。真正懂詩詞的人才能深切體會創作的妙理所在，既守律也能不死於法。鄭先生曾撰寫〈蘇東坡的陽關曲〉一文，旨在爲「東坡詞不合律」這說法申辯。鄭先生說：「東坡只說不如人，並非完全不行。」因此，他比較分析東坡三首、王維一首〈陽關曲〉如何嚴辨四聲，最後結論是：「只要東坡想守律，他就可以守得很嚴格。重要的是，他守得很自然，行所無事。」換言之，東坡只是「豪放不喜裁剪以就聲律」而已，是不爲非不能也[17]。鄭先生於文末語重心長的說：

> 最後我們要了解，謹守聲律而又能游行自在的作品，如東坡的「中秋月」，是可遇不可求的，所謂「妙手偶得之」。能作得很好，卻無法可以作得很多；固然精嚴，卻很難雄闊。從正面說，「雖小道亦有可觀者焉」；從另一方面說，雖有可觀而畢竟是小道。這就是詞曲所以不足與詩相提並論的最大原故。[18]

來、不是楊花點點，是離人淚」或「細看來不是楊花，點點是、離人淚」。一般都以爲東坡往往以意爲文，是格律所不能約束得住的。誠如鄭先生所說，句讀稍有差異，本也無妨。不過，若能深切體會東坡立意、構思的巧妙之處，就會理解這幾句當作正格爲佳。劉熙載《詞概》說：「東坡〈水龍吟〉起句云：『似花還似非花』，此句可作全詞評語，蓋不離不即也。」東坡整首詞在楊花不是花、柳絮與柳枝柳葉、花事與人情、東坡與此物間，採取了一種「似是而非、似非而是」的論述方式，文情跌宕有致，掌握了楊柳與離別交織而成的糾結情思，也貼合由物及人的詞體之抒情特性，全詞回盪著「似花—非花、無情—有思、欲開—還閉、不恨—恨、不是—是」的語意，纏綿幽怨，十分傳神。結語十三字，依此脈絡，先頓在「不是」，顯示細看下否定其爲楊花，然後看到的卻是「楊花點點」，似又加以肯定，最後在認知「是離人淚」的情況下，又推翻了是楊花的事實。這樣的句法安排，比起其他的方式，轉折更爲深曲，亦能呼應全詞「若即若離」的主調。

[17] 見〈蘇東坡的陽關曲〉，《龍淵述學》（臺北：大安出版社，1992），頁55-63。
[18] 同上，頁63。

詞須協合樂律，是詞作為歌詞的基本準則。東坡在這方面自不能與柳永、周邦彥等專業詞家相提並論，但以其才華學識是可以輕易克服先天的缺點的。可是，詞受限於體製，難以開拓更「雄闊」的意境，也是不爭的事實。然則，東坡稍稍掙脫詞體「精嚴」的格律形式，就文學藝術之表現言，卻也突破了詞的規範，有更大的舒展空間。這無形中肯定了東坡「以詩為詞」的意義。惟有因情為文，緣文得體，即使偶不合律，也無損文學的真正價值；而且正因為不拘謹於精微之小道，勇於拓寬詞的格局，方能注入真性情，提升詞之境界——東坡的詞史地位不就是這樣確立下來的嗎？

關於東坡詞史地位的論定，鄭先生在〈柳永蘇軾與詞的發展〉一文中有十分精到的見解。鄭先生認為「溫韋的貢獻在詞的創始」，「柳蘇的貢獻在詞的發展」——「柳永在形式方面使詞發展，蘇軾在內容方面使詞發展。」柳永在詞史上的地位，奠定在長調寫作的質與量上；而東坡的成就則在擴大詞的領域，提升詞的意境[19]。這一論調符合詞史發展的狀況，對柳蘇的評價是允當的。

另須留意的是，東坡詞雖在內容意境上有所成就，但也得認清一個事實，他的詞畢竟是變體，而且在整體的藝術層面上不如周邦彥和辛棄疾精嚴。鄭先生愛蘇辛詞，也深明詞體的特性；他兼重婉約與豪放二體，但堅持婉約是正宗，豪放終究是變調。〈漫談蘇辛異同〉說：「自南宋以來，一般人論詞總是把詞分為兩個宗派：婉約與豪放。婉約為正，豪放為變，各有千秋，無分軒輊。[20]」〈杜著辛棄疾評傳序〉亦云：「『詞之為體，要眇宜修』確是適於軟性而不適於硬性；所以蘇之

19　見〈柳永蘇軾與詞的發展〉，《景午叢編》，上編，頁119-127。
20　見〈漫談蘇辛異同〉，《景午叢編》，上編，頁266。

清曠，辛之豪縱，都只能算是變調。[21]」〈柳永蘇軾與詞的發展〉一文則更清楚評定諸家的屬性及其地位：

> 柳周一派確是很諧婉優美的樂歌，蘇辛一派則不免成為長短句的詩。詞的內容，當然可以與詩相同，但總該有它自己的格調體製；所以我們只好承認以前一般論詞者的說法，以柳周為正宗，蘇辛為變調。蘇軾以詩為詞，固然使詞的領域擴大了，地位提高了；但詞並沒從蘇得到本體的發展，詞的本體發展，還是在柳周一派。蘇軾雖是名家，卻不見得就是內行；柳永則是地道內行；……後來周邦彥繼承柳的形式而襟抱勝於柳，辛棄疾繼承蘇的內容而音律嚴於蘇，遂成為詞中二聖。詞到了周辛兩家，才發展到登峰造極，如日中天；而承先啟後，則是柳蘇兩家的事業。[22]

詞體正變之論，由來已久，鄭先生「以柳周為正宗，蘇辛為變調」的說法，表面看來與一般論者無異。但整體來說，鄭先生有更通透的詞體和詞史觀。他雖採兼容並蓄的態度看待婉約與豪放兩種風格，但就詞歌唱的本質言，則不得不以諧婉合律為正體，而以詞的本體發展言，則東坡於詞的內容意境有所開拓，固然值得肯定，但不如稼軒之能兼嚴音律，卻也是事實。就形式與內容的發展上說柳永與東坡有承先啟後的地位，這一點應無異議；至於以周邦彥、辛棄疾為「詞中二聖」，卻是頗獨特的看法。

鄭先生晚年撰〈論蘇辛詞〉，依然秉持這一理念：「詞這

---

[21] 見〈杜著辛棄疾評傳序〉，《景午叢編》，上編，頁135。
[22] 見〈柳永蘇軾與詞的發展〉《景午叢編》，上編，頁126-127。

種文體的特質，是偏於陰柔的，所以婉約自來被認爲詞家正宗，豪放則被認爲變調。[23]」不過，他認爲仍須認清兩點：第一，正變與優劣無關；第二，凡是第一流大作家，其作品風格必定是多方面的。關於蘇辛詞的優劣及蘇詞於豪放外的風格爲何等問題，留待下文再作討論。

　　過去論者多以東坡「以詩爲詞」，突破詞的藩籬、提升詞的意境，爲豪放詞派的創造者。鄭先生則以爲，東坡固屬豪放，正式確立屬「變調」的豪放派之特色，但就詞的發展來說，五代宋初名家詞已有豪放的特質。鄭先生〈成府談詞〉說：「飛卿詞託物寄情，端己詞直抒胸臆，飛卿詞深美，端己詞清剛。後世所謂婉約派，多自溫出；豪放派多自韋出。[24]」所謂豪放，是相對於婉約的概念，二者在風格表現上有何差異？鄭先生在〈溫庭筠韋莊與詞的創始〉一文中有非常精要的說明：

> 溫詞各種特質是婉約派的出發點，因爲這些特質所表現出來的風格是深厚、茂密、精美、靜穆，這都是婉約派的好處。韋詞各種特質則是豪放派的出發點，因爲這些特質所表現出來的風格是顯豁、清利、樸素、生動，這都是豪放派的好處。後來婉約豪放兩派作家，其規模氣象自然非溫韋所能籠罩，而溫韋詞爲此兩種風格之始，則是可以斷言的。[25]

豪放的風格清疏自然，較能予人深切的感動，關鍵在於作者主

---

[23] 見〈論蘇辛詞〉，中華學術院編輯《中華學術與現代文化叢書》第二冊《文學論集》（臺北：華岡出版有限公司，1978），頁401。
[24] 見〈成府談詞〉，《景午叢編》，上編，頁250。
[25] 見〈溫庭筠韋莊與詞的創始〉，《景午叢編》，上編，頁107。

觀的情意能作直接的表現：

> 在文藝理論上説，韋詞的境界或不及溫詞之深美，但在
> 引人入勝的效果上，韋詞卻又勝於溫詞。……這就是因
> 爲有作者個人的情感在裡邊活躍。溫詞當然不是沒有情
> 感，而是把他個人的情感融冶在人類的共同感覺之中。
> 多費了這麼一道手，人們對於他的了解也就多費一回
> 事。韋詞那麼疏淡而能與金碧輝煌的溫詞並美，且更易
> 動人，全在「直接」二字；他直接的把情感表現給人
> 們，人們也就容易直接領受。豪放派的長處就在這裡，
> 不獨韋詞爲然。[26]

在文學感人的效果上，韋莊較直接的言情方式，確實能強化詞
的抒情特性，但由於受到時代、個人與文體的限制，他這方面
的豪放特質較諸後來作家自有不及之處。鄭先生爲豪放派探本
尋源，相當肯定韋莊作爲「詞家開山祖」的地位，而在韋莊之
後、東坡之前，他以爲詞中能有豪放表現的代表作家，是李煜
和歐陽修：

> 若就全部詞史來説，韋詞又不如李後主及兩宋諸大家之
> 更能動人。因爲韋詞畢竟是詞史初期的作品，堂廡氣象
> 還差得多，眼界之大，感慨之深，當然不能不讓後賢。
> 韋的〈菩薩蠻〉五首，與李後主的〈浪淘沙〉、〈虞美
> 人〉諸詞，都是感舊之作，韋詞那像後主那樣寓沉著於
> 豪放，寄俊逸於悲涼呢。[27]

---

26 同上，頁108。
27 同注25，頁109。

王國維《人間詞話》：「永叔〈玉樓春〉：『人生自是有情癡，此恨不關風與月。直須看盡洛城花，始共春風容易別。』於豪放之中有沉著之致，所以尤高。」所謂豪放中見沉著，歐詞佳者皆然，不止此〈玉樓春〉。馮煦〈宋六十一家詞選序錄〉以為歐詞「疏雋開子瞻，深婉開少游」，亦是此意。疏雋即是豪放，深婉即是沉著。疏雋而不能深婉則失於輕滑，豪放而不能沉著則失於叫囂，二者皆詞之魔道。[28]

東坡的「疏雋」，源自歐公。而所謂疏雋，即韋莊「顯豁、清利、樸素、生動」的風格。這是詞「豪放」的基本筆調。詞之能引人入勝，感動人心，最重要的是能表現出詞體特有的抒情性質，須「像後主那樣寓沉著於豪放」、歐陽修那樣「於豪放之中有沉著之致」，就是要疏雋而能深婉——既有清疏俊逸的筆調，也要有深摯動人的情韻，不然，如各有所偏，便容易失於輕滑、叫囂。不過，東坡詞豪的表現，相較於前述諸家之仍為詞體正格的屬性，則已是變格的新體。東坡感慨深，眼界大，更憑藉其超凡的學問與襟抱，融入詩筆與詩情，發而為詞，指出向上一路，拓寬了詞的藩籬，提升了詞的意境，豐富了詞的內涵，更確立了詞體詩化的特性，對文人詞的創作影響極為深遠。詞史之正式有「豪放派」與「婉約派」之別，就從東坡開始。

　　鄭先生對兩派詞在南宋、金元時期的發展，在〈劉秉忠的藏春樂府〉一文有頗詳盡的說明：

---

28 見〈成府談詞〉，《景午叢編》，上編，頁251。

詞到南宋，已經發展成熟，登峰造極，入元以後，便是
走下坡路。……在元朝初年，詞還保留著一些餘勢，到
了中葉，大德延祐以後，才真的衰落下去。元初保持著
兩宋餘勢的詞，可以分為南北兩派。著名的詞家如張
炎、周密、王沂孫以及後來的張翥，都屬於南派。屬於
北派的則有劉秉忠與劉因。南派的作風，是繼承柳周姜
史的，這一派是詞的正宗。……這一派的佳作，固然是
細膩妥溜，珠輝玉映，諧婉的音節，藻麗的詞句，處處
足以引人入勝。卻有一種共同的短處，就是缺少豪放的
情調與飄逸的氣韻。他們作詞，講究唱嘆寄託，纏綿深
婉，這雖是很優美的風格，而與此俱來的壞處流弊，
便是平鈍晦澀，若非具有相當高深的文學天才和修養的
人，不容易欣賞領會這種作品。

（劉秉忠詞）當然趕不上蘇辛的豪放雄駿（蘇辛詞本是無
人能及的），卻有張周王所沒有的飄逸清新。不只這幾
個元初南派作家，就是南宋其他作家裡，也不多見這種
作風。這是北宋詞的嗣響，與南宋詞是並流異源的。宋
朝南渡以後，程學行於南，蘇學行於北。學術思想上如
此，文學上也是如此。蘇詞一派到了南宋雖也大行於
世，而有張孝祥、陸游、辛棄疾、劉克莊諸大家。但其
發展情形總不如繼承柳周的一派興盛。辛棄疾與姜夔是
同時而分別代表兩派的；但姜以後有史達祖、吳文英及
上述的張周王諸人，辛以後則只有一個劉克莊勉強支持
豪放派的門面。在北方的金朝，則金初的吳蔡體（吳激與
蔡松年），金末的元好問（遺山詞），都走的是豪放一路，
正因為蘇學盛行，而北人的性格情調又接近豪放一派。

劉秉忠是道地北方人，世居邢臺，家庭血統，學問淵
源，都是從北宋傳下來的，所以他的詞也完全是北宋遺
風，沒有南宋的氣息。[29]

南宋詞，因東坡的影響，而有張孝祥、陸游、辛棄疾、劉克莊
一脈的豪放派，雖不如柳周婉約一派興盛，但鄭先生則注意
到東坡詞發展的另一個脈絡。蘇學行於北，而北人性情又近於
豪放派，故金元詞家遂存北宋遺風，不像南派詞家如張炎、
周密、王沂孫等詞家雖有纏綿深婉的優美處，卻也有平鈍晦澀
的流弊，終究不如北派像劉秉忠與劉因之有豪放的情調與飄逸
的氣韻，更引人入勝。鄭先生特重詞的氣格，這關乎作家的性
情、學問與抱負，以及其生長的時地風尚，能於豪放雄駿外而
有飄逸清新的氣韻，是他之所以特別看重金元北派詞的地方。

〈成府談詞〉評劉秉忠：「《藏春詞》佳處在性情深厚，
襟抱磊落；悲天憫人之胸懷，澄澈之思想，尤為歷來詞家所
無。」評劉因：「《樵庵詞》雖不盡滿人意，然有性情有學
問。……胸襟氣概之未能廣大，時為之也，地為之也，年為之
也；總勝於仇仁近張仲舉輩之剪綵為花。」[30]由此而知，所謂
豪放派，乃相對於婉約派而言，基本的特質就是更具個性的表
現，鄭先生從辨別溫韋詞風開始即明確指出了這一點。此派作
家各有不同的氣質品格，發而為詞，在豪放的基調下便有雄奇
俊逸、清剛放曠等相異的風格表現。至於東坡之豪放，表現了
怎樣的個人的特色？請詳下文分析。

---

29 見〈劉秉忠的藏春樂府〉，《景午叢編》，上編，頁156-158。
30 見〈成府談詞〉，《景午叢編》，上編，頁262-263。

三、東坡詞「曠」──心境與意境

　　鄭先生〈詞曲概說示例〉評東坡〈永遇樂〉說：「『古今如夢』三句，與『大江東去，浪淘盡，千古風流人物』，異曲同工；彼以氣概勝，此以神理勝。我們尤其要注意末句爲余浩嘆的『余』字。東坡此時已有『身經萬里頭初白，名已千秋心自清』的意味，所以這個『余』字說得特別有力。否則，一個無名下士，誰會爲你而浩嘆呢？其後數年，謫居黃州，也就是作『大江東去』的時候，經過人世的挫折磨練，便在『笑我生華髮』之下只有『人生如夢，一尊還酹江月』。豪情勝概，已收斂起來了。其實在那首詞裡，東坡何嘗不隱然自信，他與周公瑾同爲『千古風流人物』之一！[31]」東坡在徐州作〈永遇樂〉已有「古今如夢」的感嘆，後來經過烏臺詩案，被貶黃州作〈念奴嬌〉，則有「人生如夢」的真切體悟。鄭先生看出兩詞的關聯，由東坡的生涯，知其心境變化，生命境界的成長，從而辨析其詞境之有「氣概」與「神理」之別，但也發現東坡在人生虛幻如夢的疑惑中，仍有一不變的體認，就是對自我生命的肯定。這一點對我們認識東坡詞境的之能拓展及提升相當有幫助。

　　談論東坡詞，不得不瞭解其人其事，這是詮釋東坡詞由來都會注意到的觀點，但最怕的是因詞證事，因事釋詞，流於牽強附會。鄭先生評〈卜算子〉說：「此詞自宋以來，膾炙人口，黃山谷至評爲『語意高妙，似非吃煙火食人語』。余始終不能欣賞，以其穆而近木，在詩中亦非佳境，何況詞乎？若夫桐陽居士之穿鑿附會，王漁洋已譏爲村夫子強作解事矣。[32]」

31　見〈詞曲概說示例〉，《景午叢編》，上編，頁77。
32　見鄭騫編注《詞選》（臺北：中國文化大學出版部），頁58。

按：〈卜算子〉一首題曰「黃州定惠院寓居作」，只交代了寫作地點，作品本身卻運用了寫物抒懷的比興手法，因此作意顯得曖昧不明，後人詮釋，遂生許多聯想。鮦陽居士貼合人事作解，析心論情，謂有諷喻之意、失志不安之感。張惠言尚比興寄託說，對鮦陽的解法深以為然，故悉加採錄[33]。明清詞家針對鮦陽此論，或張惠言的說詞方式，曾提出相當尖銳的批評與修正意見。王國維《人間詞話》說：「固哉，皋文之為詞也。飛卿〈菩薩蠻〉、永叔〈蝶戀花〉、子瞻〈卜算子〉，皆興到之作，有何命意，皆被皋文深文羅織。[34]」王國維認為詞體深具寄興言情的特質，讀者貴能興發感動；所謂興，是主客體交感融合，觸動、刺激、啟發的動力，這在《人間詞話》境界說有關鍵的地位。東坡的〈卜算子〉確有比興之意，但在有意無意之間，可神會不可言傳，若句句鑿實，難免有深文羅織之譏。讀者賞讀文章可作自由聯想，但不能僅順著一己之偏好、服膺某種宗派理念，穿鑿附會，罔顧文本中文辭情志的脈絡與交感效應。〈卜算子〉末二句云：「揀盡寒枝不肯棲，寂寞沙洲冷。」語意決絕，表露了東坡不易摧折的傲骨。整首詞營造了一種鬱勃的神氣，令人神往，而東坡「以龍驤不羈之才，樹松檜特立之操」[35]的人格特質，創造出這樣的一種詞境，這才是此詞得到文人青睞的重要原因。至於此詞是否「穆而近木」，那就見仁見智了。鄭先生的基本論點應該和王國維是一致的。

33　見《張惠言論詞》：「此東坡在黃州作。鮦陽居士云：『缺月』，刺明微也。『漏斷』，暗時也。『幽人』，不得志也。『獨往來』，無助也。驚鴻，賢人不安也。回頭，愛君不忘也。『無人省』，君不察也。『揀盡寒枝不肯棲』，不偷安於高位也。『寂寞沙洲冷』，非所安也。此詞與考盤詩極相似。」見唐圭璋編《詞話叢編》（臺北：新文豐出版公司，1988），頁1614。
34　見唐圭璋編《詞話叢編》，頁4261。
35　見鄧廷楨《雙硯齋詞話》，唐圭璋編《詞話叢編》，頁2529。

作家的生平事蹟，固可提供詮釋作品的參考，但就體證作品的意境和風格特質來說，事況本身並不那麼重要，而是作者才氣學習之整體在面對各種情事時所展現出來的態度。鄭先生特重詞之氣格，那是一種緣於詞人學問、性情、襟抱而有的高華的氣度和剛健的風骨。這種高健的骨氣，往往帶一點詩的高遠沉雄的意境。人文合一的觀念與知人論世的觀點，是鄭先生所信守的。鄭先生評〈念奴嬌〉云：「這首詞完全表露出所謂逸懷浩氣，而最大特點，就是有作者自己，即所謂『人格與學問的結晶』，蘇軾所以能把詞擴大提高，全在於此。[36]」中國文學批評常認定人格與風格互有關聯——人格決定詞格的高下，而詞格的高低則影響詞體的尊卑。鄭先生〈柳永蘇軾與詞的發展〉說：

> 蘇比柳高，其所以然的緣故，則如王鵬運所説，蘇的才華性情，學問襟抱，舉非恆流所能夢見。柳永比起蘇軾，當然只是一個「恆流」。蘇如天馬行空，柳雖不至侷促如轅下駒，也不過是個「尋常行路人」。……詞格與人格當然有密切的關係，柳詞的風格，正是他個人性情生活的反映。他的性情不一定是輕佻儇薄，他的生活則完全是放浪頹靡。抱著流落不偶的沉哀，整年的看舞聽歌，淺斟低唱，即便有些逸懷浩氣也消磨淨盡了。蘇則無論江湖廊廟，到處受人尊敬，無形中養成卓犖不群的自尊心，與高雅的品格風度，再加上天資學問，當然與柳不能同日而語。這種差別，表現到他們的作品上就形成了蘇詞柳詞的異點；而後人給予柳詞的評價也就低於蘇詞。……蘇所表現的自我是高雅磊落的，柳所表現

---

[36] 見〈柳永蘇軾與詞的發展〉，《景午叢編》，上編，頁124。

的自我則是平凡局促的。人品學問，性情思想的不同，
造成蘇柳兩家的差異。[37]

他在〈詞曲概說示例〉一文中也有相同的論調：「柳詞用筆高
健，意則淺俗，他的作品大都如此，這是性情襟抱的關係，勉
強不來。[38]」柳永是專業的詞人，終日流連坊肆，「他的性情
不一定是輕佻儇薄，他的生活則完全是放浪頹靡」，因此他的
詞格就不如東坡高雅。東坡從未以詞人自居，他始終保持大學
士、大詩人的高雅品味，不故意避俗，但也能游行自在，而不
耽溺於此。詞體於他，一如詩文辭賦，隨觸而發，也達到「不
能不為之為工」的境地。東坡用與賦詩為文一樣的真情與至
誠的態度寫作詞篇，他的筆調、意境自然不同於流俗。所謂
「出新意於法度之中，寄妙理於豪放之外」[39]，東坡這種不主
故常，於法外求變的創新精神，當然也貫徹於詞的寫作中。正
因為他這種「吾道一以貫之」的精神，遂能將詞提升至詩的境
界，寫入了一己的高尚情操與真實情感，詞體便能因人而貴，
因品而尊，得以晉身一般詩歌之林。

東坡其人其詞特有的風格，〈成府談詞〉有相當精確的論述：

張炎《詞源》：「東坡詞如〈水龍吟〉詠楊花、詠聞
笛，又如〈過秦樓〉、〈洞仙歌〉、〈卜算子〉等作，
皆清麗舒徐，高出人表。」周濟《介存齋論詞雜著》：
「人賞東坡粗豪，吾賞東坡韶秀。韶秀是東坡佳處，粗
豪則病也。」清麗舒徐，韶秀，皆是蘇詞確評，而古今

---

37 同上，頁124-126。
38 見〈詞曲概說示例〉，《景午叢編》，上編，頁77。
39 見〈書吳道子畫後〉，孔凡禮點校《蘇軾文集》（北京：中華書局，1990），卷
七十，頁2210-2211。

罕道及此者。蘇詞與辛不同處，即在舒徐二字；韶秀則稼軒偶然能到。欲證此論須讀全集，張氏所舉諸例，但舉其似己者耳，殊非東坡上乘。[40]

所謂「清麗舒徐」、「韶秀」，不只是文辭的特色，更是東坡生命情調之展現。我們談論豪放派，必須認知的是，所謂「豪放」它的基本精神是「不主故常」，而詞之「常」體，就是典雅合律、含蓄委婉的「婉約」詞。相對於婉約詞的情意世界，豪放詞中主觀個性的表露尤為顯著。詞在詩與樂之間，過度因應樂的運作，回還往復，情懷每多盤旋鬱結，雖有動人的情韻，但也往往使人陷溺於哀傷悲嘆之中。詞若注入詩情詩境，於一般情緒外多些意理趣的質素，自然更具文學性、更有超脫凡俗之意境。宋文化尚「清」，正是文人自我意識的提升，追求的是一種高雅的精神境界，其所塑造的「梅花」意象正是「清」之時代精神的表徵。張炎《詞源》獨標「清空」之說，而以東坡、白石為代表，不是沒有因由的[41]。蘇軾與姜夔都是宋詩名家，二人的詞皆以詩為詞的表現。詩心詞品之能清，在傳統中國的人文世界中，普遍認定是與人的性情與品格有密切的關係。東坡詞被評為「清麗舒徐」，清麗是其意境，舒徐是其筆調，歸根究柢，乃源自他的生命意態和性情特質。換言之，所謂詞境即心境，東坡詞如清風明月，予人清疏淡雅、俊秀空靈之感，正是他靈明超曠之心境的投影。

鄭先生特別就人文合一的觀點，比較蘇辛異同，辨析

---

[40] 見〈成府談詞〉，《景午叢編》，上編，頁254。按：該條附識云：「予近年始知〈水龍吟‧聞笛〉確是絕妙好詞，張氏所舉其餘四首始終不能欣賞。私見以為代表東坡舒徐韶秀之作，當推〈八聲甘州‧寄參寥子〉、〈雨中花慢〉、〈青玉案‧和賀方回韻寄伯固〉、〈蝶戀花‧京口得鄉書〉諸詞。」

[41] 詳劉少雄〈清空與質實之爭〉，《南宋姜吳典雅詞派相關論題之探討》（臺北：五南圖書公司，2022），第一節至第三節，頁105-127。

「豪」「曠」之別，更能回應東坡詞「清麗舒徐」的說法，作探本之論。〈成府談詞〉說：

> 陳廷焯《白雨齋詞話》云：「東坡心地光明磊落，忠愛根於性生，故詞極超曠，而意極和平。稼軒有吞吐八荒之概，而機會不來；正則可以爲郭、李，爲岳、韓，變則即桓溫之流亞，故詞極豪雄，而意極悲鬱。蘇辛兩家，各自不同。後人無東坡胸襟，又無稼軒氣概，漫爲規模，適形粗鄙耳。」此段論東坡稼軒其人其詞，最爲確切。

> 王國維《人間詞話》云：「東坡之詞曠，稼軒之詞豪。」拈出豪曠二字，與白雨齋持論暗合。予謂：曠者能擺脫，故蘇詞寫情感每從窄處轉向寬處。豪者能擔負，故辛詞每從寬處轉向窄處。蘇〈滿庭芳〉「歸去來兮，吾歸何處，萬里家在岷峨。」一首，是曠之例證。辛〈沁園春〉「老子平生，笑盡人間，兒女恩怨。」一首，是豪之例證。[42]

鄭先生的蘇辛異同論觀點，基本上是融合陳廷焯和王國維的意見，並爲豪曠二字做了簡明切要的解說。東坡詞曠，稼軒詞豪，乃源自他們不同的性情、才氣和學問，也與他們所處的時與地有關[43]。斯人而有斯文，作家處事的態度、用情的方式，

---

42 見〈成府談詞〉，《景午叢編》，上編，頁256-257。
43 鄭騫〈杜著辛棄疾評傳序〉說：「這些詞的根源，是他一生動蕩的身世，鬱勃的懷抱，所以能夠深厚雄闊，蒼渾沉鬱，『於剪紅刻翠之外，屹然別立一宗，迄今不廢。』他的成就不盡由於他的才氣、性情、學問，更重要的是他所處的時與地。」見《景午叢編》，上編，頁133。

往往決定了為文的姿態和展現的意境。東坡勝在胸襟，稼軒勝在氣概。東坡是「能擺脫」的「曠者」，寫情感「每從窄處轉向寬處」，故「詞極超曠，而意極和平」；稼軒則是「能擔負」的「豪者」，寫情感「每從寬處轉向窄處」，故「詞極豪雄，而意極悲鬱」。蘇辛豪曠之特色，經鄭先生用簡單易懂的語言、相應的例證加以說明，讀者輕易便能掌握要領，這不是一般的學問功夫，而是深有體悟的經驗之談。

自其相異處觀之，東坡詞空靈超妙，稼軒詞沉著切實，風格自是不同。但鄭先生在後來的撰述中，除將〈成府談詞〉豪曠之說加強論述外，更彰顯二家相同之處。〈漫談蘇辛異同〉說：

> 自南宋以來，一般人論詞總是把詞分為兩個宗派：婉約與豪放。婉約為正，豪放為變，各有千秋，無分軒輊。而蘇東坡與辛稼軒則同被認為是豪放派的代表作家。

> 王國維《人間詞話》云：『東坡之詞曠，稼軒之詞豪。』這兩句話論蘇辛詞之不同，也非常確切。……曠者，能擺脫之謂；豪者，能擔當之謂。能擺脫故能瀟灑，能擔當故能豪邁。這是性情襟抱上的事。而曠之與豪並非是絕對不同的兩種性情，他們乃是一種性情的兩面。用舊日的哲理名詞來說，都是屬於陽剛性的。……胸襟曠達的人，遇事總是從窄往寬裡想，寫起文學作品來也是如此……。與東坡相反，稼軒總是從寬往窄裡想，從寬往窄處寫。
> 東坡對人處世平和樂易，稼軒就比較嚴峻威猛。……境遇之拂逆，心境的苦悶，東坡有力量把他擺脫掉，稼軒

有力量把他擔當起來，作用雖不同，其為力量則一。因此，曠與豪都是陽剛的。[44]

首先，鄭先生先確認蘇辛同是「豪放派的代表作家」。然後則強調「曠之與豪並非是絕對不同的兩種性情」——東坡之表現為「曠」與稼軒之表現為「豪」，都是性情襟抱上同一種性情的兩面。「曠」與「豪」，可以說是「豪放」概念下的兩種人格特質和風格型態。相對於婉約之「陰柔性」，豪放中的「曠」與「豪」都是屬於「陽剛性」的，鄭先生認為兩者都是生命力量的展現。這陽剛性的特質，乃根源於作者的胸襟才氣[45]，表現為文亦自然有著相應的氣象體貌。此觀點與王國維之以「詞之狂者」喻蘇辛，內在理路是一致的。《人間詞話》說：「蘇辛，詞中之狂。白石猶不失為狷。[46]」狂狷之辨，出自《論語‧子路》：「子曰：不得中行而與之，必也狂狷乎！狂者進取，狷者有所不為也。[47]」所謂「狂者」，乃指志向高遠，勇於進取的人，其行為表現自然屬豪放的一類。豪放，本有意氣俊邁、放達不羈、不受拘束之意，原是人物性格的形容，至唐宋時始轉喻文體之風格[48]。蘇辛詞之所以能創為新變之體，關鍵就在於他們的個性特質及面對生命的態度。我曾為文辨析蘇、辛與白石的「狂」與「狷」說：

---

[44] 見〈漫談蘇辛異同〉，《景午叢編》，上編，頁266、268-269、270。

[45] 王國維《人間詞話》亦云：「東坡之詞曠，稼軒之詞豪。無二人之胸襟而學其詞，猶東施之效捧心也。」見《詞話叢編》，頁4250。

[46] 見《詞話叢編》，頁4250。

[47] 見朱熹《四書章句集注》（北京：中華書局，1989），頁147。

[48] 見劉少雄〈宋代詞學中的蘇辛詞豪之論〉，《以詩為詞——東坡詞及其相關理論新詮》（臺北：五南圖書公司，2020），頁189-190。

同屬「狂」者，在面對生命時，稼軒之豪放，表現爲一種能入乎其內而眞有所擔當的鬱勃之氣；東坡之曠達，則表現爲一種能出乎其外而實有所擺脫的瀟灑之情；兩家所呈現的型態雖有差異，但骨子裡都有一份對生命執著的熱誠，或豪或曠，在性情襟抱上，都有著一種沉厚深廣的力感。周濟謂白石「放曠」，而王國維則進一步說白石是「曠在貌」，這不但指出了其與東坡的同異處，更可使我們了解其詞所以令人有「情淺」之感的因由。……白石能在筆端求「曠」，故詞風「有格」，又因爲其「曠」只「在貌」，而非內美充實之表現，遂顯得「無情」。……風格乃人格的某種投影，在這層面上說白石「無情」固然語重，但相對於東坡之放曠、稼軒之鬱勃所蘊含的深情厚意，則白石也只能説是淺情了。[49]

白石之追求高格而得「無情」的文學效果，原因就在於他只求表面之修能，而不重內美、不在意境上用力。這與他的個性和爲文態度有關。白石狷介，有所不爲，遂能自成高格，表現爲清剛雋上。然而，他面對現實人生，卻顯得無奈又無力，既不能入乎其內，有所承擔，又不能出乎其外，有所超脱；因此，表現在文學上，就不能深入內裡，體物寫情，也不能超然物外，窮神觀化，如是便失渾厚之生氣、超曠之高致。……這與他追求清冷的藝術意境之創作態度，及其個人在情感本質上有不能熱切投入而採取退遠之傾向，有著密切的關係。文學風格反映人格特質，白石恬退，不能説其完全無

---

49 見劉少雄〈情意內容寄託說評議——兼論典雅派「詞情」之爭〉，《南宋姜吳典雅詞派相關論題之探討》，第五節，頁249-254。

情，只是他詞中冷處理的方式，自不若東坡之放曠、稼軒之鬱勃所蘊含的深情厚意。[50]

東坡的「曠」，誠如王國維所說，是在「神」而不在「貌」[51]，這是他之所以在曠的表現上有別於姜白石的地方。經過與白石的比較，我們更能體會東坡之「曠」的特質所在，那是一種能入乎其內而又能出乎其外，既有熱切深厚的情意，也能勇於承擔，並能憑藉個人的學識智慧，堅韌的生命力量，擺脫人生桎梏，而展現出瀟灑、闊達的心境與意境，而這一超脫的精神、高遠的風格，與稼軒之「豪」確實同屬陽剛性且是豪放詞的最佳表現，無二人的胸襟和氣慨實難臻至。鄭先生解釋「曠」為「遇事總是從窄往寬裡想」、「寫情感每從窄處轉向寬處」，真是貼切而傳神。誠如鄭先生所說：「寬之與曠，意思一樣。[52]」東坡為人處世平和樂易，詞意和平，正因他能以寬厚的態度看待人生，也能以寬鬆的筆調寫情賦詞，遂臻空靈超妙、清麗舒徐之境，而鄭先生之所以說「蘇詞與辛不同處，即在『舒徐』二字」，就在於稼軒為人較執著，往往從窄處去看去寫，情意悲鬱，行文筆調自然不如東坡那樣從容不迫。

東坡的豪放在「曠」，相對於稼軒之在「豪」，是顯而易見的。鄭先生在發表〈漫談蘇辛異同〉後八年，再撰〈論蘇辛詞〉一文[53]，提出一個論點，就是除豪放詞外，不能忽略「他們婉約的一面以及陰陽剛柔交融相濟的渾成之境」[54]。他認為

---

50 見劉少雄〈重探清空筆調下的白石詞情〉，《南宋姜吳典雅詞派相關論題之探討》，附錄，頁432-433。
51 王國維《人間詞話刪稿》：「東坡之曠在神，白石之曠在貌。」見《詞話叢編》，頁4266。
52 見〈漫談蘇辛異同〉，《景午叢編》，卜編，頁270。
53 〈漫談蘇辛異同〉作於民國五十九年，〈論蘇辛詞〉作於民國六十七年。
54 見〈論蘇辛詞〉，頁402。

東坡的「清麗舒徐」、「韶秀」之作固然值得推崇，但要認識「蘇詞之所以爲蘇詞而不爲豪放或婉約所囿」的渾成之境，則要看他的〈永遇樂〉（明月如霜）、〈念奴嬌〉（大江東去）、〈八聲甘州〉（有情風萬里卷潮來）、〈蝶戀花〉（燈火錢塘三五夜）、〈定風波〉（莫聽穿林打葉聲）、〈臨江仙〉（夜飲東坡醒復醉）、〈西江月〉（點點樓頭細雨）和〈木蘭花令〉（霜餘已失長淮闊）等詞，這些才是東坡的上乘作品[55]。至於另兩首與〈念奴嬌〉齊名的傳世之作〈水調歌頭〉（明月幾時有）和〈水龍吟〉（似花還似非花），鄭先生則認爲：「〈水調歌頭〉用筆奔放而稍近於率，〈水龍吟〉構思甚巧而稍近於纖。……〈水調歌頭〉是東坡豪放作品的上乘，〈水龍吟〉是婉約上乘，二者已接近渾成，卻還未到渾成之境。[56]」這是鄭先生晚年對東坡詞的最後正式的論述，修改了一些先前對東坡詞的看法。在文章中，他同樣也具體列舉了稼軒詞在豪放之外的婉約和渾成作品。至於蘇辛詞在整體表現上的差別，鄭先生則毫不諱言的指出：

> 豪放或婉約屬於風格，精緻綿密屬於形式，這是辛詞的最大特色之一。辛詞氣派之豪邁雄闊出於東坡，而更有過之；其章法組織之嚴整，也就是所謂精緻綿密，則與前之清眞後之夢窗先後輝映，在這一點上，東坡就頗有遜色。[57]

這看法其實在上一節引述的鄭先生的早期文章〈柳永蘇軾與詞的發展〉中已見端倪。從詞體本質、詞史發展的層面和脈絡來看，鄭先生所云是知變識體的見解。因爲東坡以詩爲詞，固然

---

[55] 同上，頁405-406。
[56] 同注54，頁407。
[57] 見〈論蘇辛詞〉，頁412。

為詞創造新的意境，但他本身非內行，「詞並沒從蘇得到本體的發展」，真正的情況是「辛棄疾繼承蘇的內容而音律嚴於蘇，遂成為詞中二聖」之一（另一位是周邦彥）。辛詞較蘇詞規律更精嚴、針線更細密[58]，是不爭的事實。但就豪放派詞的發展言，東坡承先啟後之功，則是不可磨滅的。

說到兩家詞的優劣，鄭先生〈論蘇辛詞〉最後說：

> 蘇辛異曲同工，本難強為軒輊，而以往論者，或揚蘇而抑辛，或揚辛而抑蘇，或則等量齊觀，仁智之見，各有不同，容俟將來另為論述，並表示一點我個人的見解。[59]

蘇之清曠，辛之豪縱，都是鄭先生喜歡的風格，而蘇辛的胸襟與氣度，更是他欣賞的人格特質。他既然到最後都未作論述，我們就不必深究追問，蘇辛孰優孰劣。鄭先生晚年說，他的性情在東坡與稼軒之間，蘇辛應是他最喜愛的詞人，始終都如是。

從年少夜夢東坡，到來臺時迷路而識東坡詩之佳妙，鄭先生之於東坡，別有會心處，而其對東坡詞的描述，其所推崇的意境，自有先生的識見及品味在。鄭先生一直以為詞格與人格有密切的關係，東坡其人其詞，是自我的表現，所以卓犖不群，格調高曠，而鄭先生自身的創作，如他自承「所寫都是自己的性情襟抱，說自己的話，記自己的事」[60]，他所嚮往的意境，應如東坡一般，是人格與學問的結晶。

---

[58] 〈杜著辛棄疾評傳序〉：「若夫形式方面，則其規律之精嚴，針線之細密，簡直可與清眞、夢窗一較長短，試取他的長調，細讀自知。蘇辛並稱，而同中有異，異點之一即在規律。」見《景午叢編》，上編，頁134。

[59] 見〈論蘇辛詞〉，頁413。

[60] 見《清晝堂詩集·自序》，頁2。

個人與時代
——鄭騫稼軒研究的省思

在鄭騫先生廣泛的詞學研究領域中，最能看出他的學術個性、詞學識見的，應是他長期關注、投入最多心力的辛棄疾其人其詞之研究。鄭先生〈柳永蘇軾與詞的發展〉一文說：「周邦彥繼承柳的形式而襟抱勝於柳，辛棄疾繼承蘇的內容而音律嚴於蘇，遂成爲詞中二聖。詞到了周辛兩家，才發展到登峰造極，如日中天。[1]」將辛棄疾與周邦彥並稱，推爲詞中之聖，這是相當新穎的看法。他的〈杜著辛棄疾評傳序〉則說：「這些詞的根源，是他一生動盪的身世，鬱勃的懷抱，所以能夠深厚雄闊，蒼渾沉鬱，『於剪紅刻翠之外，屹然別立一宗，迄今不廢。』他的成就不盡由於他的才氣、性情、學問，更重要的是他所處的時與地。[2]」這看似一般知人論世之見，其實就鄭先生而言，既是他對稼軒其人其詞之深切體認，亦應與他個人的性情及其生逢的時世有關。因爲自明清以來對稼軒詞之頌揚，多在時局動亂不安、人心擺盪在苦悶壓抑與踔厲發憤之間的年代[3]。而更重要的是，鄭先生確實由衷的喜愛稼軒詞。顧隨嘗言：「因百與予於詞皆喜稼軒。記同寓西郊，每相見，必論辛詞。賞奇析疑，輒至夜分。君年富而資敏，博聞而強記。雖少予近十歲，予固畏友視之。[4]」顧先生撰有《味辛詞》，專學稼軒詞體，又撰〈稼軒詞說〉，暢論辛詞妙境，可見其於辛詞實有偏好。至於鄭先生則不但爲辛詞作校注，並撰稼軒年譜，更著有多篇評析文章，編《詞選》錄辛詞特多，實非偶

---

* 本文原題〈欲飛還歛——鄭騫先生稼軒研究之省思〉，係臺大中文系學術討論會論文（2012）。後經多次修訂，始正式發表。

[1] 鄭騫〈柳永蘇軾與詞的發展〉，《景午叢編》（臺北：臺灣中華書局，1972），上編，頁119-127。按：鄭先生於文中附註云：「以周爲詞聖，前人曾說過，以辛爲詞聖則是新的說法，聖人本來可以有多數。」

[2] 見《景午叢編》，上編，頁133。

[3] 詳朱麗霞《清代辛稼軒接受史》，濟南：齊魯書社，2005。

[4] 見顧隨〈辛稼軒先生年譜序〉，鄭騫《辛稼軒年譜》（臺北：華世出版社，1977），頁1。

然。顧、鄭二人早年皆愛讀辛詞，平時多有討論，而鄭先生後來從事專業之研究，終身不倦，這與顧先生這一時期的交往以及受到時代的刺激，都有關係。另有一點須注意的是，鄭先生是一位十分謹慎而自覺的學者，他的國學根柢深厚、歷史意識強烈、時代感受深切，而且勇於反省自己的所學所思，他的許多著作都有增訂補正，而且都作了相當詳盡的說明（往往附序、跋、後記、補註等），可以清楚看見他的學詞心跡。從二、三十年代到六、七十年代，由北平到臺北，隨著時空與心境的變化，鄭先生的稼軒研究自然有著不同的面貌。

　　如何批判性地吸納前賢的成果，建立新的知識體系，以應時代之所需，指引後學以門徑，是民國初年許多學者教學研究工作的宗旨。整理國故，不是抱殘守缺，而是經過理性之考辨，認清自己文化的特質，在尊重傳統之餘，更知道開創未來。當時的學人，充滿著感時憂國的情懷，多能表現出這樣的治學精神。新的時代，新的語言，新的思維，須有新的作為。然而，鄭先生雖受新文化的影響，但他並不走在時代的前端，而是老老實實地做固本的工作，在守舊與創新之間試圖找出平衡的標竿，發揚中國文學特有的美感。文學的體式會變，但它的精義恆在[5]。鄭先生研究詞學，往往能拋開時代的偏見，不囿於意識形態，謹守文體的本質立論，是有超時代的意義的。今天我們回顧鄭先生這一段學思歷程，除了探究其稼軒學所以形成的個人與時代因素，更對他的研究觀念與方法充滿著興趣。他對稼軒詞的看法、對詞體特質的體認，極有啟發的意興，當然值得再三玩味。透過這些方面的研討，希望能探得鄭先生的稼軒學在近代詞學史上的意義，並體察其詞學品味，知

5　詳鄭騫〈中國文學的精義〉，鄭騫等著《談文學》（臺北：三民書局，1973），頁28-42。

悉其知人論世、以意逆志的詮釋方法的效用性，這樣，鄭騫詞學的面貌與特色相信會因有這一專題焦點的凝聚而顯得更真實明晰。我們借鑑於鄭先生回應時代的態度，省察其依違傳統的方式，對我們思考詞學未來的走向應該會有幫助。

一、稼軒學形成的背景

鄭騫先生的稼軒研究，有超過五十年的歷史，幾乎貫串他一生的學術生涯。他讀稼軒詞，開設課程，編年譜，作校注，寫評論，相當全面。這些著作具體呈現了鄭先生兼善「義理、詞章、考證」的治學特色，及其融合古今的詞學觀。鄭先生之愛稼軒詞，亦願意作長期的研究，實與他個人的情志、時代的氛圍和師友的影響，有著緊密的關係。為討論方便，先就鄭先生與稼軒相關的學術活動列表如下[6]：

大陸時期	
民國17年（1928），23歲，在北平。	顧隨先生自印《味辛詞》，鄭騫先生去函索閱。
民國19年（1930），25歲，在北平。	寓居成府村，撰〈題辛稼軒詞〉七律一首。
民國20年（1931），26歲，在北平，任教於匯文中學。	開始撰寫《辛稼軒年譜》、《稼軒長短句校注》。
民國22年（1933），28歲，在北平，任教於匯文中學。	作〈跋稼軒集鈔存〉。
民國26年（1937），32歲，在北平。抗日戰爭開始。	《辛稼軒年譜》寫定。

6　詳劉少雄〈鄭騫先生詞學繫年〉，《中國文哲研究通訊》，第13卷，第1期（2003.3），頁51-72。

大陸時期	
民國27年（1938），33歲，在北平，任教於燕京大學中文系。	自費印《辛稼軒先生年譜》二百部。郭紹虞先生題簽，顧隨先生作序。
民國28年（1939），34歲，在北平，任教於燕京大學中文系。	撰〈自題稼軒詞校注稿〉八首。作〈讀詞絕句三十首〉，其十九、二十論辛詞。是年鄧廣銘完成《辛稼軒年譜》、《稼軒詞編年箋注》初稿。
民國29年（1940），35歲，在北平，任教於燕京大學中文系。	先生於去年及今年間講授蘇辛詞時，曾以謄寫版《稼軒長短句校注》油印，僅二十部，分贈諸生。
民國32年（1943），38歲，在北平，任教於燕京大學中文系。	先生於去年起，不復賦詞。顧隨先生撰〈稼軒詞說〉。
民國35年（1946），41歲，在北平，歲末赴瀋陽。	發表〈辛稼軒與陶淵明〉。
民國36年（1947），42歲，赴上海，任教於暨南大學。	鄧廣銘《辛稼軒年譜》，上海商務印書館出版。
民國37年（1948），43歲，自滬往蘇，是年秋來臺。	發表〈關於拙著辛稼軒年譜〉、〈辛稼軒與韓侂冑〉。
臺灣時期	
民國40年（1951），46歲，在臺北，任教於國立臺灣大學中文系（以下同）。	發表〈辛稼軒的一首菩薩蠻〉。
民國41年（1952），47歲。	編注《詞選》。錄辛詞32首，為諸家之冠。注文較《校注》本詳細。
民國42年（1953），48歲。	改定〈辛稼軒與陶淵明〉一文。
民國43年（1954），49歲。	撰〈杜著辛棄疾評傳序〉。
民國46年（1957），52歲。	鄧廣銘《稼軒詞編年箋注》出版。
民國56年（1967），62歲。	修訂〈成府談詞〉一文，辛棄疾部分改為「全部新附」。
民國59年（1970），65歲。	撰寫〈漫談蘇辛異同〉。

臺灣時期	
民國61年（1972），67歲。	撰寫國科會研究報告〈辛棄疾之生平及其詞〉。
民國66年（1977），72歲。	《辛稼軒年譜》補訂本，由臺北華世出版社印行。
民國67年（1978），73歲。	發表〈論蘇辛詞〉。
民國102年（2013），先生去世後22年。	林玫儀教授整理先生《稼軒詞校注附詩文年譜》，由國立臺灣大學出版中心出版。

　　第一點須注意，鄭先生在大陸求學、教書的時期，正是新文學發展、政治動盪、中日戰爭的時期，而後中原淪陷，渡海來臺，又是風雨飄搖之時。鄭先生之所以說：稼軒「是個忠義奮發功名慷慨之士，受了時與地的限制，壯志未伸，宏圖未展」[7]，他的詞的根源，「是他一生動蕩的身世，鬱勃的懷抱」，詞中充分反映了他出入進退之間的矛盾掙扎[8]——這除了是據史實、緣文本立論，其實也喻託了鄭先生及其時代多數知識分子的苦悶心聲。慷慨縱橫、豪雄悲鬱的稼軒詞，頗能激起大家心中的義憤與悲情，引起共鳴，並得到同情的了解。稼軒詞在清初之被重新詮釋，豪放詞風乘勢興起，就是在「世道多艱、風雲叵測的清初這個特定的歷史時期」。嚴迪昌《清詞史》分析說：「親歷山崩海立大震盪的悲苦怨憤，和那面對險惡詭譎的現實處境的憤急鬱悶以及進退失據、出處皆錯的惆悵苦愁甚至悔慚自省的怨懟，都會在特定的背景條件下迴旋相通，發生某種身同感受的頻率。[9]」南宋辛棄疾的「稼軒風」

7　見〈杜著辛棄疾評傳序〉，同注3。
8　詳先生〈辛稼軒與陶淵明〉、〈辛稼軒與韓侂冑〉、〈辛稼軒的一首苦薩蠻〉諸文。
9　嚴迪昌《清詞史》（南京：江蘇古籍出版社，1990），頁106。

是順應時代的召喚而振起的。這「稼軒風」所代表的心緒，就是一種「人天交戰，自我搏擊於靈魂深處，從而出之以跌宕頓挫的情思起伏之勢」[10]。其後，稼軒的精魂再被喚起，也是類似的時世與心境。晚清時期，內憂外患之際，文壇氣格卑弱之時，稼軒詞被賦予新的詮釋意義，寄託著文人學者救亡圖存的心魂，而有識之士也藉倡導稼軒豪放詞風以振弊起衰。由梁啓超[11]、王國維[12]到胡適[13]，可謂一脈相承。鄭先生在他們之後，如何在詞別是一家的認定上，融會境界說與史傳批評，強化人格與風格的論述，又如何切合時代的需要，詮釋稼軒詞，賦與現代的意義，此乃研究鄭騫稼軒學的核心項目。

第二點要注意的是，鄭騫先生與顧隨先生相互影響的關係。鄭先生於民國二十至二十九年間（1931-1940），專心研究稼軒詞，先後完成了《稼軒詞校注》、《辛稼軒先生年譜》；而顧先生於此時前後亦為諸子講授稼軒長短句，並撰成〈稼軒詞說〉一文。鄭先生《辛稼軒先生年譜》的序文，乃顧先生所撰，兩人相知相惜之情，可見一斑。二人不獨近鄰，

---

[10] 同上，頁146。

[11] 梁啓超主詩界革命，深愛蘇辛詞，曾對稼軒作全面之研究。詳曹辛華：《20世紀中國古代文學研究史·詞學卷》（上海：東方出版中心，2006），第六章，〈梁啓超的詞學研究〉，頁104-108。又下錄一段話，頗能看出梁啓超研治稼軒的個人心境與時代背景。鄭廷鑫〈梁啓超雄文橫掃舊世界〉說：「梁啓超對革命的憂慮在於：以中國之大，國情之複雜，民眾之低素質，倘若搞起革命，定會動亂多年，而收拾動亂的人，一定是有極大本領和權術的獨裁者，這是他所不願看到的。……1928年10月12日下午3點，病中的梁啓超正在寫作《辛稼軒年譜》，恰好寫到辛棄疾61歲那年，朱熹去世，辛棄疾前往弔唁，作文寄託哀思。梁啓超錄下這篇文章中的四句：『所不朽者，垂萬世名。孰謂公死，凜凜猶生。』這是他的絕筆。」見《南方人物週刊》，2009年8月6日。

[12] 王國維《人間詞話》嘗云：「南宋詞人，……其堪與北宋人頡頏者，惟一幼安耳。……幼安之佳處，在有性情，有境界。」王國維之提出境界說，於「南宋只愛稼軒一人，而最惡夢窗、玉田」，實有其一番欲挽狂瀾於既倒的深意。詳葉嘉瑩《王國維及其文學批評》（香港：中華書局，1980），頁263-270。

[13] 胡適以辛詞為白話詞的典範，認為稼軒才氣縱橫，見解超脫，情感濃摯，是詞的頂峰。詳劉少雄〈論胡適的詞史觀〉，《詞學文體與史觀新論》（臺北：里仁書局，2010），頁249-278。

習亦相近，稼軒詞一直是他們的共同話題。顧先生年長且才思特茂，鄭先生對他的敬仰之情、推崇之意從初相識到分隔兩岸多年，始終都沒有改變。鄭先生於1975年作〈偶懷顧羨季四首〉，當時還不知道顧先生早於1960年已歿。故都一別二十七年，猶有懷想，可見其情。事實上，顧先生與鄭先生的關係已超過一般的友情。他與顧先生結交後，稍稍改變了自己的詞學研治方向[14]，晚年更因不能完全符合故人之期許而有所愧疚。〈偶懷顧羨季四首〉其三云：「平生風義友兼師，弱翰慚無絕妙辭。卻憶昔年相勉語，危欄獨自倚多時。」先生並注曰：「民國十八年與羨季共事於河北省立女子師範學校，曾書沈秋明師詞句『更尋高處倚危欄，閒看垂楊風裡老。』為條幅見贈。又賦〈采桑子〉小令題予詞稿云：『文章事業詞人小，如此華年，如此塵寰，為問君心安不安。雙肩擔起閒哀樂，身上青衫，眼底青山，同上高樓再倚欄。』蓋勉予努力從事於詩古文辭，而毋以倚聲自限也。至今四十餘年，垂垂老矣，始終徘徊於考據詞章兩途，因循散漫，一無所成，俯仰平生，深孤厚望。[15]」顧先生當年以詞見稱於時，為何有「文章事業詞人小」之感？而鄭先生由詞的寫作到詞學考證評論，其間的心情轉折為何？我們探析他們的詞學生涯，不能不留意時序與文體、文體與人情的互動關係。對顧先生與鄭先生而言，從事詞的創作或研究，畢竟不是單純的嗜好而已，應有時世之感、生命意義存乎其間。「如此華年，如此塵寰」，在新時代新的文化環境中，國家動盪之際，二人選擇了「小道」之詞體寫情抒感，卻又欲迎還拒，表現了讀書人在大時代的夾縫中，欲有所為卻不能有所為的無可奈可的心理。而在日寇侵華，北方淪陷

---

14 詳劉少雄〈鄭騫與顧隨的詞學因緣〉，《吳宏一教授六秩晉五壽慶暨榮休論文集》（臺北：里仁書局，2008），頁725-751。

15 見鄭騫《清晝堂詩集》（臺北：大安出版社，1988），頁96。

的數年間，二人留居北平，謹言愼行，未嘗稍出治學教書之範圍[16]，且皆以辛稼軒爲主要教研對象，難道沒有特殊的意義？稼軒是漢唐人物而生於宋代，有所爲亦有所不爲，終身不得大用而僅以詞傳[17]，而其詞正形塑了他「歛雄心而成悲涼」[18]的生命情調。鄭先生於三十七歲起便不再塡詞，但始終是以詞學名家；雖不欲「徘徊於考據詞章兩途」，卻又不得不如是度過一生。這樣的生命抉擇，這樣的憂愁苦悶，使其對稼軒的人格特質及其所面對的困境特別有感觸。後來鄭先生從大陸來臺灣，對稼軒由北而南的處境，自有更切身的體認。稼軒以詞來表達悲感，詮釋生命，而相對的，鄭先生何嘗不是藉稼軒詞來抒發心中的鬱悶，並解釋自己與外在的關係？

第三點則是，由上表可以得悉，在鄭先生撰稼軒年譜和作校注的同時，鄧廣銘先生亦從事稼軒年譜及其詞之編年箋注的工作。所謂文人相輕，自古已然，鄧先生似乎不甚滿意鄭先生的著作，曾加以批評，其後鄭先生亦有所回應。誠如鄭先生所說，兩家「實則得失互見，各有所長」；惟鄧書例言中述及鄭注，「頗致譏評」，鄭先生對此甚爲在意，其「於詞注則四十年來未嘗去懷」，不斷增訂，希望能出一更完善之版本，可見是有原因的。請看二家相關評語：

> 後出之梁（啓超）、陳（思）、鄭（騫）三譜，均爲補正辛（啓泰）譜之闕失而作，然其結果則不唯辛譜之錯誤未得是正，反以滋異說之紛紜，蓋作者均勇於臆測，

---

[16] 先生〈八十自述〉注文六云：「民國二十六年，抗日開始，是爲國運及個人命運之轉捩點，予時年三十二歲。華北淪陷八年，留居北平，謹言行，愼交游，未嘗稍出治學教書之範圍，幸免隕越；勝利後仍得繼續置身庠序。」見鄭騫《清晝堂詩集》，頁461。

[17] 語見鄭騫〈成府談詞〉，《景午叢編》，上編，頁257。

[18] 周濟〈宋四家詞選序論〉：「稼軒歛雄心，抗高調，變溫婉，成悲涼。」

疏於尋證，勢固不得不爾也。是譜間有引及辛譜、梁譜
之處，陳譜、鄭譜則一未引用。對各譜誤謬處亦一概不
加糾駁，以糾之不可勝糾，浪費筆墨爲可惜也。（鄧廣銘
《辛稼軒年譜・編例》，1938）[19]

辛詞囊括經史，貫穿百家，鄭箋未作，讀者致憾。近年
以來，應此需求而成書者，有已刊之梁啓勳《稼軒詞疏
證》及未刊之鄭騫《稼軒詞校注》。兩書作者於辛氏生
平事歷均未加考求，故徵事均極疎陋，編次亦俱失倫
序。治絲愈棼，取義云何。爰不揣讜陋，妄爲此作。（鄧
廣銘《稼軒詞編年箋注・例言》，1940）[20]

就大體上講，鄧譜較拙著更爲翔實精審。但關於稼軒生
平大事的繫年，包括常模文中所舉「兩分帥閫三駕使
軺」諸大節目，兩譜十九相同。有些地方鄧譜比我證據
更充足，材料更豐富；有些地方卻又不然。關於稼軒軼
聞遺事朋輩往來的搜集考證，則兩譜詳略互見，有的他
有我沒有，有的我有他沒有。總起來說，鄧鄭兩譜，關
於重要事跡，記載略同，旁枝末節，實有出入。而無
論大事小事，兩譜不同的地方，有些是我弄錯了，有些
則是鄧先生的疏漏。……我曾把鄧譜拙著逐年核對，其
間異同詳略之點有一百餘條。絕對可以證明是我對鄧誤
我詳鄧略的最少有五六十條。……我們寫作此書是同時
同地，那時我同鄧先生常在國立北平圖書館會面，他作
他的，我作我的。我的第一稿完成較早，鄧先生在脫稿

---

[19] 見鄧廣銘《辛稼軒年譜》（上海：上海古籍出版社，1979），頁2。
[20] 見鄧廣銘《稼軒詞編年箋注》（臺北：華正書局，2008），頁48。

之前曾見過我的稿本全部，這在鄧譜編例上曾經提及，他所說的就是這第一稿。後來印行流布，……則是改定稿本。改定的時候很得到鄧先生啓發幫助。……在鄧在我，這本年譜都是若干年前的舊作，當時確曾下過一番苦心；現在看來，卻也難免都有些個漏缺……。我尤其相信鄧先生和我彼此都沒有藉此一書爭名鬥勝的心理，因爲我自信並且知道鄧先生在研究辛稼軒之外都還有旁的學術工作。（鄭騫〈關於拙著辛稼軒年譜〉，1948）[21]

與予在北平同時分別屬稿而印行較晚者，則爲民國三十六年上海商務印書館出版之鄧廣銘撰《辛稼軒先生年譜》，及稍後之鄧撰《稼軒詞編年箋注》，銷售既廣，知者較多。予曾取鄧譜與拙作逐年勘對：兩譜於稼軒生平出處蹤跡，比事繫年，十九相同；鄧譜資料之豐富，考證之精審，敘述之詳盡，則遠勝於拙作。然綜觀全書，可以斷定鄧譜缺略而予譜詳備，鄧譜錯誤而予譜正確者，仍有百條左右，亦不可謂少。良以稼軒生平，牽涉甚廣，爲之撰寫年譜，實非一人之功力，短促之時間，所能臻於完善。欲了解稼軒「立身之大節，謀國之大計，以及親賓往來，燕居游處」，知其人，論其世，以求進而了解其詞之寫作背景，自須合讀兩譜，而未可偏廢其一。然則予譜雖爲少年嘗試之作，固仍有再版重印之價值也。……此後由於蹤跡轉徙，性習因循，始終未能正式付印，手邊所存亦僅餘孤帙；而鄧君所撰箋注今已大行於世。其書例言中述及予注，頗致譏評，文人相輕，本無足怪。實則得失互見，各有短長，兩注正如

21　見鄭騫《永嘉室雜文》（臺北：洪範書店，1992），頁260-261。

兩譜，務須合讀，亦猶讀杜詩者之兼用仇楊錢浦諸家注本，無須「定於一尊」也。予雖無意重編年譜，於詞注則四十年來未嘗去懷，涉獵群籍，偶獲有關資料即隨手增訂，今已大致完成定稿，最近之將來可能印行問世。鄧注每傷繁蕪，又偶有缺遺謬誤之處，或能由拙作略爲剪裁補正，想亦喜讀辛詞者之所樂聞歟。（鄭騫《辛稼軒年譜·再版後記》，1976）[22]

就鄧、鄭兩譜言，只要比並參看，就會發現，鄭先生的說法「得失互見，各有短長」，是相當中肯的。鄧先生僅據鄭譜初稿就一概否定，而其書再版時仍依舊如是，根本不理會鄭先生後來刊行的改定本，其成見之深，於焉可見。兩譜之詳略得失，須參酌更多資料，方能定其優劣，這是相當龐大的工程。至於《稼軒詞校注》，經先生數十年增補修訂，迄未付梓。鄭先生於民國六十年題油印本《稼軒詞校注》云：「此予少年時未成熟之作，遠遜於鄧撰箋注。稿成後續有訂補，亦僅儲資料，未及整理。此兩冊講義錯字均未校勘。千萬不可付印！」此油印本和訂補本，現藏臺大圖書館，仍非鄭先生最後之定本[23]。鄭先生畢生校注稼軒詞，可惜未竟其功，我們相信先生所說沒有「爭名鬥勝的心理」，他之所以孜孜矻矻於此，乃緣於眞心喜愛稼軒詞，並能以一種求眞的精神，表現爲恭謹誠敬的治學態度。這厚植於文史的功夫，編譜作注，是傳統「知人論世」、「以意逆志」詮釋方法的基礎。梁啓勳說：「伯兄（梁啓超）嘗語余曰：『稼軒先生之人格與事業，未免爲其雄

22　見鄭騫《辛稼軒年譜》（臺北：華世出版社，1977），頁9-10。另見《永嘉室雜文》，頁265-266。
23　林玫儀以訂補本爲底本，再以油印本及另一線裝本核對補訂，整理出版，書名定爲《稼軒詞校注附詩文年譜》，由國立臺灣大學出版中心刊印（2013）。

傑之詞所掩。使世人僅以詞人目先生，則失之遠矣。意欲提出整個之「辛棄疾」以公諸世。』其作《辛稼軒年譜》之動機，實緣於此。所志未竟，而遽戞然，可為深惜。[24]」這種不以文學作品為滿足還需彰顯作家人格特質的解讀方式，在中國傳統文學研究上相當普遍。尤其是在那樣的時世，研讀像稼軒那樣的人物、那樣的作品，稼軒的譜、傳與詞往往是同時並置，文本與作家相互交涉、彼此詮釋的。鄭騫先生說：「他曾經兩度『落職』閒居。平生鬱勃之氣，完全發之於詞，才有那樣『龍騰虎擲』的筆勢，所以，想了解稼軒詞，必須了解南宋高孝光寧四朝的政局、派系、和稼軒的身世際遇；因為稼軒不是一個吟風弄月的江湖詞客。[25]」考實辨妄，提供更多客觀資訊，讓讀者對作者的時空背景有充分的了解，誠然可提供「以意逆志」詮釋活動的指引，但這主客交互運作的過程中，往往會不自覺的逾越了分際，「詞」與「譜」循環論證，比附寄託，以致穿鑿附會[26]。鄭先生雖有自信的認為「兩注正如兩譜，務須合讀」，但本文礙於篇幅，無法在這裡評析其與鄧著之優劣[27]。本文所關心的，是鄭先生如何強化其對稼軒其人其時的認知，並能加以融會貫通，對稼軒詞之境界及主體意識作有效的詮釋。

　　姑不論鄭騫先生與鄧廣銘在稼軒研究上有何歧異，他們當時的出發點大抵是一致的。夏承燾於民國二十八年（1939）

---

24 見梁啟勳〈稼軒詞疏證序例〉，《稼軒詞疏證》（北京：中國書店刷印本），頁2-3。

25 見〈辛稼軒的一首菩薩蠻〉，《景午叢編》，上編，頁155。

26 詳劉少雄〈情意寄託說詮釋方法上的謬誤〉，《南宋姜吳典雅詞派相關詞學之探討》（臺北：臺大出版委員會，1995），頁239-252。

27 關於鄧廣銘著作之評價，讀者可參王偉勇：〈論鄧廣銘先生箋注稼軒詞之缺失〉，國立臺灣大學中國文學系編《鄭因百先生百歲冥誕國際學術研討會論文集》（臺北：國立臺灣大學中國文學系出版，2005），頁309-335。

撰〈稼軒詞編年箋注序〉曰：

> 昔元遺山論韓詩，以爲江山潮陽之筆，非東野詩囚所能
> 望；今之詞家，好標舉夢窗，其下者幽闇夸閉尤甚于
> 郊、島。得恭三（鄧先生字）茲編以鼓舞之，蔚爲風
> 會，國族精魂將怗以振滌，豈第稼軒功臣，與洪（興
> 祖）、顧（嗣立）比肩已哉。[28]

以稼軒比昌黎，乃直承王國維之說[29]。而近世反夢窗立場最鮮
明的，則莫過於王國維[30]。清代浙派與常派末流，學張炎的流
爲浮滑，學吳文英的失於晦澀，終至氣困意竭、淺薄侷促；而
這樣的詞學氛圍，如何能回應時代的需要呢？爲了補偏救弊，
提高士氣，貶抑玉田與夢窗的相對面，便是標舉東坡與稼軒，
這是學界有識之士的基本方針。當時代表守舊勢力且以夢窗爲
尙的是朱祖謀，他所倡導的詞風已受到許多質疑，連他的學生
也不以爲然；龍榆生就強烈主張學蘇、辛，以醫治其師因標舉
夢窗所帶來的弊端：「私意欲於浙、常二派之外，別建一宗，
以東坡爲開山，稼軒爲冢嗣，……以清雄洗繁縟，以沉摯去雕
飾，以壯音變悽調，以淺語達深情，舉權奇磊落之懷，納諸鐺
鞳鏗鎗之調。庶幾激揚蹈厲，少有裨於當時。世變亟矣，『感

---

28 見鄧廣銘《稼軒詞編年箋注》，頁22。
29 王國維《清眞先生遺事·尙論》云：「以宋詞比唐詩，則東坡似太白，歐、秦似摩
  詰，耆卿似樂天，方回、叔原則大曆十子之流。南宋惟一稼軒可比昌黎，而詞中老
  杜，則非先生不可。」見孫虹校注、薛瑞生訂補《清眞集校注》（北京：中華書
  局，2002），頁466。
30 王國維於南宋詞最惡吳文英與張炎，〈樊志厚人間詞序〉說：「君之於詞……於南
  宋除稼軒、白石外，所嗜蓋鮮矣。尤痛詆夢窗、玉田。謂夢窗砌字，玉田疊句，一
  雕琢，一敷衍，其病不同，而同歸于淺薄。」《人間詞話》也說：「夢窗之詞，余
  得取其詞中之一語以評之，曰『映夢窗，零亂碧』。玉田之詞，余得取其詞中之一
  語以評之，曰『玉老田荒』。」見唐圭璋編《詞話叢編》（臺北：新文豐出版公
  司，1988），頁4275、4251。

人心者，莫先乎情，莫切乎聲。』世有以吾言爲然者乎？請事斯語。[31]」在那國勢削弱、士氣消沉，文風頹靡的年代，雄豪壯闊的蘇辛詞確實是振奮精神的藥石。順便一提，上面提到的梁啟超、龍榆生也同時前後爲稼軒撰譜傳、作箋注或寫評論，不是只有鄭先生和鄧廣銘從事這方面的工作而已。1928年初秋，梁啟超開始全面研究辛棄疾，他先校考辛詞版本，考證其四十八首佚詞，並作了札記，考實稼軒生平履歷，然後著手編稼軒年譜，可惜他不久便辭世，無法完成這工作，後來梁啟勳的《稼軒詞疏證》乃繼其兄之遺願而完成的[32]。至於龍榆生之標舉稼軒，也是在堅實的基礎上而提出的，他在1929年編撰《辛稼軒年譜》，1932年發表〈蘇辛詞派之淵源流變〉一文[33]。從這些片段可以看出，稼軒詞之獲得前所未有的高度重視，正是應運而生，學者推波助瀾所致。鄧廣銘說：「夏先生的這篇序文，……對三十年代中國詞壇的取向表示了意見，是一篇很重要的文章。[34]」這有點誇大其詞，不過夏承燾所提到的正視當時詞風之走向以及藉文學以鼓舞民族精神那兩點，實乃當時治稼軒詞者的共同取向——倡稼軒詞，以改變衰敝的詞風，喚起國族的精魂，是時代的心聲，往往也變成時人發抒鬱悶的出口。稼軒詞的時代意義，昭然可見。鄭先生說：「稼軒不是一個吟風弄月的江湖詞客。」那麼，如鄭先生之研治稼軒詞，又豈在舞文弄墨、爭名鬥勝？

---

31 見龍榆生〈今日學詞應取之途徑〉，《龍榆生詞學論文集》（上海：上海古籍出版社，1997），頁108-109。按：原載《詞學季刊》第二卷第二號，1935年1月。

32 參曹辛華：《20世紀中國古代文學研究史·詞學卷》，第六章，〈梁啟超的詞學研究〉，頁106。

33 參曾大興：〈龍榆生的詞學主張與實踐〉，《20世紀詞學名家研究》（北京：中華書局，2011），頁259-261。

34 鄧廣銘附記於夏承燾序文後。見《稼軒詞編年箋注》，頁22。

二、融會境界說與史傳批評 —— 稼軒詞主體意識及其風格的體認

鄭騫先生的稼軒研究既有所承亦能新創，深具個人特色。先生治詞，特重真情實感，不作虛談，而以知人論世之法，考述稼軒生平，所撰年譜，用力極深，鑑別精當，其評論注解稼軒詞，尤能表現融合王國維境界說與傳統史傳批評之特色。最先點出鄭先生與王國維的承傳關係，並揭發先生這一批評特色的，是柯慶明先生。他在〈現代中國文學批評述論〉一文說：

> 鄭騫或許可算是王國維文學批評事業的最重要的繼承者。……他像王國維一樣，一面討論作品的精神風貌，一面從事各種版本體式格律的考據。早年論詞亦多發揮王國維觀點之處，但如積薪，後來居上，眼界較寬，論斷亦較平穩妥貼，對於詞曲的精神與演變亦頗多發揮。但是最有理論興味的，卻是他的「詩人寂寞」的說法……。他由王國維的「無我之境，人惟於靜中得之。有我之境，於由動之靜時得之」的瞭解，可能參酌了朱光潛所再三稱道的華茲華司的名言：「詩起於沉靜中所回味得來的情緒」……。採用了「寂寞」的觀念就不只是純粹美學或創作理論的觀念，自然也就及於作者的生平與作品的內在情趣。所以雖一語之轉，卻在文學批評的方法上深具意義，因為就在這個詞語上溝通融會了原本分歧的史傳批評與境界說。[35]

鄭先生的〈詩人的寂寞〉發表在民國三十三年（1944），文

---

[35] 見柯慶明《現代中國文學批評述論》（臺北：大安出版社，1987），頁95-96。

中描述了詩人創作須具備的寂寞心情，並以阮籍、陶淵明、謝靈運、柳宗元、李商隱、王安石和蘇軾等七位詩人爲例，分析他們在作品行爲上表現出來的不同風格。鄭先生認爲：

> 千古詩人都是寂寞的，若不是寂寞，他們就寫不出詩來。……詩的創作與完成不是在情感由靜之動的時候，而是在由靜之動以後再靜下來的時候。寂寞是介乎苦悶與悠閒之間的。……苦悶既過於沉重，悠閒又過於輕靈，過於沉重就把詩情給壓抑住了，堵塞住了，過於輕靈又好像推動不起來。只有寂寞，是苦悶漸趨舒緩，悠閒無所棲泊時的心情，是最適合寫詩的。

而七位詩人寂寞的樣態及其意境，「則因性情學養，身世環境的關係，而各有差異」。鄭先生認爲這些作家，都有「堅強的生命力」，所以他們寫寂寞的作品最爲生動深刻。另外，鄭先生提到一點，要對詩人的寂寞有深刻的瞭解，「當然最要緊的還是實際生活上的體驗，這卻不是可以強求的，只好看各人的機緣如何了」。

這篇文章沒有談論稼軒的寂寞，文中只提到一點：「辛稼軒是很瞭解淵明的，……我以爲稼軒所謂高情爽氣，即是我所謂從寂寞甚至苦悶冶練出來的情調，與獨往獨來而能與外物旁人相調和的氣象」[36]。兩年後，鄭先生撰〈辛稼軒與陶淵明〉，分析稼軒心契陶淵明的歷程，也初步寫出了稼軒的寂寞心境。鄭先生認爲，「稼軒歸田之初，並不曾感到像淵明那樣的饑寒困窘，但卻比淵明更爲寂寞以至悲憤」，過了幾年以

---

[36] 以上〈詩人的寂寞〉引文，見《景午叢編》，上編，頁8-24。

後，情緒緩和下來，漸漸瞭解歸園田居的樂趣，更進一步體認淵明的生活與心境，感覺與此翁親切起來。淵明歸田以後的生活相當困苦，長期忍受著有志未騁、離群索居的寂寞，心中仍舊充滿著衝突矛盾。「但他能把這個衝突矛盾排遣融化，使之歸於悠閒沖淡。」鄭先生強調：「這種鍛鍊修養，需要很強的意志，很強的生命力，所謂堅苦卓絕是也。」[37] 這是稼軒所嚮往的意境，但他始終無法「排遣融化」，所以總感覺有愧於淵明。不過辛之於陶，遙遙相契，莫逆於心，最主要的原因，是他們在個性上都是性剛而與世多忤，欲有為而不能者，出處進退雖略有不同，但在寂寞的生活中同樣具有堅強的生命力。但稼軒的寂寞，導源於怎樣的「性情學養，身世環境」？它的本質為何？鄭先生在這篇文章裡仍沒有交代清楚。一直等到兩年後，鄭先生渡海來臺，他才陸續撰文，從文體論的立場，表達了他的看法。鄭先生此時能深刻瞭解稼軒的「寂寞」，也許就如他所說的因為有「實際生活上的體驗」。

鄭先生分析稼軒其人其詞說：

> 當時政府人士，大致可分兩派。一派主張整軍經武，恢復中原；一派則認為國家元氣已傷，應該保境和戎，與民休息。前者為政主嚴厲奮發，後者則主簡易寬緩。後一派中的人物大都是江南人，他們不但為了政治主張，並且為了地域之見，對於北方來的「歸正人」特別歧視。而稼軒則是一部分歸正人的領袖。……稼軒一生始終被壓抑在這種環境之下。他後來逐漸發展，……地位不算低，在歸正人中尤其鳳毛麟角。但以稼軒的才氣和

---

37 見〈辛稼軒與陶淵明〉，《景午叢編》，上編，頁137-138。

志量而言則是吃了一輩子虧，何況他曾經兩度「落職」閒居。平生鬱勃之氣，完全發之於詞，這才有那樣「龍騰虎擲」的筆勢。所以，想瞭解稼軒詞必須瞭解南宋高孝光寧四朝的政局、派系、和稼軒的身世際遇。（〈辛稼軒的一首菩薩蠻〉）[38]

然以北人而喜談功利，臨事又近於操切，與當時江南風氣不合，頗為當路所忌，屢黜屢起，未盡其才。忠憤鬱勃之氣，皆發之於詞，故能於剪紅刻翠之外，屹然別立一宗，與蘇軾並稱蘇辛，至今不替。（《詞選》）[39]

辛稼軒不僅是宋詞大家之一，同時也是忠義奮發的功名慷慨之士，受了時與地的限制，壯志未伸，宏圖莫展，只留下六百多首詞。這些詞的根源，是他一生動蕩的身世，鬱勃的懷抱，所以能夠深厚雄闊，蒼渾沉鬱，「於剪紅刻翠之外，屹然別立一宗，迄今不廢。」他的成就不盡由於他的才氣、性情、學問，更重要的是他所處的時與地。……偏偏他生於南渡後不久的紹興十年，甫經淪陷的山東，北方的情形既能啟發激勵，使他想有所作為，而南方的氣氛又足以壓抑摧折，使他「欲飛還斂」（稼軒〈水龍吟〉詞句）。二者互相蕩摩，這才產生出那樣的身世懷抱，那樣的作品。……所以我們要認識辛稼軒，不但要認識他的詞，更要認識他這個人，包括他所處的時代與環境。……他所寫的都是他個人的壯慨之懷，鬱勃之氣，與夫退居時的閒而不適之情。（〈杜著辛棄

---

[38] 見《景午叢編》，上編，頁154-155。
[39] 見鄭騫編注《詞選》（臺北：中國文化大學出版社，1995），頁112。

疾評傳序〉）[40]

鄭先生結合「時代─個人─文體」等內外因素分析稼軒及其詞
的特質，論述切要精當，對我們瞭解一種文體的形成，甚有啓
發意義。稼軒詞之所以沉鬱頓挫，之所以有明顯的跌宕之姿，
是不能忽視他所處的時與地、他個人的情志與外在環境相依相
抗的關係的。「欲飛還斂」一語，正點出了稼軒內外世界的矛
盾衝突，也能概括稼軒詞亦婉亦豪的風格、既高亢又低迴的詞
韻特質，更是稼軒寂寞的根由。北方人來到南方的處境，主
和主戰的衝突，豪傑與文士身分的顛倒，歌詞與刀劍的取捨，
縱酒止酒的兩難，在在都是，稼軒一身的矛盾。他那忠憤鬱勃
之氣，發之於詞，形成「龍騰虎擲」的筆勢，情意在激發與摧
抑之間，別有一種動人的姿態與強韌的生命力。所謂「欲飛還
斂」，可以映照出稼軒一生受限於時地，甚至文體，未能盡其
才的一面，充滿著無奈之感，不過，我們也應看到稼軒知其不
可為而為之的另一面，就是「欲斂還飛」，展現出一番不甘寂
寞，欲挽狂瀾於既倒的努力，在限制中嘗試衝撞突破，遂展現
出不凡的氣勢，不一樣的詞風。時「飛」時「斂」，互相盪
摩，就構成了稼軒不平靜的一生。鄭先生說：「我以為陶淵明
的寂寞生於沖遠的思，李商隱的寂寞生於深摯的情，王安石則
是生於侘傺不平之氣。[41]」然則，稼軒的寂寞生於何種情緒？
如果要具體形容稼軒複雜的情形，他的寂寞應是生於鄭先生
所說的「壯慨之懷，鬱勃之氣，與夫退居時的閒而不適之情」的
複雜心境，換言之，就是一種「欲飛」、「欲斂」之間的矛盾。

關於「閒而不適之情」這一點，顏崑陽教授於分析稼軒內

---

40 見《景午叢編》，上編，頁133-134。
41 見〈詩人的寂寞〉，《景午叢編》，上編，頁20。

個人與時代──鄭騫稼軒研究的省思　121

在生命的矛盾時有更進一步的發揮：

> 他的氣質性格，在強度上並存著陰陽剛柔二極的氣力，
> 兼具著豪傑與名士的質性，但以豪傑之性爲主而名士之
> 性爲副。豪傑表現爲陽剛磅礴的氣魄，……名士則表現
> 爲陰柔瀟脫的情味，……。在正常狀況下，這兩種氣質
> 性可以當機而發，面對家國之事，是陽剛的豪傑；面
> 對個人生活，是陰柔的名士。然而，有些時候卻會形成
> 矛盾衝突，在豪傑之氣受挫時，名士之情隨之滋生；但
> 當名士之情滋生時，豪傑之氣卻難平息。因此，進取間
> 常隱然萌生退意；而退隱間卻又時起壯志。這種衝突拉
> 扯，是難解的生命痛苦。[42]

其實，鄭騫先生何嘗沒體察到這一點。他撰〈辛稼軒與陶淵
明〉，寫出稼軒欲效淵明又愧對淵明的心情，之後又撰〈辛稼
軒與韓侂胄〉，則寫出稼軒閒不住而思戰鬥，「聽到韓侂胄提
議舉兵恢復的消息，很興奮而又很懷疑；懷疑韓侂胄和他左右
的那些庸才們是否能勝任此重任」，最後「感到情形不合，就
急流勇退，幾次任命都辭免了」[43]的複雜心境。兩篇合讀，就
可清楚看出稼軒內在生命在出入進退之間的矛盾與掙扎。

　　鄭先生說：「人生反正只有三條路：向前，退後，與站住
了不動，都需要很大的力量。[44]」稼軒的情形是想向前卻不能
前，不得不退卻也不願就此便退，一直承擔著衝突矛盾，卻也
保持著與之相抗的強烈意志。所以鄭先生認爲：「稼軒是認識

---

[42] 見顏崑陽：《蘇辛詞》（臺北：臺灣書店，1998），〈導言〉，頁23。
[43] 見〈辛稼軒與韓侂胄〉，《景午叢編》，上編，頁143、149。
[44] 見〈辛稼軒與陶淵明〉，《景午叢編》，上編，頁137。

淵明的生命力的，所以他以淵明比諸葛亮，所以他說淵明到如今還是生氣凜然。[45]」這些人物所展現的生命力，就是一種豪情[46]。所謂豪，乃生命所以能堅強的胸襟氣度。淵明能藉此以化解生命中的矛盾衝突，表現為悠閒沖淡的意境，那是需要修養鍛鍊的功夫，以及很強的意志的。以稼軒的個性、身世與懷抱，雖然與淵明同具豪情，但最後所成就的人生境界終究不一樣。因為，稼軒自始至終都是以一份豪興與豪情去承擔、對抗生命的波折與苦難，而不得解脫。

鄭騫先生的文體論，在這裡就可看出他的精深獨到處了。識其人，而知其詞，的確如柯先生所說的，鄭先生「溝通融會了原本分歧的史傳批評與境界說」，將人格與風格作了辯證的融合，其所歸結出稼軒「欲飛還歛」的生存處境與心理狀態，與他詞中主體意識之表現了「壯慨之懷，鬱勃之氣，與夫退居時的閒而不適之情」，內外一體，是可以相互解釋的。最後導引出「豪」的概念，統合稼軒的生命本質與文學境界，看來就順理成章了。

鄭騫先生的「稼軒詞豪」論，也是繼承王國維等人的說法，不過他所賦予的內容就深刻多了。請看以下相關評語：

> 自南宋以來，一般人論詞總是把詞分為兩個宗派：婉約與豪放。婉約為正，豪放為變，各有千秋，無分軒輊。而蘇東坡與辛稼軒則同被認為是豪放派的代表作家。……蘇詞空靈超妙，辛詞沉著切實。

---

45 同上，頁139。
46 〈辛稼軒與陶淵明〉說：「諸葛亮的『鞠躬盡瘁，死而後已』，與淵明的安貧守志，不受徵聘餽遺，同樣是生命力的表現。向前走與開倒車，都用的是那一份機器。……首創這種議論的並不是辛稼軒，而是黃山谷。……山谷所謂豪，稼軒所謂風流，即是我們所謂堅強的生命力。」見《景午叢編》，上編，頁138。

王國維《人間詞話》云：「東坡之詞曠，稼軒之詞豪。」這兩句話論蘇辛詞之不同，也非常確切。……曠者，能擺脫之謂；豪者，能擔當之謂。能擺脫故能瀟灑，能擔當故能豪邁。這是性情襟抱上的事。而曠之與豪並非是絕對不同的兩種性情，他們乃是一種性情的兩面。用舊日的哲理名詞來說，都是屬於陽剛性的。……胸襟曠達的人，遇事總是從窄往寬裡想，寫起文學作品來也是如此……。與東坡相反，稼軒總是從寬往窄裡想，從寬往窄處寫。……越想越窄，甚至窄到無地自容，無路可走，還能夠挺然特立，還能夠昂首闊步，如松柏之凌霜傲雪，這就是豪，也就是我在上文所說的擔當。境遇之拂逆，心境之苦悶，東坡有力量把他擺脫掉，稼軒有力量把他擔當起來，作用雖有不同，其為有力量則一。因此，曠與豪都是屬於陽剛的。張孟劬先生曾說：「蘇辛筆力，如錐畫沙。」性情襟抱是筆力的主要來源。……所以靜安先生在蘇曠辛豪之後緊接著說：「無二人之胸襟而學其詞，猶東施之效捧心也。」（〈漫談蘇辛異同〉）[47]

陳廷焯《白雨齋詞話》云：「東坡心地光明磊落，忠愛根於性生，故詞極超曠，而意極和平。稼軒有吞吐八荒之概，而機會不來；正則可以為郭、李，為岳、韓，變則即桓溫之流亞，故詞極豪雄，而意極悲鬱。蘇辛兩家，各自不同。後人無東坡胸襟，又無稼軒氣概，漫為規模，適形粗鄙耳。」此段論東坡稼軒其人其詞，最為確切。

---

[47] 見《景午叢編》，上編，頁266-270。

王國維《人間詞話》云：「東坡之詞曠，稼軒之詞豪。」拈出豪曠二字，與白雨齋持論暗合。予謂：曠者能擺脫，故蘇詞寫情感每從窄處轉向寬處。豪者能擔負，故辛詞每從寬處轉向窄處。蘇〈滿庭芳〉「歸去來兮，吾歸何處，萬里家在岷峨。」一首，是曠之例證。辛〈沁園春〉「老子平生，笑盡人間，兒女恩怨。」一首，是豪之例證。（〈成府談詞〉）[48]

　　蘇辛優劣論，由來已久，鄭先生持平分析，別其同異，尤其於蘇「曠」、辛「豪」之意旨，辨析精微，用語簡明扼要，予人一新耳目之感。鄭先生以為，東坡和稼軒雖同被認為是豪放派的代表作家，可是「蘇辛並稱，而同中有異，異點之一即在規律」。辛詞繼承蘇詞拓寬內容的方向發展而音律嚴於蘇，二人在詞史上扮演不同的角色，那是無庸置疑的。蘇詞空靈超妙，辛詞沉著切實，蘇辛風格不同，也是不爭的事實，然而鄭先生卻認為他們異中有同，東坡之表現為「曠」與稼軒之表現為「豪」，都是性情襟抱上同一種性情的兩面。這如同上文辨析稼軒與淵明一樣，二人在生命的底層都有著剛健的力量，只是在人生問題的處理態度上不同。這裡最精彩的是透過對比的方式，生動的比喻，彰顯了「豪」與「曠」的特質。一般來說，作品之有豪放風格，可從語態、筆勢、內容等方面去討論，而鄭先生則從創作的根源，體性的角度著眼，因內而外，而論其體式勢態，是傳統人文合一的文體論觀點；另一方面，可以看出鄭先生頗能與稼軒「處於同一境界」，「同在一個歷史傳統之內」，交互論證，既能入其內，體察其情，又能出其外，表達其意。文學詮釋是一種互為主體的活動，讀者詮釋作

48　見《景午叢編》，上編，頁256-257。

品，除了認知自己的時空條件，也須了解作者及其作品產生的背景，因為這樣，才不至於因過於主觀而以今代古。此外，詮釋者對作家作品的內外緣因素所知愈多愈深刻，便愈能設身處地的進入作者的情意世界，通過「境界的交融」（fushion of horizon），主客觀融合，得到所謂「同情的了解」[49]。傳統的「以意逆志」與「知人論世」的方法，雖不能完全涵括詮釋的各個面向，但兩者互用，頗能確立一個準則，就是在詮釋者對作品進行主體解悟時，亦須服膺某些客觀的要求，方能傳達有效的解釋。鄭先生在這方面，是深諳此理的。稼軒詞極豪雄，意極悲鬱，乃源自他稟賦的胸襟氣概，以及外在環境的壓抑摧折；這看法，陳廷焯、王國維早有論述。鄭先生比他們更能深入內裡，說出稼軒詞豪的因由。詮釋之能切理饜心，深刻動人，往往就是因為出於一份認同，一份熱愛。鄭先生的「稼軒詞豪」之論，就是他讀進稼軒的生命裡，深有所得，所領會出來的真知灼見。他說稼軒的豪，就是用力量去擔當人世間的拂逆與苦悶，而氣概雄豪的人，遇事情總是從寬往窄裡想，於是「越想越窄，甚至窄到無地自容，無路可走，還能夠挺然特立，還能夠昂首闊步，如松柏之凌霜傲雪，這就是豪，也就是我在上文所說的『擔當』」。簡單的一段話，就輕鬆的把上文談論的稼軒的寂寞、「欲飛還斂」的生命意態等種種，歸併統合在一起了。有稼軒那樣的性情胸襟，才有那樣的「豪」，也

---

49 陳寅恪〈馮友蘭中國哲學史上冊審查報告〉：「所謂真瞭解者，必神遊冥想，與立說之古人，處於同一境界，而對於其持論所以不得不如是之苦心孤詣，表一種之同情。」余英時在〈著書今與洗煩冤〉一文中對陳先生的詮釋理念解釋道：「通過最近詮釋學的發展，我們應該知道，陳先生真正的意思是伽德瑪所說的『境界的交融』（fusion of horizon）。陳先生所常常強調的『古典今情，合而為一』也與此有密切的關係。而所謂『合一』，又不真是變成了一個，而是『一而二，二而一』。解釋者至此境界，則既與古人為二，又與古人為一。一而二者，因為自己與古人畢竟各有其『境界』；二而一者，因為自己與古人又同在一個歷史傳統之內。此所以伽達瑪最後必強調傳統（tradition）。」（見《中國時報·人間版》1985年3月9日-13日）按：上文即略參其意。

才有那樣傲岸不平、慷慨縱橫的筆力；因為他是從寬往窄裡想，所以他的詞自然就是從寬往窄處寫。那是因內而符外的文體表現。鄭先生沒有詳細探論稼軒的文辭特色，但據此亦可思過半矣。葉嘉瑩先生分析歐陽修詞說：「歐陽修的詞裡一方面有傷感悲哀的感情，但他又要將它排遣掉，要向它反撲，從而表現出一種豪興。傷感是一種下沉的悲哀，反撲卻是一種上揚的振奮，這兩種力量的起伏是造成歐陽修詞特有姿態的原因所在。[50]」這從情辭意態論析豪興的特色，可以用作鄭先生「稼軒詞豪」說很好的註腳。稼軒詞沉鬱頓挫，別具抑揚跌宕之姿，正是由於生命中高低兩種力量的拉扯。

三、回歸詞體本質的論述——對胡適詞學帶來的影響之反思

五四以來，稼軒學的研究成果，是時代的產物，反映了時代的現象，當然也受限於時代的視野。胡適是「現代詞學的奠基者」，他以新文學的觀點治詞，建立了新的詞史觀，提出了新的評價標準[51]。如果說胡適完全主導了整個詞學走向，會有點誇張，但他的言論是個「引爆點」，激盪出相當大的迴響，則是事實[52]。筆者曾為文分析胡適的詞史觀[53]，這裡不擬複述它的詳細內容，只想提出與本題相關的幾個要點。胡適所倡導

---

50 見葉嘉瑩，《唐宋名家詞賞析——晏殊、歐陽修、秦觀》（臺北：大安出版社，1988），頁55。

51 見謝桃坊：《中國詞學史》（成都：巴蜀書社，1993），頁383-384。

52 曾大興說：「胡適的詞學觀點和研究方法影響了當時和後來的許多學者。胡雲翼的《詞學概論》、《中國詞史大綱》，陳子展的《中國近代文學變遷》、《最近三十年中國文學史》，劉大杰的《中國文學發展史》，陸侃如、馮沅君的《中國詩史》，薛礪若的《宋詞通論》，鄭振鐸的《插圖本中國文學史》，趙景深的《中國文學史》，俞平伯的《唐宋詞選釋》等等，都在觀念、方法、評價標準、表述方式諸方面深受胡適的影響。」見《詞學的天空——20世紀詞學名家傳》（石家莊：河北人民出版社，2009），頁51。

53 見劉少雄：〈論胡適的詞史觀〉，《詞學文體與史觀新論》，頁249-278。

的白話文運動，是一反傳統的運動，它是與救國運動連繫在一起的。爲了切合時代的需要，就必須改用更平實更普遍的語文來溝通，藉此強化教育大眾的功能。胡適認爲文言已是死的語言，白話才是活的，白話文學由古至今有一個進化的歷程。詞的重要性是要擺在白話文學進化的歷史中來理解才有意義。胡適以爲詞是詩的進化，基本上就是詩的一體，可與音樂分離，而他之所以重視詞，是因爲詞的語言較詩自然。在以白話爲準則，重自然而輕人工的觀點下，胡適論唐宋詞當然最肯定的就是蘇辛一派的「詩人的詞」——東坡以詩爲詞，提高了詞的風格、意境，拓寬了詞的範圍，是詞的變革點[54]；稼軒才氣縱橫，見解超脫，情感濃摯，是詞的頂峰[55]；「這一派的長處在於有情感，有話說；能謀篇，能造句；篇章皆有層次條理，造語必求新鮮有力」[56]。相對於此，「詞匠的詞」如吳文英、王沂孫等典雅派的作品，遠離白話的性質，價值就不高了。不過，胡適在《詞選》中仍舊收錄了不少明白易懂、淺俗乏味之作，這一則反映了胡適選詞還不夠嚴謹，同時也顯露出他的白話文學觀所隱藏的盲點。文學的演進情況十分複雜，如僅以白話文學的觀點，從語言形式的角度入手，去解釋各種現象，顯然是不足夠的，而且取同略異，無疑自限了視野，這對詞的體認是有偏失的，說詞與詩沒有本質上的差異，就很難令人認同。胡適的詞史觀最爲人所詬病的，主要就在於它泯滅了詞體的特性，也簡化了詞的發展程序。而最嚴重的是，這套白話文學理論，在那狂飆的年代裡，在有心人的推波助瀾下，不斷倡導文學的白話化與民間性，發展到極端，遂走上強烈二分法的論調，把士大夫階層與人民階層對立看待，特別強調文學的意

---

[54] 詳胡適：《詞選》（臺北：臺灣商務印書館，1982），頁98-100。
[55] 同上，頁216-217。
[56] 同注54，頁318。

識型態，重視文學的實用功能而不是它的藝術價值，於是，在這樣的思潮下，詞的文學性便更被忽略了。但這時期的學者不都是隨波逐流，毫無主張的，鄭先生以冷靜的態度面對詞壇的狀況，就是其中一個例外。我在〈鄭騫先生的詞史觀〉一文中，已指出在當時如火如荼的文學革命思潮裡，鄭先生實不能置身事外，無動於衷。他十分敬仰胡適，但對於胡適這一套文學史觀，他的態度是有所保留的。鄭先生沒有直接批評胡適，但他的主要論調顯然是有感於這波文學革命潮流所帶來的種種問題而發的，尤其是詞的本質問題。鄭先生深切地認為不能將詞與詩混成一體，失卻它的獨立自主性，「而且抽離它們的樂律屬性，用一套現代語文的標準、文學功用論的新觀點來選詞論詞，這很容易導致詞曲惟尚語言淺易、內容勝於形式的僵化論調。鄭先生指出詞是詩的支流，無法取代詩的地位，它基本上是一種合樂而能歌唱的詩，內容與形式並重，是宋代陰柔文學代表之一，但詞的創作時代已過，它有現代的意義，但不純然是提供白話語料或音節形式等方面。這可以清楚看出鄭先生切實回歸歷史、維護文學本質的立場」[57]。據此，我們可以這樣說，鄭先生既重內容意境也重格律形式，調和了傳統的「詩餘說」與「本色論」，看他兼重婉約與豪放，並以周邦彥和辛稼軒為「詞中二聖」，就不難理解了。

　　稼軒詞是當時討論的熱點，詞學研究的一個重心課題，而稼軒也是時人普遍喜愛的詞家，他被定義為愛國詞人，以打破格律為人所推崇，因此，上述的詞學問題都可聚焦在稼軒詞的評論中看出端倪，而鄭先生對詞體的修正意見則適好落實在稼軒其人其詞的討論上。我們先看幾段詞評：

---

[57] 見《詞學文體與史觀新論》，頁310。

說白描勝於塗飾，內容重於外表，那是從前矯枉過正的
論調。近年來，文學理論已漸漸步入正軌，承認白描並
不見得勝於塗飾，外表要與內容並重。這是極可欣喜
的事。……十幾年前的確有人持此看法；在詞上，乃是
對於清末民初推尊周清真吳夢窗一派的反動。凡是反動
初起，沒有不矯枉過正的。以今觀之，《樵歌》中這類
詞與《夢窗集》中一部分作品之堆砌晦澀，一樣不成東
西。峨冠博帶，「紅綠纏身」，固然有些討厭像；但不衫
不履，褐裘而來，也就行了，何必袒裼裸裎。（鄭騫〈朱敦
儒的樵歌〉）[58]

詞發展到了稼軒，才真正在文學史上奠定了它的崇高地
位；儘管漸漸脫離了它的娘家——音樂，還一直綿延著
它的生命，以致影響到現在，所有傑出的人都免不了要
向他「染指」，從而放射出異樣光芒來。（龍楡生〈試談辛
棄疾詞〉）[59]

辛詞用口語，從其豐富詞的語言一點觀之，可以肯定。
從其生活面之廣、藝術性之強、採用民間口語表達其特
有的情感與內容觀之，也可肯定。但他作品本身仍是屬
於他自己的階級的。因此，不能使其作品為廣大群眾所
有、為廣大群眾所欣賞。這不能不說是他的文學語言的
侷限。（夏承燾〈辛詞論綱〉）[60]

---

58 見《景午叢編》，上編，頁128-129。
59 見《龍楡生詞學論文集》，頁359。
60 見夏承燾：《月輪山詞論集》（北京：中華書局，1979），頁35。

辛派詞的特徵之一，在於作者具有堅定不移的、強烈的愛國主義思想，多「撫時感事」之作，真實而深刻地反映了現實。……以辛棄疾為例，他作為統治階級的一個成員，他在反對當權派主和的鬥爭中，既表現了頑強性同時也表現了軟弱性的思想矛盾。這是他的閒適情調和沉鬱風形成的根源。辛派的另一特徵，在於他們著重用詞來反映廣闊的社會生活，不顧傳統的清規戒律，大力衝破一切詞法和音律的嚴格限制。（胡雲翼《宋詞選・前言》）[61]

反吳文英的堆砌晦澀之詞風，另走上以白話為向而重白描的矯枉過正的寫作路向，確實是當時普遍的現象。不只朱敦儒詞在當時受到歡迎，稼軒詞當然更是如夏承燾所述的因為大量使用口語表現而廣泛被接受。一時之間，詞壇充斥著內容枯乾、文辭淺率之作，看似豪放其實是叫囂的口語，更遑論詞的格律形式特質，連文學之為何物竟也不知了。所謂文學反映現實，作家須站在人民的立場，這些觀念不斷擴散，發展到最後，連稼軒這樣的愛國詞人都因其階級限制而受到批判，那兩宋其他詞人則更是一文不值了。鄭先生說：「大抵滑稽率易之作，無論為詩為詞為曲，皆惡札也。[62]」更以為「疏雋而不能深婉則失於輕滑，豪放而不能沉著則失於叫囂，二者皆詞之魔道[63]。」先生一直都保持著起碼的身段，始終無法容忍詞的庸俗化，更是無法接受詞的美感特質完全被忽略掉。鄭先生也不諱言，在當時的文化氛圍中，有時也不免受到影響，「當時欣賞詩詞，只知豪放而不解婉約，但喜顯豁而不辨幽微；今則持論幾於相

反。[64]」不過，待先生離開那樣的環境，在臺灣重理舊業時，他的想法就更穩健，提出了更精當、更圓融的意見。

我們應怎樣看待稼軒詞，如何評定稼軒的詞史地位？鄭先生在〈杜著辛棄疾評傳序〉裡，完全是站在詞學文體論的立場，清晰地闡述了他的看法：

一、稼軒是忠義之士，但他的詞卻很少纏綿忠愛之作，很少直接說到國家。他所寫的都是他個人的壯慨之懷，鬱勃之氣，與夫退居時的閒而不適之情。要想知道稼軒謀國的忠藎，不肯偏安事敵的志節，須從他的言論如〈九議〉〈十論〉，和他歷官中外時一切實際設施上去看，在詞裡是找不到的。

二、有些人每評稼軒詞為粗豪，實際則是豪而不粗。稼軒詞「慷慨縱橫，有不可一世之概」（〈四庫提要〉），誠然是豪；但是堅實沉著，絕無浮囂之弊，自然不能說是粗。若夫形式方面，則其規律之精嚴，針線之細密，簡直可與清真、夢窗一較長短，試取他的長調，細讀自知。蘇辛並稱，而同中有異，異點之一即在規律。……

三、儘管其為第一流作品，但就詞這種文體的本質而論，稼軒詞確是變調，並非正宗。周濟〈宋四家詞選序論〉說：「稼軒斂雄心，抗高調，變溫婉，成悲涼。」這十二個字是辛詞確評。本來，「詞之為

---

[64] 同注62，頁250。

體，要眇宜修」，確是適於軟性而不適於硬性；所以蘇之清曠，辛之豪縱，都只能算是變調。[65]

他所歸納的稼軒詞的三點特色，包含了三個面向。鄭先生在〈辛稼軒的一首菩薩蠻〉亦說過：「稼軒一生忠義奮發之氣具見於他的若干篇奏議，一部稼軒詞則很少涉及國事，絕大部分是寫他個人的生活與心情。這一點是讀辛詞不可不知的。[66]」當時許多學者就是不明白這道理，想在稼軒詞中找出他關愛國家百姓、忠愛纏綿的表現，以證明稼軒人格之偉大、作品之有高尚的意義，這完全混淆了文學與現實人生的分際，更不知詞之為體的要義。現實經驗轉化為文學意象，已不等同也不能還原為事件的本身，而讀者只能透過文字感知作家的主體意識。稼軒詞雖與時代關係密切，但詞體作為一種特殊的美感表現方式，自有它隱約幽微之一面，絕少作直接的表白。稼軒「壯慨之懷，鬱勃之氣，與夫退居時的閒而不適之情」，是我們可以感受到的詞中情意。其次，粗獷與纖佻一樣，都是鄭先生最惡的二體。先生說：「詞的本質是精金美玉，寧可失之過華，不可失之過樸。[67]」詞本合樂而歌，文辭優雅典麗是它的本色。因此在評論辛詞時，鄭先生特別強調稼軒詞不但「豪而不粗」，而且規律精嚴。先生在〈詞曲概說示例〉也說著同樣的話：「北宋詠物之詞不多，詠物之風氣盛於南宋。稼軒亦此中能手，其深婉細膩，雕鏤精工處，不讓宋末諸家，氣象則非宋末諸人所及。……凡以粗豪論稼軒，請看他的詠物諸作。[68]」稼軒詞能兼顧內容與形式，既有豪邁的意興，又能切體合律，

---

[65] 見《景午叢編》，上編，頁134-135。
[66] 見《景午叢編》，上編，頁151。
[67] 見〈詞曲概說示例〉，《景午叢編》，上編，頁74。
[68] 同上，頁80。

亦見精巧，兩宋詞人中實罕其匹。那些以學稼軒詞爲藉口的作家，叫囂是尚，粗而不豪，根本就違離了詞道，須嚴加斥責。鄭先生修正了白話文運動以來文學創作與批評觀念偏頗的走向，維護傳統詞體美之用心，十分顯著。最後的一點是，鄭先生愛稼軒詞，也深明詞體的特性；他兼重婉約與豪放二體，但堅持婉約是正宗，豪放終究是變調。〈漫談蘇辛異同〉說：「自南宋以來，一般人論詞總是把詞分爲兩個宗派：婉約與豪放。婉約爲正，豪放爲變，各有千秋，無分軒輊。[69]」這回歸了傳統詞體正變的說法，不依循胡適以白話演進的方式架構詞史以彰顯蘇辛的做法。而鄭先生更獨特的地方，是他不僅以婉約、豪放這兩個概念來分宗派，他更藉此而貫徹整部詞史：「一部詞史始終是婉約與豪放兩派並流對峙的局面。[70]」。據此，詞的演變勢態，就是陰陽兩種力量相互抗衡所推動而形成的。唐宋詞史乃創始於溫、韋，發展在柳、蘇，至周邦彥與辛棄疾，後出轉精，遂成爲「詞中二聖」[71]：

> 柳周一派確是很諧婉優美的樂歌，蘇辛一派則不免成爲長短句的詩。詞的內容，當然可以與詩相同，但總該有它自己的格調體製；所以我們只好承認以前一般論詞者的說法，以柳周爲正宗，蘇辛爲變調。……後來周邦彥繼承柳的形式而襟抱勝於柳，辛棄疾繼承蘇的內容而音律嚴於蘇，遂成爲詞中二聖。詞到了周辛兩家，才發展到登峰造極，如日中天；而承先啓後，則是柳蘇兩家的事業。[72]

---

69 見《景午叢編》，上編，頁266。
70 見〈溫庭筠韋莊語詞的創始〉，《景午叢編》，上編，頁104。
71 見〈鄭騫先生的詞史觀〉，《詞學文體與史觀新論》，頁319-323。
72 見〈柳永蘇軾與詞的發展〉，《景午叢編》（臺北：臺灣中華書局，1972），上編，頁126-127。

鄭先生以婉約爲正宗，以豪放爲變調的看法，至老也不曾改變。不過，他不是僅僅就傳統各執一端的說法作調人而有二聖之論，而是經過多年的文體審察，會通而適變，所建構出來的體系。

　　鄭先生整理詞史，其實有著指引未來的用心。胡適留學美國時在日記寫道：

> 詞乃詩之進化。……吾國詩句之長短韻之變化不出數途。又每句必頓住，故甚不能達曲折之意，傳婉轉頓挫之神。至詞則不然。如稼軒詞：「落日樓頭，斷鴻聲裡，江南游子，把吳鉤看了，闌干拍遍，無人會，登臨意。」以文法言之，乃是一句，何等自由，何等頓挫抑揚！「江南游子」，乃是韻句，而爲下文之主格，讀之毫不覺勉強之痕。[73]

稼軒詞給了年輕學子一番啓發。過了一年，1916年4月12日，胡適仿稼軒愛用的詞牌，以豪放的語調，填了一首〈沁園春・誓詩〉，正式揭示「文章革命」「造新文學」的主張[74]，彷彿稼軒的精魂也被喚起。鄭先生基本上是認同胡適所帶領的新詩運動的。文體的演變，血脈相連，詩由古而今，很難截然劃分，而文學與時俱進，是自然之勢，不可抵擋的。鄭先生以爲「要緊在怎樣把舊詩裡得來的資料，提煉淨化了，運用到新詩

---

[73] 胡適《留學日記》1915年6月6日。

[74] 〈沁園春・誓詩〉：「更不傷春，更不悲秋，以此誓詩。任花開也好，花飛也好，月圓固好，日落何悲。我聞之曰，從天而頌，孰與制天而用之。更安用，爲蒼天歌哭，作彼奴爲。文章革命何疑。且準備搴旗作健兒。要前空千古，下開百世，收他臭腐，還我神奇。爲大中華，造新文學，此業吾曹欲讓誰。詩材料，有簇新世界，供我驅馳。」見胡適：《嘗試集》（臺北：遠流出版公司，1994），頁224。

裡。[75]」如何化古爲今，加強白話文學的表達，這用心應和胡適當年是一致的。鄭先生晚年撰〈論蘇辛詞〉一文，總結了他對辛詞的看法，以爲詞的正變與優劣無關，凡一流的作家，作品的風格必定是多方面的，稼軒能寫「長江大河，浩瀚流轉」的長調，也能作「開張雄闊，尺幅萬里」的小令，他的婉約詞其實也不少，而且極爲當行本色，「實能於晏秦之外，另立一格」，我們讀辛詞尤其要「欣賞領會那些融豪放婉約爲一體」，「所謂陰陽剛柔相濟的渾成之作」[76]。至此，鄭先生雖沒有明說，其實已視稼軒爲不可多得的詞家，成就猶在清眞、東坡之上。該文列了許多詞例，都非尋常選錄的作品，鄭先生希望讀者能細心體會，知道甚麼才是俱見性情又精緻綿密的「渾成」之作。

四、餘論——鄭騫稼軒學的啓發

鄭先生稼軒研究的文體分析，雖然是傳統的路數，但仍有著劃時代的意義。傳統的「知人論世」、「以意逆志」的詮釋方法，自有它的缺陷，當它演變爲情意寄託說，文學的本質便被扭曲了，但就方法論本身而言，這些理論還是有可取之處，有值得借鑑的地方[77]。鄭先生厚實史傳批評的基礎，導向境界的探尋，沒有創新理論，卻有可喜的收穫。鄭先生提出的「寂寞」說、「稼軒詞豪」論，不只是純粹美學或創作理論的觀念，也及於作者的生平與作品的內在情趣，各方面交融互涉，闡發出文學的精神與意義，雖然這些說法不是出於細密的論證，也沒有嚴謹的架構，但鄭先生以其豐富的學養以及過人的

---

75 見〈論讀詩〉，《景午叢編》，上編，頁3。
76 見中華學術院編輯：《中華學術與現代文化叢書‧第二冊‧文學論集》（臺北：華岡出版有限公司，1978），頁401-413。
77 請參顏崑陽：《李商隱詩箋釋方法論》，臺北：學生書局，1991。

識見，帶著熱情爲文，字句中充滿著機智，極富啓發的興味。文學的眞知，不在方法論的完善，對傳統中國讀書人來說，乃在生命的實踐與體證。所謂「境界的交融」，是需要全心的投入，主客眞誠的互動才能達到的。

　　鄭先生研究稼軒詞，至老不倦，他有時代的使命感，也對辛詞有同情的瞭解，最後他詮釋稼軒也許正在詮釋自己。柯慶明先生記錄了一段鄭老師在課堂上的事情：

> 老師最爲「多情」的時刻，表現在講辛棄疾詞〈感皇恩‧讀莊子聞朱晦庵即世〉。……老師念完了，忽然站了起來。我從座椅中往上看，發現老師的下巴顫抖得很厲害。突然我意識到老師是在掙扎著強要忍住不哭出來，終於老師還是忍不住哭出聲來。……然後擦了眼淚，恢復過來，對我們說「……我是想起了胡先生。」接著對我們講起胡適先生的爲人，眞的可以當得「克己復禮，夙興夜寐」。胡先生的成就德業也和朱子相彷彿。並且以「身經萬里頭初白，名已千秋心自清」兩句詩，來形容他所體會到的胡先生晚年的心境。[78]

鄭先生對胡適有著由衷的敬意。〈感皇恩〉一詞，正是鄭先生所謂的渾成之作——「是稼軒詞之所以爲稼軒詞，非單單豪放

---

[78] 見柯慶明：〈詩人的寂寞、多情與自得——懷念鄭因百教授〉，《昔往的輝光》（臺北：爾雅出版社，1999），頁41-43。按：稼軒〈感皇恩‧讀莊子聞朱晦庵即世〉詞云：「案上數編書，非莊即老。會說忘言始知道。萬言千句，不自能忘堪笑。今朝梅雨霽，青天好。一壑一丘，輕衫短帽。白髮多時故人少。子雲何在，應有玄經遺草。江河流日夜，何時了。」朱熹卒於慶元六年（1200年）三月，此詞爲悼念朱熹而作。《宋史‧辛棄疾傳》云：「棄疾嘗同朱熹游武夷山，賦《九曲櫂歌》，喜書『克己復禮，夙興夜寐』題其二齋室。熹歿，僞學禁方嚴，門生故舊至無送葬者，棄疾爲文往哭之，曰：『所不朽者，垂萬世名。孰謂公死，凜凜猶生。』」可見二人相知甚深。

或婉約所能籠罩」[79]。而超乎這風格之上，文學之有力量，擴散感染，在作者與讀者之間，就是因爲有「於我心有戚戚」之感。文學詮釋的要義正在此。

另須一提的是，鄭先生與鄧廣銘先生的論爭，二家譜注之得失，當兩人都已辭世後，意氣都消散了，就留給後人作客觀的評斷吧。最後，我想引鄧先生《稼軒詞編年箋注》增訂本三版〈題記〉的一段話作爲本文的結束：

> 這一篇論文（指葉嘉瑩教授〈論辛棄疾詞〉）的主旨，卻是要把辛詞內容的方面之廣與風格的變化之多，作了一次「將萬殊歸於一本的嘗試」。她寫道：我們該注意到的是，辛詞中的感發之生命，原是由兩種互相衝擊的力量結合而成的。一種力量是來自他本身內心所凝聚的帶著這家國之恨的想要收復中原的奮發的衝力，另一種力量則是來自外在環境的，由於南人對北人之歧視以及主和與主戰之不同，因而對辛棄疾所形成的一種盤旋激盪的多變的姿態，這自然是使得辛詞顯得具有多種樣式與多種層次的一個主要的原因。第二，我們該注意到的，則是辛詞中之感發生命，雖然與當日的政局及國勢往往有密切之關係，但辛詞卻絕不輕易對此做直接的敘寫，而大多是以兩種形象做間接的表現。一種是大自然界的景物之形象，另一種則是歷史中古典之形象。[80]

---

[79] 同注76，頁412。
[80] 見鄧廣銘：《稼軒詞編年箋注》（臺北：華正書局，2008），頁13。

一向都不以鄭先生的表現爲然的鄧先生，應該沒想到他所讚賞的葉嘉瑩對辛詞的兩個重要論點，乃源自鄭先生。而鄭騫先生當然也料想不到，他對辛詞的個人灼見，就這樣巧妙的進入了鄧先生引以爲傲的稼軒詞專著中。

平生風義兼師友

——鄭騫與顧隨的詞學因緣

一、緒言

分析鄭騫先生的詞學理論，自可依據先生的論著，歸納整理出一個相當完整的體系來。不過，文學的研究不能只滿足於現象的分析而已，我們還想探索根由，追尋其「所以然」的因素，如是，研究的成果方能變平面為立體，會有更縱深的體現。我在編撰鄭先生詞學年表時，詳讀其詩詞及詞學論著，發現鄭先生和顧隨有一段頗不尋常的詞學因緣。為更清楚暸解顧先生詞學的內容及其與鄭先生之關係，遂又遍閱顧先生遺著，考訂其行實，撰作〈顧隨先生詞學年表〉[1]。我們只要簡單比對兩人的生平資料，就可發現鄭先生早年在大陸時期確實有一段時間與顧先生交往密切，而此時正是鄭先生開始詞的創作與研究的時期。顧隨以詞名家，年長鄭先生九歲，於民國十三年（1924，二十八歲）以後始專意為詞，後來因病而忽厭詞，民國二十年（1931）春嘗棄詞不作，肆力為詩；這段期間，他與鄭先生由初識而訂交，並推介鄭先生教學工作，亦常賦詞唱和。鄭先生的填詞風格、詞學品味，與顧隨頗相似，可以看出彼此的影響關係。鄭先生創作詞篇，集中在民國十五年（1926，二十一歲）至二十二年（1933，二十八歲）之間；他與顧先生早期填詞之起迄時間接近，頗值得玩味。尤須注意的是，二人對稼軒詞皆推崇備至，可謂一往情深。鄭先生於民國二十六至二十九年間（1937-1940，三十二至三十五歲），專心於稼軒詞的研究，先後完成了《稼軒詞校注》、《辛稼軒先生年譜》；而顧先生於此時前後亦為諸子講授稼軒長短句，

---

* 本文曾於國立東華大學中文系、國立臺灣大學中文系合辦之「人文典範的探尋」學術研討會（2007年4月28日）發表。經修訂後，刊載《吳宏一教授六秩晉五壽慶暨榮休論文集》（臺北：里仁書局，2008），頁725-751。
1 見《中國文哲研究通訊》，15卷1期，頁137-160。

並撰成〈稼軒詞說〉一文。鄭先生《辛稼軒先生年譜》的序文，乃顧先生所撰，兩人相知相惜之情，可見一斑。此外，二人尚朱敦儒、晏殊詞，亦可謂興味相投。不過，鄭先生植根文史，學養深厚，而顧先生兼通中外，意興高逸，各有所長，亦各具面目。本人於研究鄭騫先生的詞學理論之餘，更想作深一層的探討，希望藉分析鄭先生與顧先生的詞學因緣，釐清二人的承傳關係，張揚二家學理的精義，從而體察鄭騫先生詞學風格形成的內蘊。

　　我們要詳細論析鄭先生和顧先生的交游情貌、實際關係以及他們在詞學生涯上相互影響的程度，除了年譜資料，更須細讀他們的相關著作，內外交相論證，方能勾勒出較清晰的輪廓。目前的研究條件相當不錯，已有兩家年譜的撰述，復有充足的顧、鄭著作可資運用。鄭騫先生的詞和詞論，都有專著流傳[2]，而且他生前出版的著作都有親自考訂補註的紀錄，或標明出版年月，或交代寫作過程，或敘事，或抒感，相當詳實，這對我們了解鄭先生的詞學生涯、立身行事，很有幫助。而另一方面，顧隨先生的著作，經由弟子葉嘉瑩及其女公子顧之京的努力整理，幾已悉數出版。《顧隨文集》、《顧隨：詩文叢論》、《顧羨季先生詩詞講記》、《顧隨全集》等書的出現[3]，可以提供我們相當多的資料。尤其顧隨的書信日記、編

2　鄭騫先生的詞學創作與評論專著，有《從詩到曲》，臺北：科學出版社，1961；《景午叢編》，臺北：中華書局，1972；《清晝堂詩集》，臺北：大安出版社，1988。此外，《辛稼軒年譜》（臺北：華世出版社，1977）、《詞選》（臺北：中國文化大學出版部，1982）、《續詞選》（臺北：中國文化大學出版部，1982）等書，亦可具見先生的詞學考證與觀念。《永嘉室雜文》（臺北：洪範書店，1992）、《龍淵述學》（臺北：大安出版社，1992）二書，亦收有多篇詞學相關文章，可以參考。

3　顧隨先生的相關著作，有《顧隨文集》，上海：上海古籍出版社，1986；《顧隨全集》四冊，石家莊：河北教育出版社，2000；顧之京整理《顧隨：詩文論叢》，天津：天津人民出版社，1995（增訂本，1997）；顧隨講、葉嘉瑩筆記、顧之京整理《顧羨季先生詩詞講記》，臺北：桂冠圖書公司，1992。又張恩芭編《顧隨先生

年詞，讓我們更能確切掌握他的外在行止和內心世界。而葉嘉瑩所撰的〈紀念我的老師清河顧羨季先生——談羨季先生對古典詩歌之教學與創作〉一文[4]，論析顧隨的生平與詩詞曲學，精當扼要，頗能彰顯顧先生的成就及教研特色，而且寫來如見其人，十分傳神。最近出版的閔軍《顧隨年譜》，則考事編年，引文論列，相當詳盡。這些原始和二手資料都有助於我們認識顧隨的為人和學問。根據以上的著作，彙整顧、鄭二位先生當年交往的資料，緣事析情，應對他們之間那一段詞學因緣有更深切的體認。

值得一提的是，鄭先生對年長於他的顧先生一直都保持敬仰與推崇，來臺後所作〈偶懷顧羨季四首〉即可見一斑。前文論鄭先生稼軒學形成的背景，對二人這份相知相惜之情已略有鋪述。他們選擇從事被視為小道的詞之創作或研究，且於北方淪陷的數年間，皆以稼軒詞為主要教研對象，應該與當時的局勢、個人的切身感受有關。我們談論兩位先生的這段交往，字面的資料有限，但言外之深意亦須細心體察。

二、鄭騫與顧隨的詞學歷程

顧隨（1897-1960），字羨季，別號苦水，河北省清河縣人。中學畢業，赴天津求學，考入北洋大學英語系預科班，後轉讀北京大學英文系。畢業後，即投身教育工作，歷任天津女子師範學院、燕京大學、輔仁大學等校教席。1950年後，任教於北京師範大學、天津師範學院（後改名河北大學）中文

百年誕辰紀念文集》（保定：河北大學出版社，1999），也有頗多顧先生的生平資料，可參考。

[4] 葉嘉瑩〈紀念我的老師清河顧羨季先生——談羨季先生對古典詩歌之教學與創作〉，見《迦陵談詩二集》，頁149-192。

系。顧先生自少體弱多感[5]，性與詞合，「以詞名世，一生精力萃於斯，能以現代人生活情調納入倚聲」（鄭先生語）[6]，別具特色。

顧隨的詞學主要可分兩類：一、創作；二、評論。此處先述顧先生的填詞歷程：先生十五歲（1911）始學爲詩，二十歲（1916）時始自學爲詞[7]，至二十八歲（1924）那年以後始專意作詞。《苦水詩存·自敘》云：

> 自民國十三年（1924）以後專意於詞，往往終歲不作詩。即作亦不過三五首。十九年（1930）冬以病忽厭詞，二十年（1933）春遂重學爲詩，今所存十之六七皆爾時以後所作也。余之不能詩自知甚審，友人亦多以余詩不如詞爲言。……余作詞時並無溫、韋如何寫，歐、晏、蘇、辛又如何寫之意，而作詩時則去此種境界尚遠。少之時最喜劍南，自二十年之春學義山、樊川，學山谷、簡齋。惟其學，故未必即能似；即能似，故又終非是也。[8]

---

5 顧隨撰〈私塾·小學·中學——童年與少年的回憶〉一文云：「一九一二年，也是在暑假，我母親死了。可以說完全是被繼祖母折磨死的。這在我一向脆弱敏感的心靈上，是一個禁受不起的打擊。從此我便總是憂鬱而傷感。」見《顧隨全集·創作卷》，頁586。又〈說《紅》答玉言問〉曰：「山翁生性感情太重，感覺過敏，感想忒多，秉此三感以讀傷心人底傷心語，不病尚且禁當不得，況有病耶？」按：此文寫於一九五二年歲末，後收入《顧隨：詩文叢論》增訂版。玉言，先生弟子周汝昌字。

6 見鄭騫〈論詩絕句一百首之九十六（沈尹默、顧隨）〉注，《清晝堂詩集》，卷十一，頁451。

7 顧隨〈稼軒詞說·自序〉：「吾年至十有五，所讀漸多，始學爲詩，一日於架上得詞譜一冊讀之，亦始知有所謂詞。然自是後，多違庭訓，負笈他鄉。二十歲時，始更自學爲詞。先君子未嘗爲詞，吾又漫無師承，信吾意讀之，亦信吾意寫之而已。先君子時一見之，未嘗有所訓示，而意似聽之也。」見《顧隨文集》，上編，頁51。

8 見《顧隨全集·創作卷》，頁321。

顧先生作詩未能脫前人窠臼，雖勉力為之，終有所限，自覺不如詞之自然獨到。昔人有詞心、詞才之論[9]，顧先生之於詞，蓋所謂詞心也。三十一歲（1927）出版第一部詞集《無病詞》，頗獲好評[10]。是時，顧先生於詞的創作已頗有個人的看法與體驗。他給盧宗藩（字伯屏）信中說：「弟近來填詞，似又是一番境界。填長調較昔日尤為長進。即如此詞（指〈漢宮春〉），步驟極其清晰，亦原先所不能辦者。」（1927年4月9日函。）「又是一首〈蝶戀花〉（詞略），何如？太偏於哲理，使F君（指馮至）見之，將謂我不藝術化矣。其實老顧填詞，只要以詞之形式，寫內心的話，不管藝術化與否耳。」（1928年4月12日函。）[11] 其勇於突破舊有格局之用心，相當顯著。三十二歲（1928）自印《味辛詞》。集中有和鄭先生〈浣溪沙〉（北地風高雨易晴）（海國秋光雨乍晴）詞二首。三十四歲（1930）自印《荒原詞》。此集後附「棄餘詞」，中有〈臨江仙・自題無病詞贈因百〉、〈採桑子・題因百詞集〉二詞。集前有摯友盧伯屏序文，詳述顧先生近八年的填詞狀況，並分析各集的不同風味（詳下文）。顧先生以詞寫真感情，雖用舊體而具時代意識，可謂全力以赴，風格多變。是年冬，先生以病忽厭填詞。三十五歲（1931）春，忽肆力為詩，棄詞不作。三十八歲（1934）秋出版《苦水詩存》、《留春詞》合刊本。《留春詞・自敘》云：

9　馮煦《蒿庵論詞》：「他人之詞，詞才也；少游，詞心也。得之於內，不可以傳，雖子瞻之明雋，耆卿之幽秀，猶若有瞠乎後者，況其下邪。」見唐圭璋編《詞話叢編》，頁3587。

10　詳下節所引鄭先生〈論詩絕句一百首〉之九十六注文。

11　見《顧隨全集・書信日記卷》，頁317、354。

此《留春詞》一卷，計詞四十又六首。除卷尾二首外，
皆一九三〇年至一九三三年夏作。三年之中僅有此數，
較之已往，荒疏多矣。然亦自有故。二十年春忽肆力爲
詩，擯詞不作，一也；年華既長，世故益深，舊日之感
慨已漸減少，希望半就幻滅，既偶有所觸，又以昔者已
曾言之矣，今茲不必著筆，二也；以此形式寫我胸臆，
而我所欲言又或非此形式所能表現，所能限制，遂不能
不遁入他途，三也。[12]

在此期間，雖云不作詞，其實卻沒有真的停止[13]，只是在質量
上不如從前，先生確實有點意興闌珊。既少感慨，也不願重複
表現，那就只好另覓他體，減少詞作，這正反映了他忠於創作
的誠懇態度。顧先生曾致書周作人，說：

> 弟子已下決心作五年計畫，詩詞散文暫行擱置，專攻南
> 北曲，由小令而散曲而雜劇而傳奇，成敗雖未可逆睹，
> 但得束縛心力，不使外溢，便算得弟子坐禪功夫也。又
> 上次與吾師信中明言貪心不死，此四字是切實供狀。弟
> 子自幼即喜東塗西抹，不意四年來，筆墨生疏，非不想
> 寫，但寫不出耳。每一念及，便復悵恨不已。今茲有此
> 路可走，大似落水人抓得一莖草，極思借以攀援而出，
> 即不，亦可令惶懼之心得片時輕鬆也。（1933年10月2日
> 函）[14]

---

[12] 見《顧隨全集·創作卷》，頁87。
[13] 顧先生於1931年作詞8首，1932年作詞11首，1933年作詞16首。詳拙著〈顧隨先生詞學年表〉。
[14] 見《顧隨全集·書信日記卷》，頁464-465。

先生當時寫作上的苦悶、意欲奮起的心境歷歷可見。他試圖於詩詞外，尋得曲體，以安頓惶惑的心靈。這一年，他開始了散套、雜劇、小說的創作[15]。畢竟，詞之於顧先生，只是偶然退位，不久後它又成爲其心情表白的最佳載體。三十九歲（1935）時因各校皆停課，先生於病中閒時取讀《花間集》，盡和韋莊《浣花詞》。明年（1936），先生將近期所和《浣花》詞五十四首、《花間》詞五十三首、《陽春》詞四十六首，結合成集，統名之曰《積木詞》，未正式刊行。《積木詞‧自序》云：

> 于是各校皆停課甚閒，遂病，自一九三五年殘臘迄三六年新正仍未癒，病中惡喧，坐夜漫漫齋裡時益多。有友人送《花間集》一部，來時尚未病也，置之案頭，至是乃取而讀之。《花間》是舊所愛讀之書，尤喜飛卿、端己二家作。今乃取《浣花詞》盡和之。問何以不和《金荃》？則曰：飛卿詞太潤太圓，自家天性中素乏此二美，不能和；飛卿詞太甜太膩，病中腸胃與此不相宜，不願和也。然則和端己似端己乎？即又不然。《浣花》之瘦之勁之清之苦，確所愛好，今之和並不見其瘦勁清苦，蓋胸中本無可言及欲言者，徒以病中既喜幽靜，又苦寂寞，遂而因逐韻覓辭、敷辭成章，但求其似詞，焉敢望其似《浣花》？願醉時所説乃醒時之言，無心之語亦往往爲心聲；觀人於揖讓不若於遊戲，揖讓者矜持，遊戲者性情之流露也。或又問：《留春詞‧自敍》聲言斷斷乎不爲小詞，今之和《浣花》何？夫昔言斷乎，今

---

[15] 1933年9月23日，先生創作散套〈大石調‧青杏子〉。是年冬，開始練習劇作，譜成〈饞秀才〉雜劇之曲詞兩折。草創中篇小說〈佟二〉。詳閱軍：《顧隨年譜》，頁94-95。

茲破戒，定力不堅，更復奚言？會當自釋曰：此和也，
　　非作也。[16]

先生雖作辯白，但詞之為體始終與他多愁多感之心體相繫，最
後他竟以詞名家，實非偶然。四十五歲（1941），出版《霰
集詞》。四十八歲（1944），印行《濡露詞》（按：此集實為
《濡露詞》與《倦駝庵詞稿》的合集）。民國三十一年（1942）葉
嘉瑩在輔仁大學國文系，始從顧隨受讀唐宋詩，繼而旁聽其詞
選諸課，直至三十七年（1948）春葉先生離平南下結婚時為
止。六十三歲（1959），自編《聞角詞》，未刊行。這是先
生最後一部詞集。

　　顧隨主力在詞的創作，詞的評論文章不多，而且寫作時間
較晚。早期多為題序，如題記《靜安詞》、為沈啟无編校《人
間詞及人間詞話》作序（1933）、為華鍾彥（原名連圃）《花
間集注》作敘（1935）等。而較有系統的論述，則是四十七
歲時（1943）所撰的〈稼軒詞說〉、〈東坡詞說〉，皆屬選
詞評釋之作。顧先生尤好稼軒詞，晚年撰有〈說辛詞《賀新
郎·賦水仙》〉（1954）一文。其他詞評，散見後人整理各
講錄[17]。

　　至於鄭騫先生的詞學歷程，本人於〈豪婉正變之間——詞

---

16 見《顧隨全集·創作卷》，頁105-106。
17 顧先生的詞學著作，詳見近人編輯、彙整的顧先生遺著。(一)《顧隨文集》——是
集上編，收錄先生詞學論著：〈東坡詞說〉、〈稼軒詞說〉、〈說辛詞賀新郎賦水
仙〉；下篇「詞選」，廣收先生生平所作詞篇。(二)《顧羨季先生詩詞講記》——
是集收錄〈王靜安「境界說」我見〉（附〈人間詞話評點〉）、〈從靜安詞〈浣
溪沙〉（天末同雲）說起〉二文。(三)《顧隨：詩文叢論》——是集收錄〈論王靜
安〉一文。此文之一為「『境界說』我見」，之二為「從靜安詞〈浣溪沙〉（天末
同雲）說起」；附錄一「人間詞話評點」，附錄二「靜安詞扉頁題記」。(四)《顧
隨全集》——全書共分四卷：創作卷、著述卷、講錄卷、書信日記卷。卷一「創作
卷」盡錄先生現存詞作478首（原584首，佚106首）。

史觀的建構〉一文中有專節論述，讀者可參閱。此處歸納若干重點再作簡介，以便下文之討論。

鄭騫（1906-1991），字因百，遼寧鐵嶺人。十六歲（1921）始學爲詩。二十一歲（1926）自崇實中學畢業，保送入燕京大學中文系。是年，開始作詞[18]。民國十八年（1929）（二十四歲）經顧隨先生推介，自燕大請假，赴天津河北省立女子師範學院任教，是爲先生畢生教學生涯之始。是年，自印《永陰集》。民國二十年（1931），鄭先生（二十六歲）自燕大畢業，任教匯文中學。開始撰寫辛稼軒年譜。抗日戰爭期間，先生留居北平。民國二十七年（1938），先生（三十三歲）始回燕大任中文系講師，自費印《辛稼軒先生年譜》。民國三十一年（1942），先生（三十七歲）自本年以後，不復賦詞。民國三十七年（1948），先生（四十三歲）渡海來臺，任教國立臺灣大學中文系，繼續從事詩詞曲之教研工作。《景午叢編》上下編，係先生詩詞曲重要論著之彙整。先生晚年親自校輯《清畫堂詩集》，存詩一千一百一十七首，其中〈讀詞絕句〉三十首，「附編」並錄《網春詞》六十四首，這可以說是先生一生古典詩詞創作的最終定稿。

鄭先生的詞學生涯，可概括爲大陸時期和臺灣時期。在大陸時期的三四十歲間，先生兼顧了義理、詞章、考據等方面的詞學研治工作，三十七歲之後捨棄填詞而專意於詞學研究，詞之創作實非主力。他的學術性格，與顧先生明顯不同。鄭先生早歲優游文史，偶而發爲詞篇，以疏俊之筆抒寂寞之感，惟量少質輕，且多屬短章，未能一盡先生才學。中歲以後，先生致力於詞家評論、版本考證、詞人年譜的撰述。歷經世變之後的

---

[18] 賦〈減字木蘭花〉（當年三月）一首，見《清畫堂詩集》附篇《網春詞》，頁469。

臺灣時期，鄭先生基本上沿著早先詞學的路徑發展。他曾自覺地修正了對若干詞家的看法[19]，並藉由編撰詞選，遍覽詞籍，評選歷代詞人，分列成家與不成家二類，貫串系統，臧否得失，建構了更為完整的詞史輪廓。此外，先生更著力於詞體特質的分析，從體調形式上確立了詞的體式，所撰論文，言簡意賅，極富參考價值。整體來說，鄭先生的詞學，在大陸時期已奠定厚實之基礎，渡海後，推陳出新，遂開臺灣近現代詞學之格局。

三、鄭騫與顧隨的交往

顧隨於民國十七年（1928）始與鄭騫先生交往，時顧先生三十二歲、鄭先生二十三歲。鄭先生係在燕大沈尹默老師課上始知顧先生其人其詞。顧先生時任教於天津女子師範學院。是年一月初，鄭先生經摯友劉公純之介，與顧先生會晤定交於北平匯文中學東齋。鄭先生〈論詩絕句一百首〉之九十六注云：

> 羨季以詞名世，一生精力萃於斯，能以現代人生活情調
> 納入倚聲。詩不多作，而七言律絕有極佳者，詞為詩
> 餘，羨季則詩為詞餘也。羨季印行其第一部詞集，名
> 《無病詞》。沈師在燕京大學授課時，為諸生評介，評
> 為「佳作」，予始知其人其書。旋經摯友劉公純錫嘏之
> 介，會晤定交於北平匯文中學東齋，時為民國十六七年
> 冬春之間。[20]

---

[19] 如〈成府談詞〉云：「予於古今詞人所作褒貶前後懸殊者，宋人則賀方回，近人則鄭叔問。……予對於方回觀念之轉變，在讀其《慶湖遺老集》諸詩之後；不讀賀詩不能認識其為人及其詞。」又云：「予往時僅能欣賞碧山詞語句之峭拔，而未能完全領味其意境之幽深；故云有句無篇，故云晦澀。即夢窗、玉田詞，當時亦只見其枝節，未窺全體。」見《景午叢編》，上編，頁253-254、261。
[20] 見《清畫堂詩集》，卷十一，頁451。

對於這次初晤的事情，顧隨於一月十一日致盧伯屏信函說：

> 在京小住十日，意長言短；昨日東站作別，甚爲悵悵。
> 車開出豐臺後，便有年前必須再晉北京之決心。人類究
> 竟胡爲者？自家究竟胡爲者？似此轉來轉去，不能自
> 主，將來如何是好？車上背誦稼軒詞，泫然淚下。……
> 此次晉京，得識劉公純，並晤沈尹默，似是生活上一個
> 轉機。[21]

信中沒有提到鄭先生。當時顧先生到北京，似爲生計探一出
路，心情悵惘，與當時仍爲燕大學生的鄭先生交契不深。但從
本年陸續發生的幾件事情中，可以看出鄭先生對於與顧先生交
往相當積極，而顧先生則顯得被動多了。鄭先生曾向顧先生索
閱近作，顧先生但用鄭先生〈浣溪沙〉詞韻賦作二首卻寄[22]。
後顧隨出版《味辛詞》，鄭先生去函索閱，顧先生則託盧伯屏
轉寄，信中說：

> 燕大鄭因百又來函索《味辛詞》。兄如得暇，祈檢出
> 三四部掛號寄燕大三宿舍一百廿五號交渠。兄甚忙，如
> 此瑣事，恐又以爲煩碎。其實在我爲廣交游通聲氣起
> 見，不得不應酬耳。（一九二八年十一月二十六日）[23]

又本年底顧隨接獲鄭先生來信，知燕大有一教授將辭職，鄭先
生以學生身分乘機向燕大國文系馬季明主任推薦顧隨，顧先生

---

21 見《顧隨全集‧書信日記卷》，頁343。
22 〈浣溪沙‧因百索近作即用其詠春楓韻卻寄〉，見《味辛詞》，《顧隨全集‧創作
　卷》，頁52。
23 見《顧隨全集‧書信日記卷》，頁386。

十二月六日致盧伯屏：

> 今晚又得燕大鄭因百書，謂該校某教授將辭職，渠因乘
> 機向燕大國文主任馮君（季明）為弟推轂，馬君與沈尹
> 默、周作人諸人甚厚，久知弟名，頗有允意，一俟該教
> 授辭職意決，當即為弟下聘書來。細繹鄭君來信口氣，
> 似頗有幾分拿手。惟鄭君係一學生，竟向學校當局推薦
> 教授，恐人微言輕，未易發生效力耳。但馬君已允與沈
> 尹默磋商，若得沈尹默一言，事必易於成功，然弟寧肯
> 在此困青氈，不好意思向人啟齒求好差使也。[24]

豈料顧先生果真於次年（1929）六月獲燕京大學聘。鄭先生
努力奔走，積極任事的態度，於焉可見。

　　顧、鄭二人真正結交，是從民國十八年（1929）春天開
始的。先是顧隨推介鄭先生赴天津河北省立女子師範學院任
教。鄭先生〈采桑子〉注云：「民國十八年早春，應亡友顧羨
季之約，請假休學，赴天津河北女子師範學校任教。是為予一
生教書生涯之始。[25]」兩人在女師共事時間不長，本年九月顧
先生離校赴燕大，鄭先生任職一年後（1930），即回燕大銷
假復學。不過在這短短數月間，兩人過從頗密。顧先生四月八
日致盧伯屏函云：「我們五個人 —— 季弟、漢錫、澗猗、因
百同我 —— 天天在一處，吃飯也在一個桌上。」七月三日函

24　同上，頁387。
25　見《清畫堂詩集・附編》，頁476。按：顧先生1929年1月19日致盧伯屏：「弟前次
　　赴燕大時，曾口頭約鄭君來津擔任文字學及國學，渠亦笑卻。不意返津得其來函，
　　謂頗有意答應，惟每週以十二小時至十五時為限。校長亦有允意，惟切實條件尚未
　　磋商。此事發動在先。倘學校需用國文教員兩人，則季弟與鄭君同來。」1月30日
　　致盧伯屏：「齊校長已返津，今夕與我議決請季弟擔任英文國文教席……。燕大鄭
　　君事亦成，此刻亦須我去函相約。」見《顧隨全集・書信日記卷》，頁394、397。

又云：「下午鄭因百冒雨自平來津，夜間暢談一切，殊不寂寞。」[26]

顧隨於民國十八年（1929）九月始任教於燕京大學（至1941年），寓居學校附近之成府村[27]。鄭先生復學後（1930），在城內匯文中學兼課，亦寓居於成府村[28]。兩人同在燕大，又同寓成府村，過從更爲頻密。鄭先生〈憶舊游四首懷馮君培〉之三並注云：

> 伯屏早歲歸泉壤，苦水應從地下游。十九人中最年少，等閒亦白九分頭。（注：盧伯屏名宗藩，辛巳四十年。顧羨季名隨，諧音自號苦水，多病早衰，久斷知聞，存歿難卜。……昔日直隸會館中諸友，伯屏最長，羨季次之，予最少，君培（即馮至）乙巳生，長予一歲。直隸會館在北平宣武門外騾馬市大街。）[29]

當時，顧、鄭等人，文期酒會，應該不少[30]。

對鄭先生而言，顧隨眞是亦師亦友，尤其在詞的創作與研究方面，鄭先生頗受顧先生的影響。所謂「平生風義友兼師」，鄭先生對顧先生的感念之情，溢於言表。1929-1930年間，顧先生賦〈采桑子·題因百詞集〉，中有「文章事業詞

---

26 見《顧隨全集·書信日記卷》，頁400-401、410。
27 顧先生1930年發表散文〈夏初〉，編註云：「當時作者任教於燕京大學，寓居學校附近的成府村。」見《顧隨全集·創作卷》，頁553。
28 鄭先生〈憶舊游四首懷馮君培〉注云：「成府村在北平西郊燕京大學東門外。民國十九年予寓居村中之槐樹街，君培曾來訪，對床夜語，至今五十年，恍如昨日。」見《清畫堂詩集》，卷六，頁204。按：馮君培即詩人馮至，原是顧先生的好友。
29 見《清畫堂詩集》，卷六，頁204。
30 閔軍《顧隨年譜》1930年4月22日條：「吳宓宴請先生、朱以書、鄭騫、浦江清、華樹堂、朱自清、葉公超，漫談文學。」

人小，如此華年，如此塵寰，為問君心安不安」[31]，鄭先生於1975年「卻憶惜年相勉語」，認為顧先生乃別有用心，「蓋勉予努力從事於詩古文辭，而毋以倚聲自限也」。其實，顧隨所云既是勉人也是自勉語。因為在民國十九年（1930）的三月，顧先生已萌生「棄詞而作詩」的念頭，並反省自己的詩歌創作「平生喜唐詩，乃自家作來，總落宋人窠臼」[32]。果然，是年冬先生更因病而厭填詞。明年（1931）春起，顧先生幾乎真的棄詞不作，戮力為詩，甚至開創新的文體（戲曲、小說）創作。而鄭先生自顧先生勉語後，雖不至立即終止詞的寫作，但確實減少了許多，到了民國三十一年（1942），終於完全停止了填詞。《網春詞》後記云：「癸酉（1933）以後，極少作詞，甲戌（1934）至壬午（1942），首尾九年，僅有右列〈浣溪沙〉至〈虞美人〉等十四首。壬午以後遂爾輟筆，至今四十五年，未再倚聲。[33]」至於顧隨，雖減產數年，最終還是割捨不斷，一直填詞到老。

　　民國二十七年（1938），鄭先生回燕大中文系任講師。五月，自印《辛稼軒先生年譜》，請顧先生為序。略云：「因百與予於詞皆喜稼軒。記同寓西郊，每相見，必論辛詞。賞奇析疑，輒至夜分。君年富而資敏，博聞而強記。雖少予近十歲，予固畏友視之。[34]」所謂「同寓西郊」，乃指寓居成府村事。二人不獨近鄰，習亦相近，心靈相契——稼軒詞一直是他們的共同話題。鄭先生於稼軒詞，在這十年間可見的事蹟有：1930年撰〈題辛稼軒詞〉，1931年開始撰寫辛稼軒年譜，1933年作〈跋稼軒集鈔存〉，1937年寫定《辛稼軒年譜》，

---

31 見《荒原詞·棄餘詞》，《顧隨全集·創作卷》，頁82。
32 見1930年3月14日致盧伯屏，《顧隨全集·書信日記卷》，頁443。
33 見《清晝堂詩集·附編》，頁487-488。
34 見鄭騫《辛稼軒年譜》，頁1。

1938年自費印《辛稼軒先生年譜》，1939年撰〈自題稼軒詞校注稿〉八首，1940年講授蘇辛詞時以謄寫版《稼軒長短句校注》分贈諸生。而顧隨則有：1938年撰〈辛稼軒先生年譜序〉，1942年擬說稼軒詞（先撰其序，選定篇目），1943年撰〈稼軒詞說〉。

民國三十七年（1948），鄭騫先生於是年秋渡海來臺，任教國立臺灣大學中文系，而顧隨則長期留在天津擔任教席。此後未再晤面。

據上所述，顧隨與鄭騫先生之交往主要是在燕京大學時期。兩人因詞而遇，頗有契會，時有唱和、題序之作，可見交情。然自民國三十七年後，鄭先生渡海來臺，顧先生留在東北，兩地相隔，不知死生。顧先生此後詩詞中未有提及鄭先生事，而鄭先生卻多懷人、感舊詩篇，如少陵之於太白，頗有憐才之意[35]。

四、鄭騫與顧隨的詞

顧隨是近代詞名家，鄭騫先生亦曾用心於詞的創作。在討論兩位先生的詞之前，先看看他們分居兩岸前的詞學出版情況，會對他們在研究和創作方面投入心力的程度有一概括的認識。請詳下表：

---

[35] 〈偶懷顧羨季四首〉（注：羨季丁酉生，今年七十九歲，故都一別二十七年，音訊隔絕，未卜存歿）：「氈笠棉裘獨往來，在家學佛自堪哀。平生未得江山助，悵望千秋惜此才。」「夢破江南燭影深，蘭膏紅豆試重尋。旁人未讀香奩集，爭識多郎寂寞心。」「平生風義友兼師，弱翰慚無絕妙辭。卻憶惜年相勉語，危欄獨自倚多時。」「念舊懷人百感并，登高望遠暮雲橫。殊方自古無鴻雁，此老憑誰問死生。」（1975）〈檢編詩稿懷顧羨季二首〉之二：「故人墳樹久成陰，零落遺篇何處尋？待得河清吾已老，眼前一字抵千金。」（1983）〈論書絕句一百首之九十四·顧隨〉：「屋梁落月念詞英，曾見雲煙腕底生。三百年來無此手，卻將加倍許秋明。」（1983）〈論詩絕句一百首之九十六沈尹默、顧隨〉：「秋明詩少江湖氣，無病詞多現代情。落月屋梁念師友，初聞無病自秋明。」（1987）

	顧隨		鄭騫	
	詞集	詞論	詞集	詞論
1927	無病詞（81首）			
1928	味辛詞（74首）			
1929			永陰集（92首，內有《永陰集》一卷收詞63首，《永陰存稿》一卷收詞29首）	
1930	荒原詞（81首附棄餘詞12首）			
1931				
1932				
1933		靜安詞題記、人間詞及人間詞話序		跋稼軒集鈔存
1934	留春詞（46首）			
1935		花間集注序		
1936	積木詞（49首）（未正式出版）			珠玉詞版本考
1937				
1938		辛稼軒先生年譜序		辛稼軒先生年譜
1939				讀詞絕句三十首
1940				三十家詞選序目、詞話（成府談詞）、稼軒長短句校注
1941	霰集詞（66首）			評唐編全宋詞

	顧隨		鄭騫	
	詞集	詞論	詞集	詞論
1942			（自本年以後不復賦詞。按：先生晚年所輯《網春詞》錄詞64首。去其與《永陰集》重出之作32首，意謂先生24歲後迄37歲，存詞僅32首。）	
1943		稼軒詞説、東坡詞説、几士居詞甲稿序		朱敦儒的樵歌
1944	濡露詞（32首）			論詞衰於明曲衰於清、溫庭筠韋莊與詞的創始、柳永蘇軾與詞的發展、劉秉忠的藏春樂府
1946				論馮延巳詞、小山詞中的紅與綠、辛稼軒與陶淵明
1947		發表稼軒詞説、東坡詞説		
1948				關於拙著辛稼軒年譜、辛稼軒與韓侂胄、評王箋小山詞

　　據此即可明顯看出，顧隨是以填詞見勝，鄭先生則長於分析與考證；二人的詞學性向不人相同。民國二十七年

（1948）前，顧先生的詞篇結集成書的已有七部，詞四百餘篇；鄭先生則只有一冊，輯詞九十二首。顧隨之於詞，情有獨鍾，性與體近，加上轉益多師，用力精勤，遂成名家，不是偶然的。盧宗藩〈荒原詞序〉云：

> 以余所知，八年以來，羨季殆無一日不讀詞，又未嘗十日不作，其用力可謂勤矣！人之讀《無病》詞者，曰是學少游、清真；讀《味辛》詞者，曰是學《樵歌》、稼軒。不知人之讀是集者，又將謂其何所學也。而余則謂：《無病》如天際微陰，薄雲未雨；《味辛》如山雨欲來，萬木號風；及夫《荒原》，則霙飆之後，又有漸趨清明之勢。[36]

《荒原》一集後之三四年間，顧隨雖有意棄詞從詩，但絕非完全終止填詞，衹是數量減少而已。之後，顧先生取讀《花間集》，盡和韋莊之作，復又和馮延巳詞，詞境遂更進一層。俞平伯〈積木詞序〉評曰：

> 若夫羨季之詞則不托飛馳之勢，而芬烈自永於後者。……其昔年所作，善以新意境入舊格律，而《積木》新詞則合意境格律為一體，固緣述作有殊，而真積力久，宜其然耳。[37]

之後遭逢世變，多病多感，詞情也多危苦之調、感慨之音。顧先生得意門生葉嘉瑩總評其詞之特色與成就：在內容上，一是

36　見《顧隨全集·創作卷》，頁82-83。
37　見《顧隨全集·創作卷》，頁119-122。

「對時事之感懷與喻託」，二是「對於苦難的擔荷及戰鬥的精神」，三是「富於哲理之思致」，「往往使用新穎的語彙和形象」，「表現一種富於哲思之心情意」，這方面與先生早年研讀西洋文學及對王國維之推崇有關；在藝術上，一是「對詞之寫作能具有創新之精神，足以自成一種風格」，二是「結合雅俗中外各種字彙作融會之運用」，「在句法及章法方面最喜用層轉深入與反襯對比及重疊排偶之手法」，三是「表現有豐美之形象」。[38]葉先生所論相當精當，允爲定評。

鄭騫先生早年因讀顧詞而結緣，對顧隨的詞亦甚推崇。嘗曰：「羨季以詞名世，一生精力萃於斯，能以現代人生活情調納入倚聲。」這論點與俞平伯、葉嘉瑩無異。不過，鄭先生晚年懷顧隨並論其詞，也指出了顧詞格局不大的缺失。鄭先生以爲「君河北清河縣人，曾客居山東數年，一生蹤跡未出此兩省。」故有「氈笠棉裘獨往來，在家學佛自堪哀。平生未得江山助，悵望千秋惜此才」（〈偶懷顧羨季四首〉之一）之嘆[39]。

至於鄭騫先生本人於詞則非專業。他早年優游文史，偶而發爲詞篇，紀游寫景，思鄉述懷，以雅暢之筆抒寂寞之感，別有情致。不過，較諸前賢，先生於詞之內容形式卻無甚突破。先生對此是「得失寸心知」的，嘗云：

> 我曾寫過一百六七十首詞，都是小令，沒有長調，而且都是三十歲以前的少作，意境、格調，甚至文字，俱欠成熟。民國十八年（1929）曾把那兩三年中所作的八九十首詞印成一本集子，叫甚麼《永陰集》，當時自以爲還

---

38 見〈紀念我的老師清河顧隨羨季先生——談羨季先生對古典詩歌之教學與創作〉，《迦陵談詩二集》，頁157-169。
39 見《清晝堂詩集》，卷五，頁95。

不錯，現在想起來，真是淺薄幼稚，膽大妄爲。……我的筆路，寫詩不夠重拙，寫詞更不夠輕靈，這也就是所謂才短。（〈桐陰清晝堂詩存跋〉）[40]

《永陰集》後，鄭先生零零碎碎地寫了些詞，數量不多，至民國三十一年（1942）停筆，終身未再倚聲。晚年編訂詩集，從一百六七十詞中選存六十四首，編爲一卷，題《網春詞》，附於詩集之後。

鄭騫先生與顧隨初相識且同在燕大時期，嘗題贈、唱和，彼此切磋。顧先生勸勉鄭先生「毋以倚聲自限」，後來鄭先生果然棄詞不作，專精學術，轉工於詩，而羨季先生卻終以詞名，實始料未及。鄭先生之能擯棄詞作，而顧先生卻無法不填詞，除了體性相異外，兩人的詞學文體觀，尤其是對新詩運動的看法，實是關鍵。請看顧隨的主張：

我的意志很薄弱，所以有時抱悲觀。我又好使氣，所以人常說我佯狂。……我對於胡適之的新詩，固然欣喜，也不免懷疑。他那些長腿、曳腳的白話詩，是否可以說是詩的正體？至於近來自命不凡的小新詩人的作品，我更不耐看。詩是音節自然的文學作品，他們那些作品，信口開河，散亂無章，絕對不能叫做詩。我的主張是——用新精神做舊體詩。改說一句話，便是——用白話表示新精神，卻又把舊詩的體裁當利器。（1921年6月20日致盧季韶）[41]

---

40 見《清晝堂詩集》，頁9-10。
41 見《顧隨全集‧書信日記卷》，頁6-7。

後來顧先生作詞，正是依循這一理念，「以現代人生活情調納入倚聲」，因為他深信詞體不死。然而在寫作的過程中，守道與應變之間，難免有衝突，心情的苦悶可知，「意志薄弱」時便退，「好使氣」時就進，而進退之際，自然便有寫與不寫的惆悵了。

鄭騫先生則持論不同，他認為：

> 詩體的需要轉變，已是不能否認的事實。王國維先生在《人間詞話》卷上裡，有這樣一段話：「四言敝而有楚辭，楚辭敝而有五言，五言敝而有七言，古詩敝而有律絕，律絕敝而有詞。蓋文體通行既久，染指遂多，自成習套，豪傑之士，亦難於其中出新意，故遁而作他體，以自解脫。一切文體所以始盛終衰者，皆由於此。……」他所論詩體發展的程序，雖有商量餘地，而所論原理，則是對的。所謂敝，即是衰微、凝固。衰微則不能活躍，凝固則無從發展。以前通行的詩體之衰微凝固，絕不自今日始，遠在南宋末年，一切古風律絕，已竟沒有多少活躍發展的生命力。元明以來，沒有像以前那樣偉大的詩家，正是詩體已敝的緣故。詞曲只能算是詩的新支流，並不能繼承古風律絕而作詩的新體。因為它們始終受著音樂譜律的支配，不能徹底盡量發揮詩的作用。所以，我以為元明以來，詩只有變格的發展，而沒有本格的發展。本格的發展，正有待於今後數十年中文學者的努力。因為現代人的生活文化，與以前截然不同，人們的心境比較以前複雜廣大，僅受音律支配的詞曲，和受平仄對仗束縛的律絕，固然不足以容納表現近代人的思想情感；即使用格式比較自由，伸縮性較大的古風，

也還是不能收此功效。勢非另換新體不可。……時至今日，新詩雖在急切的需要，而情感意境的啟發涵泳，文辭技巧的運用觀摩，還是非借重舊詩不可。要緊在怎樣把從舊詩裡得來的資料，提鍊淨化了，運用到新詩裡。[42]

文體的衍變是一種新陳代謝式的遞嬗，由古詩而近體而新詩，它們的血脈相連，新與舊融合，很難截然劃分，不過，文學與時俱進乃自然之勢，是無法抵擋的。而在中國抒情文學的長河中，主流是詩，詞與曲都只能算是旁出的支脈，未來必定是以白話寫作的新詩來接續主流發展。再者，詞所表現的是中國文化的陰柔美，時代不同了，新的時代精神便須以新的文體來表現，鄭先生說：

在欣賞方面，詞曲是有前途的。古人精神性情所寄的作品，「譬如日月，光景常新。」這是事實。在創作方面，詞曲是沒有甚麼前途的。用敝舊了僵硬了的文體，再拿來使用，一定不能運用自如；即使偶有天才作家，能使它復興，也只能曇花一現。這也是事實。……我國最近將來的政治社會，將是清明健全的，最近將來的文化，將偏於陽剛之美。……不是宋元明的收斂靜止。……詞曲的內容風格，如本文所論，與這種時代精神實不相合。[43]

由此可見鄭先生務實而通達的歷史觀——因為知道文學生命的延續性，瞭解每種文體的意義及彼此間的傳承關係，遂不致厚

---

[42] 見〈論讀詩〉，《景午叢編》，上編，頁1-3。
[43] 見〈詞曲的特質〉，《景午叢編》，上編，頁64。

古薄今，抱殘守缺，展現出圓融寬厚的氣度[44]。如是，便能坦然從詞的世界中走出。

五、鄭騫與顧隨的詞學觀

　　民國二十六年（1937）顧隨致盧季韶云：「課程不須預備（按：時先生任教燕京大學、中法大學），下課後頗閒，刻已著手編輯元人佚劇七種，脫稿大約在下月初間。此外則繼續和韓致堯《香奩集》詩，計前後得卅餘首，此則真可告慰而又自喜者也。自怡、啟无、因百時時聚首，俱平善。[45]」鄭騫先生後來回憶說：「韓冬郎《香奩集》〈玉合詩〉（詩略），羨季與予皆喜誦之。[46]」讀元曲、賞韓偓詩，是此時期顧、鄭之共同興趣，其實二人的詞學觀亦頗接近。

　　鄭先生詞的創作門庭稍隘，風格未顯；而顧先生則廣納眾家，別具特色。兩人的創作與研究，成就各有所偏，然所學所愛卻甚相似。前述顧隨為詞，謂其學辛稼軒、朱敦儒、韋莊、馮延巳等名家，這些也是鄭先生所喜愛的詞人，而且鄭先生都撰有專文論述這些詞家的風格特色。鄭騫先生中歲以後，致力於詞家作品之評論與詞人之考證，於兩宋詞家中，尤尚二晏、稼軒詞，重氣格，愛深厚渾涵之境，其賞詞析情，每能正前人之得失，發一己獨得之見，引喻比況，用語平常而思致深遠，富啟發之興味。這種解讀的能力，亦為顧先生之所長[47]。簡言之，二人詞學其實是沿著王國維《人間詞話》一脈發展的。顧隨一向推重王國維的理論與創作，歷年講授詩詞，亦每每論

---

[44] 詳劉少雄〈鄭騫先生的詞史觀〉，《詞學文體與史觀新論》（臺北：里仁書局，2010），頁279-324。

[45] 見《顧隨全集·書信日記卷》，頁76-77。

[46] 見《清晝堂詩集》，卷五，頁95。

[47] 詳葉嘉瑩〈紀念我的老師清河顧隨羨季先生——談羨季先生對古典詩歌之教學與創作〉，頁149-192。

及,而其賦詞之鑄新語、發新意,不亦王氏之遺旨?至於鄭先生則融會王國維之見解,發爲議論,時出新意,讀其〈成府談詞〉及各家專論文章最能看出其遙契之精神。

茲舉二人所尙之若干詞家,論其觀點之所近者:

一、晏殊——顧隨〈靜安詞扉頁題記〉云:「然謂珠玉遜於六一,則亦未敢強同。大晏之詞,陸士衡所謂『石蘊玉而光輝,水懷珠而川媚』,其道著人生痛癢處,若不經意而出,宋之其他作者,用盡技倆,亦不能到,非獨見地無其明白,抑且感處無其眞切也。六一精華外露,含蓄漸淺,遂開豪放一派,自下珠玉一等。[48]」前評顧詞情中有思,這正是大晏詞的特色。顧先生雖欣賞《人間詞話》,亦非亦步亦趨;他對晏、歐詞看法,與鄭先生彷彿一致。鄭先生評曰:「俊在氣韻,深在情致。……歐詞有時過於『流連光景,惆悵自憐』,我寧喜晏之俊,不喜歐之深。」(〈詞曲概說示例〉)[49]「晏殊詞雖不能如蘇辛之幾於每事皆可寫入,而堂廡氣象決非花間所能籠罩。……能深刻眞摯以寫人生即是尊體,非必纏綿忠愛。」(〈成府談詞〉)[50]可與顧說並看。

二、辛棄疾——顧隨有《味辛詞》,專學稼軒詞體,又撰《稼軒詞說》,暢論辛詞妙境,可見其於辛詞實有偏好。前述顧詞之內容,有「時事之感懷與喻託」,及表現了「對於苦難的擔荷及戰鬥的精神」,此亦辛詞之所長。至於鄭先生則不用多說,他不但爲辛詞作校注,並撰稼軒年譜,更著有多篇評析文章,其推稼軒爲「詞中之聖」,實非偶然。顧、鄭二人皆愛讀辛詞,平時多有討論,而鄭先生之後來走專業之研究,終身

---

48 見《顧隨:詩文叢論》,頁86。
49 見《景午叢編》,上編,頁75。
50 見《景午叢編》,上編,頁251。

不倦，顧先生扮演了推手的角色。他撰〈辛稼軒先生年譜序〉說：「因百與予於詞皆喜稼軒。既同寓西郊，每相見，必論辛詞。……因勸君爲稼軒長短句校注，且戲之曰，他日書成，則真所謂鄭箋也。君亦笑而應之曰：諾。……若今之《稼軒先生年譜》，則又詞注之旁出而橫溢者也。[51]」二人相知相惜之情，可以概見。

三、朱敦儒——顧隨《味辛詞》既學辛，亦學《樵歌》。其於朱詞，乃賞其豪放雄奇、俊逸清新之境。鄭先生說：「詞之爲體，婉約曲折，最好用來抒情，尤其是傷感之情。韋莊、李煜、晏幾道、秦觀，這些人所以卓然名家，還不全是由於以清麗之筆寫感傷之情？《宋史》四四五朱氏本傳稱他『素工詩及樂府，婉麗清暢。』這才是樵歌的真正好處。其所以能如此者，悲涼壯慨的情調之外，當然還要有清麗芊綿的筆墨，才能表裡如一，情景渾融。」（〈朱敦儒的樵歌〉）[52]則更明白發揚朱詞之妙處。

論詞學體系，顧隨略嫌零散，然靈光乍現，具見才華。鄭先生則能創作與理論並重，考據與義理平衡發展，入乎其內亦能出乎其外，頗能彰顯詞家之特質，也能顧及詞人風格形成之內外因素，建立一以「溫—韋、柳—蘇、周—辛」等相對詞風爲主線的簡要詞史觀，充分反映先生既重氣格又愛渾涵之境的詞學品味。總之，因百、羨季二先生之才情學識實各有所長。顧隨先生具詞人性情，體弱多感，哲思銳敏，如湍湍清流，呈飛逸之姿；鄭騫先生乃學人性格，才穎博識，深情內斂，如鬱鬱丘林，有渾涵之態。二家所樹立的典範，是近現代詞學史上值得記載的一頁。

---

[51] 見鄭騫《辛稼軒年譜》，頁1。
[52] 見《景午叢編》，上編，頁130。

本文排比資料，略加分析，交代顧隨先生與鄭騫先生的交往情況，而對二人詞學的承傳關係也作了簡要的論述。這對由王國維以降的當代詞學走向，補充了一個值得留意的線索；如是，方可貫通近現代海峽兩岸的詞學發展脈絡。對於後者，本文無暇顧及；而少了這方面的影響研究，相對的也削弱了大家對顧、鄭詞學成就的認知。希望日後能繼續此論題的探討。

附錄：鄭騫與顧隨相關詩詞

浣溪沙 · 因百索近作即用其詠春楓韻卻寄（**1928**）　　　　　顧隨

北地風高雨易晴。無人伴我下階行。榴花紅得忒鮮明。　　壯歲已成無賴賊，當年眞悔太狂生。此花不稱此時情。

按：鄭先生原詞爲：「萬木陰陰向晚晴，夢回獨自放歌行，悲歡依舊欠分明。　　猶記秋紅隨手折，忽看春綠滿枝生，今年楓葉去年情。」

浣溪沙 · 再和（**1928**）　　　　　　　　　　　　　　　顧隨

海國秋光雨乍晴。楓林策杖記徐行。一山霜葉似花明。　　閒緒閒心成底事，此時此際爲誰生。教人難忘最傷情。

臨江仙 · 自題《無病詞》贈因百（**1928**）　　　　　　　　顧隨

自古燕南游俠子，風流説到而今。誰知霸氣已銷沉。有時嘗苦悶，無病亦呻吟。　　一語告君君記取，安心老向風塵。少年情緒果然眞。不知多少恨，祇道愛黃昏。（因百有句曰：「我是生成有恨愛黃昏。」）

采桑子 · 題因百詞集（**1928**）　　　　　　　　　　　　顧隨

文章事業詞人小，如此華年。如此塵寰。爲問君心安不安。　　雙肩擔起閒哀樂，身上青衫。眼底青山。同上高樓再倚闌。

偶懷顧羨季四首（**1975**）　　　　　　　　　　　　　　鄭騫

注：羨季丁酉生，今年七十九歲，故都一別二十七年，音訊隔絕，未卜存歿。

編者按：時鄭先生未知顧先生早於一九六〇年已歿。

氈笠棉裘獨往來，在家學佛自堪哀。平生未得江山助，悵望千秋惜此才。

注：羨季自稱在家僧。嘗有〈浣溪沙〉詞云：「莫笑衣冠似沐猴，青鞋氈笠木棉裘。」又戲作小詩云：「春來老腿酸如醋，雨後青苔滑似油。」四句合讀，如見其長身瘦影，踽踽獨行於燕京大學未名湖畔、成府村中。君河北清河縣人，曾客居山東數年，一生蹤跡未出此兩省。

夢破江南燭影深，蘭膏紅豆試重尋。旁人未讀香奩集，爭識冬郎寂寞心。

注：韓冬郎《香奩集》〈玉合詩〉（詩略），羨季與予皆喜誦之。羨季有詩云：「夢回忽失江南人，漫把天涯當比鄰。醉後爭言千古事，尊前誰是百年身。青山紅樹不知晚，霜鬢黃花相與新。萬里途中遠行客，大家各自老風塵。」詩中有人，呼之欲出。

平生風義友兼師，弱翰慚無絕妙辭。卻憶惜年相勉語，危欄獨自倚多時。

注：……民國十八年與羨季共事於河北省立女子師範學校，曾書沈秋明師詞句「更尋高處倚危欄，閒看垂楊風裡老。」為條幅見贈。又賦〈采桑子〉小令題予詞稿云：「文章事業詞人小，如此華年，如此塵寰，為問君心安不安。雙肩擔起閒哀樂，身上青衫，眼底青山，同上高樓再倚欄。」蓋勉予努力從事於詩古文辭，而毋以倚聲自限也。至今四十餘年，垂垂老矣，始終徘徊於考據詞章兩途，因循散漫，一無所成，俯仰平生，深孤厚望。

念舊懷人百感并，登高望遠暮雲橫。殊方自古無鴻雁，此老憑誰問死生。

注：近始得知，羨季早於民國四十九年九月六日在天津病逝，年六十四。

憶舊游四首懷馮君培之三（**1980**） 鄭騫

伯屏早歲歸泉壤，苦水應從地下游。十九人中最年少，等閒亦白九分頭。

注：盧伯屏名宗藩，卒已四十年。顧羨季名隨，諧音自號苦水，多病早衰，久斷知聞，存歿難卜。……昔日直隸會館中諸友，伯屏最長，羨季次之，予最少，君培乙巳生，長予一歲。直隸會館在北平宣武門外驢馬市大街。

海濱遙望舊山河，往事空悲東去波。成府故居應好在，滿村黃葉夕陽多。

注：成府村在北平西郊燕京大學東門外。民國十九年予寓居村中之槐樹街，君培曾來訪，對床夜語，至今五十年，恍如昨日。

檢編詩稿懷顧羨季二首之二（**1983**） 鄭騫

故人墳樹久成陰，零落遺篇何處尋。待得河清吾已老，眼前一字抵千金。

注：舊藏羨季遺著多種，劫後散佚，僅存《荒原》、《霰集》兩詞集。其門人弟子必能搜輯印行；予恐不及見矣。頃者，羨季全集業經出版，予得及身親見，欣慨交集。丙寅盛暑中識，時自編詩集亦將竣事。

論書絕句一百首之九十四顧隨（**1983**） 鄭騫

屋梁落月念詞英，曾見雲煙腕底生。三百年來無此手，卻將加倍許秋明。

注：……羨季以詞名世，餘事臨池，工行楷，筆力圓勁，格在歐虞間。曾見其作字，運筆快速，頃刻數紙。燕大同學嚴君譽為「三百年來無此手」。羨季聞之曰：「然則沈先生（即沈尹默）是六百年來無此手也！」羨季北大畢業，亦沈師弟子。

論詩絕句一百首之九十六沈尹默、顧隨（1987）　　　　　鄭騫

秋明詩少江湖氣，無病詞多現代情。落月屋梁念師友，初聞無病自秋明。

注：……羨季以詞名世，一生精力萃於斯，能以現代人生活情調納入倚聲。詩不多作，而七言律絕有極佳者，詞爲詩餘，羨季則詩爲詞餘也。羨季印行其第一部詞集，名《無病詞》。沈師在燕京大學授課時，爲諸生評介，評爲「佳作」，予始知其人其書。旋經摯友劉公純鍚嘏之介，會晤定交於北平匯文中學東齋，時爲民國十六七年冬春之間。

題近作諸詩兼題全集二首之二（1987）　　　　　鄭騫

秋月春花六十年，深衷密意短長篇。自吟自看悲歡裡，不用閒人作鄭箋。

注：顧羨季自題詞集云：「太白驚才堪復古，少陵大力始開今。我只自吟還自看，無能何況更無心。」

鄭騫先生詞學繫年新訂

鄭騫先生（1906-1991）之詞學，兼義理、詞章、考據之長。先生治學為人，平實懇切，識見高而體情深。早歲優游文史，偶而發為詞篇，紀游寫景，思鄉述懷，以疏俊之筆抒寂寞之感，別有清婉之致。今存《永嘉集》、《網春詞》，計一百二十四首詞，皆先生三十七歲前作品，惟多屬短章，未能一盡先生才學，如其晚年詩之更創新境者。中歲以後，先生致力於詞家作品之評論與詞人之考證。先生尚二晏、蘇辛詞，重氣格，愛深厚渾涵之境，以其詩心詞品，賞詞析情，每能正前人之得失，發一己獨得之見，引喻比況，用語平常而思致深遠，極富啓發之興味。先生治詞，尤重真情實感，不作虛談，常以知人論世之法，考述作者生平，所撰陳師道、陳與義、辛棄疾年譜，用力極深，鑑別精當，至今仍具參考價值。而先生知通變，有見解，所編《詞選》、《續詞選》，由唐宋而迄明清，兼收各種風格，不立宗派，一以佳詞妙品而能展現詞家之風格為上，且其生平述略、詞語解釋，極為精審，能示後學以津途，亦選類之佳構也。綜言之，先生之詞學，在大陸時期已奠定厚實之基礎，渡海後教學相長，識見更廣，遂開臺灣現代詞學之格局。而先生自成一家，影響深遠，其詞學史上樞紐之地位亦不言而喻。本譜之撰，敘述先生事蹟，師友交往[1]，以詞學創作、教學、研究生涯為主軸，輔以詞壇背景，旨在呈現先生詞學衍變之軌跡，彰顯先生之成就，以誌晚生感念之懷也。

---

*　本文乃據2003年3月發表於《中國文哲研究通訊》第十三卷第一期的文章，詳加修訂而成。原作頗有論斷訛誤或引用不周之處，近日董理舊作，仔細詳閱鄭騫先生著述，參考時賢發表之相關論著，並運用線上資料，重加增補訂正。

[1]　鄭騫先生生平事蹟，略參何澤恆〈鐵嶺鄭因百先生事略〉，《中國文哲研究通訊》第一卷第三期（1991年9月），頁101-103；〈鄭騫先生傳〉，《國立臺灣大學中國文學系系史稿》（臺北：臺大中文系，2002），頁229-235。本譜凡引錄二文者，不再註明。其餘皆附出處，見於文後或按語。

清光緒三十二年（民國前六年）丙午　　1906　一歲

陰曆閏四月二十九日（陽曆六月二十日），先生生於四川灌縣之成都水利府署。

按：鄭先生名騫，字因百，遼寧鐵嶺人。據何澤恆〈鄭騫先生傳〉云：「（先生）中年嘗以蜀生、灌筊、愧二陶室主人、穎白、聞韶、孔在齊等為筆名；晚歲則嘗改稱龍淵中隱及大學中隱。曩在北平，書齋取名桐陰清晝堂，省稱清晝堂，蓋本辛棄疾詞『愛桐陰滿庭清晝』；後居臺北溫州街，以溫州古永嘉郡，因名永嘉室。」

時先生祖父敬禧官成都水利同知，駐灌縣，考妣隨侍焉。先生一脈，祖籍鐵嶺，隸漢軍正黃旗。清初，十三世祖入關，世居河北完縣之吳村。道光中，高祖徙北京。民國後，祖父復稱鐵嶺籍，而仍居北京。（詳先生撰《清晝堂詩集》〔以下簡稱《詩集》〕卷十二〈八十自述〉注文，又《詩集》卷四〈後四夢詩〉注：「予生於四川灌縣，天彭山在縣境，又名天彭門，與玉壘山對峙。」）

父頤津，字韻泉，清國子監優等生，有詩名。民國初曾任東寧、遷安、西安、寧安等縣知事（後改稱縣長）。

母則為清末浙江巡撫增韞之女。

清光緒三十三年（民國前五年）丁未　　1907　二歲

先生隨父母北返。

按：《詩集》卷七〈兩年前大千居士許繪青城山圖頃者圖成賦此為謝〉注：「光緒丙午，予生於灌縣水利同知公廨，次年即隨先父母北返。」

清光緒三十四年（民國前四年）戊申　　1908　三歲

王國維發表《人間詞話》於《國粹學報》，共六十四則，分三

期登完。

清宣統二年（民國前二年）庚戌　　　　1910　五歲

陰曆八月，先生隨母至杭州。時外祖增韞任浙江巡撫。

按：《詩集》卷二〈獨游西湖〉注：「民國前二年庚戌，先外祖
　　撫浙，予曾隨母至杭。」另詳本譜民國三十七年條。卷七
　　〈用蘇曼殊韻二首〉注：「予兩至杭州。第一次在民國紀
　　元前二年陰曆八月，曾觀錢塘江潮，雖幼而略能記憶。第
　　二次在民國三十七年春日。」

　　增韞，字子固，蒙古鑲黃旗人，清朝最後一任浙江巡撫。之
　　前曾任奉天府尹、湖北按察使、直隸按察使、直隸布政使
　　等職。民國後曾任袁世凱政府參政院參政。袁垮臺後即返
　　東北，任哈爾濱佛教會會長，在哈爾濱終老。

民國二年癸丑　　　　　　　　　1913　八歲

先生從塾師金碩福先生讀《四書》。（見〈八十自述〉注文）

民國三年甲寅　　　　　　　　　1914　九歲

先生讀〈千家詩〉及〈唐詩三百首〉（見《詩集》卷六〈手錄年餘
以來所爲詩懷戴靜山〉注）

民國四年乙卯　　　　　　　　　1915　十歲

父頤津公任吉林東寧縣知事，先生隨宦，初就讀於縣立小學。

按：〈八十自述〉注文：「民國三年至五年，先父任東寧縣
　　知事，即清代之知縣，今之縣長。予與亡弟隨父母在任
　　所。」然據之遠〈詞家鄭騫先生學術年表新訂〉云：「今
　　查《東寧縣志》，『民國四年七月，張文翰調走，鄭頤津

代理東寧縣知事……。民國五年九月廿七日，鄭頤津調走。』則〈八十自述〉此處所記有誤。[2]」所云甚是，今據以訂正。

民國五年丙辰　　　　　　　　　　　1916　十一歲

先生從縣立小學退學，於縣署中改從呂（失其名號）、韓（國賓）兩師課讀。冬，返北京，自此在京長住。（見〈八十自述〉注文）

讀蘇軾前後〈赤壁賦〉，心喜其文，心儀其文，並常夢見東坡。

按：《詩集》卷九〈讀詞絕句三十首・其十二蘇軾《東坡樂府》〉注：「予年十一歲時，讀前後〈赤壁賦〉，雖不甚了了，而能琅琅上口，心喜其文，心儀其文。厥後常夢古衣冠者來訪，自稱蘇東坡，至二十餘歲時猶然。因之頗為自喜，曾有三夢詩，……又以夢坡自名其室。後見近人周君文集，即名夢坡室集；又讀馮應榴《蘇軾詩合註》，知應榴亦有東坡之夢，且倩人繪為圖卷，徧徵題詠。乃知夢見古人實尋常之事，上自孔子，下至凡夫，皆可有此一夢，不必大驚小怪。爽然自失，其夢遂絕。」

民國六年丁巳　　　　　　　　　　　1917　十二歲

先生在外祖家塾從劉雲鵬先生讀《尚書》、《詩經》、《左傳》。（見〈八十自述〉注文）

是年，朱祖謀《彊村叢書》初刻行世。

2　之遠（馬千里）〈詞家鄭騫先生學術年表新訂〉，見《中國韻文學刊》第26卷第1期（2012年1月）。

民國七年戊午　　　　　　　　　　　　**1918　十三歲**

先生入崇德小學，始讀英文。（見〈八十自述〉注文）

鄭文焯卒，年六十三。

按：許禮平編注《臺靜農詩集》於〈清晝堂詩集讀後記〉一詩
　　注云：「鄭騫，字因百。鄭文焯姪。」此說恐有誤。先生
　　《續詞選》評鄭文焯詞曰：「其詞茂密精嚴，運以清雄之
　　氣，晚清詞家，群推巨擘。尤精諳格律，柳周姜吳諸大家
　　詞，校訂殆徧，學者多奉其說為圭臬。」

民國八年己未　　　　　　　　　　　　**1919　十四歲**

先生於夏秋間大病幾死，其冬事多拂逆。

按：《詩集》卷五〈陋巷〉注：「民國八年己未夏秋大病，其
　　冬事多拂逆。」又〈己未秋興〉注云：「民國八年己未夏
　　秋間，大病幾死，至今每患腸胃發炎，猶是當時之後遺
　　症。」

民國九年庚申　　　　　　　　　　　　**1920　十五歲**

先生常侍祖父觀賞戲劇，始知有崑腔弋腔。

按：《龍淵述學·永嘉新箹之餘》：「憶民國八九年間，予曾在
　　北京青年會聽吳（梅）先生清唱〈遊園驚夢〉，時吳先生
　　任教北大；又常侍先祖往天樂及同樂戲園觀吳先生弟子韓
　　世昌及老伶工郝振基、陶顯庭等演崑弋戲。是為予知有崑
　　腔弋腔之始；十餘齡童子，甫入中學，尚不解何為南北曲
　　也。」

始讀《十八家詩鈔》、《經史百家雜鈔》。

按：〈題舊藏十八家詩鈔〉：「民國九年予十五歲，甫入中
　　學。聞同學云：讀詩須讀《十八家詩鈔》，讀古文須讀

《經史百家雜鈔》。乃節省家中所給點心零用錢，各買一部。……予初讀此書時，最欣賞者爲陸放翁詩，次則元遺山，最不能欣賞者爲謝康樂，完全不知所云。二三十歲後，漸不喜放翁之甜熟刻露；康樂詩則直至五十左右始瞭解其佳處所在，亦太晚矣。」

民國十年辛酉　　　　　　　　　　1921　十六歲

先生自北京崇德中學轉入崇實中學，與同學韋叢蕪、李濟野、劉玉璽被稱爲「崇實四聖」。（見〈八十自述〉注文）

按：《詩集》卷五〈挽李抱忱〉注云：「民國十年，予自北平崇德中學轉入崇實，始與抱忱同學，至今五十八年。」《永嘉室雜文》附〈崇實四聖篇後記〉有更詳細記錄：「民國十年我十六歲，從北京西城絨線胡同崇德中學轉入北城安定門大三條胡同崇實中學，民國十五年畢業。十三年度，因病休學，在校上課實際只有四年。」時同學有所謂四聖：「中國聖人是我自己，洋聖人是韋叢蕪，啞聖人是李濟野，土聖人是劉玉璽。」

始學爲詩。

按：《詩集》卷六〈手錄年餘以來所爲詩懷戴靜山〉注：「民國十年，予十六歲，始學爲詩，至今首尾六十年。」卷七〈辛酉春感〉注：「予六七歲時，見所謂〈神童詩〉，『天子重英豪，文章教爾曹。萬般皆下品，惟有讀書高』云云。喜其音調之適口悦耳，而不知爲何物。九歲，讀《千家詩》及《唐詩三百首》，乃知向所見者，詩也。民國十年辛酉，年十六歲，始執筆習作，至今已周甲子。」

民國十三年甲子　　　　　　　　　1924　十九歲
先生患神經衰弱甚劇，休學一年。（見《詩集》卷七〈甲子早春漫
興〉八首之一注）
朱祖謀編《宋詞三百首》，初刻行世。
況周頤《蕙風詞話》，惜陰堂刊行。
葉嘉瑩出生於燕京舊家。（葉嘉瑩〈學詞自述〉）

民國十四年乙丑　　　　　　　　　1925　二十歲
先生偕友往游北平北古軍都山、龍泉寺和翠微山靈光寺等地。
（見《詩集》卷四〈少年〉四首之一注、卷三〈憶北平西山舊游〉二首之
二注、卷五〈己未秋興〉八首之七注）

民國十五年丙寅　　　　　　　　　1926　二十一歲
先生自崇實中學畢業，保送入燕京大學中文系。（見〈八十自
述〉注文）
與翁舲雨、胡慶育交往。
按：《詩集》卷四收民國六十年作〈歲暮感懷〉，先生注：
　　「四十五年前，予初入燕京大學，與舲雨同宿舍，見其所
　　作〈揚州慢〉詞，始與訂交。因舲雨之介而識慶育。舲雨
　　逝已八年，慶育去年謝世，舲雨少我三歲，慶育長我一
　　年。」先生另撰〈睿湖往事──懷亡友胡慶育〉一文，詳
　　述三人之交往，可參考。慶育善詩詞，先生文中云：「慶
　　育腹笥淵博，才思敏捷，詩詞作得快而且精，一生作品，
　　詩詞合計，大約超過千首。他熟讀老杜詩，作詩也以杜
　　爲宗，我卻覺得他的詩近於東坡，填詞則在白石碧山之
　　間。」（見《永嘉室雜文》）
時北大文史名宿多來燕大兼課，先生獲益良多；而其一生治學

門徑、見解，尤深受沈尹默、周作人二先生之薰陶，至老服膺。（見〈八十自述〉注文）

按：先生〈題沈秋明師自書詩卷〉云：「回憶民國十六年丁卯，師在燕京大學授歷代詩選，予隨班聽講，課餘請益，談笑追陪，嘗移晷影。靜農長予四歲，從師問學於北大，更在予前，屈指星霜，已周甲子。」（見《永嘉室雜文》）

況周頤卒，年六十八。

王國維《人間詞話》單行本，俞平伯標點，由北平樸社刊行。

*先生作〈減字木蘭花〉（當年三月）。

按：本譜係據《清畫堂詩集·附編》所收《網春詞》六十四首，先生附注說明，加以編年。

民國十六年丁卯　　　　　　　　　1927　二十二歲

先生在燕大。隨班聽沈尹默老師歷代詩選課。（〈題沈秋明師自書詩卷〉）

六月二日，王國維投頤和園昆明湖自盡，年五十一。

王國維《人間詞話刪稿》，刊於《小說月報》十九卷三號。

胡適編《詞選》，上海商務印書館印行。

顧隨自印《無病詞》。（見《顧隨文集》下編）

*先生作〈虞美人〉（十年如夢雞林道）、〈清平樂〉（長空漠漠）、〈踏莎行〉（走了姻兄）。

民國十七年戊辰　　　　　　　　　1928　二十三歲

先生在燕大沈尹默老師課上始知顧隨其人其詞。是年一月初，經摯友劉公純之介，與顧先生會晤定交於北平匯文中學東齋。

按：顧隨，字羨季，河北清河人，生於一八九七年，長先生九歲，時任教於天津女子師範學院。《詩集》卷十一〈論詩

絕句一百首〉之九十六注：「羨季以詞名世，一生精力萃於斯，能以現代人生活情調納入倚聲。詩不多作，而七言律絕有極佳者，詞爲詩餘，羨季則詩爲詞餘也。羨季印行其第一部詞集，名《無病詞》。沈師在燕京大學授課時，爲諸生評介，評爲『佳作』，予始知其人其書。旋經摯友劉公純錫鰕之介，會晤定交於北平匯文中學東齋，時爲民國十六七年冬春之間。」按：顧隨一九二八年一月十一日致盧伯屏：「在京小住十日，意長言短；昨日東站作別，甚爲悵悵。……此次晉京，得識劉公純，並晤沈尹默，似是生活上一個轉機。」（見《顧隨全集‧書信日記卷》）

是年夏，顧隨自印《味辛詞》五百冊。（見《顧隨文集》下編）

按：此集輯錄一九二七至一九二八年詞七十四首。扉頁有題辭：「愁要苦擔休殢酒，身如醉死不須埋。」集中有和鄭騫先生〈浣溪沙〉（北地風高雨易晴）（海國秋光雨乍晴）詞二首。

先生去函顧隨索《味辛詞》，顧先生託盧伯屏先生轉寄。

按：顧隨一九二八年十一月二十六日致盧伯屏：「燕大鄭因百又來函索《味辛詞》。兄如得暇，祈檢出三四部掛號寄燕大三宿舍一百廿五號交渠。兄甚忙，如此瑣事，恐又以爲煩碎。其實在我爲廣交游通聲氣起見，不得不應酬耳。」（見《顧隨全集‧書信日記卷》）

是年十二月，先生向燕大國文系馬鑑（季明）主任推薦顧隨任教職。

按：顧隨一九二八年十二月六日致盧伯屏：「今晚又得燕大鄭因百書，謂該校某教授將辭職，渠因乘機向燕大國文主任馬君（季明）爲弟推轂，馬君與沈尹默、周作人諸人甚厚，久知弟名，頗有允意，俟該教授辭職意決，當即爲弟下聘書來。細繹鄭君來信口氣，似頗有幾分拿手。惟鄭君係一

學生，竟向學校當局推薦教授，恐人微言輕，未易發生效力耳。但馬君已允與沈尹默磋商，若得沈尹默一言，事必易於成功，然弟寧肯在此困青氈，不好意思向人啓齒求好差使也。」（見《顧隨全集・書信日記卷》）

*先生發表小詞二首（〈減字木蘭花〉、〈歲晚鄉思信口爲長短句〉）於《燕大月刊》第一卷第四期。

*先生作〈定風波〉（遠樹長溪掛甲屯）、〈虞美人〉（瞳瞳旭日山光紫）、〈浪淘沙〉（窗外老松聲）、〈減字木蘭花〉（幕天席地）、〈鷓鴣天〉（趁取輕陰看海棠）、〈小重山〉（越是愁多越愛聽）、〈浣溪沙〉（萬木陰陰向晚晴）、〈減字木蘭花〉（宵來風雨）、〈浣溪沙・自天津赴大連海船上作〉、〈鵲橋仙・哈爾濱作〉、〈人月圓・梅西道中〉、〈虞美人〉（沙黃草碧茫茫路）、〈浣溪沙〉（江海歸來夏已空）、〈浣溪沙〉（黃葉紅花倚晚晴）、〈浣溪沙〉（一任秋檠照影孤）、〈浣溪沙〉（哀樂無端不自由）、〈梅花引〉（愁滋味）、〈木蘭花〉（春楓換盡春顏色）。

按：先生注云：「右詞二十二首，民十五至十七北平燕京大學讀書時作。其中〈浣溪沙〉、〈鵲橋仙〉、〈人月圓〉、〈虞美人〉等四首，十七年暑假東歸作。餘皆作於燕大校園。」（見《清畫堂詩集・附編》，《網春詞》附先生注語。以下所引先生注，出處皆同。）

民國十八年己巳　　　　　　　　　　1929　二十四歲

是年春，先生經顧隨推介，自燕大請假，赴天津河北省立女子師範學院任教，是爲先生畢生教學生涯之始。在女師授文學史及詩詞選讀，並兼系主任。自此先生與顧隨兩人過從漸密。（見〈八十自述〉注文）

按：鄭騫《清晝堂詩集‧附編》〈采桑子〉注云：「民國十八年早春，應亡友顧羨季之約，請假休學，赴天津河北女子師範學校任教。是為予一生教書生涯之始。」顧隨一九二九年一月十九日致盧伯屏：「弟前次赴燕大時，曾口頭約鄭君來津擔任文字學及國學，渠亦笑卻。不意返津得其來函，謂頗有意答應，惟每週以十二小時至十五時為限。校長亦有允意，惟切實條件尚未磋商。此事發動在先。倘學校需用國文教員兩人，則季弟與鄭君同來。」一月三十日致盧伯屏：「齊校長已返津，今夕與我議決請季弟擔任英文國文教席……。燕大鄭君事亦成，此刻亦須我去函相約。」四月八日函云：「我們五個人——季弟、漢錫、潤猗、因百同我——天天在一處，吃飯也在一個桌上。」七月三日函又云：「下午鄭因百冒雨自平來津，夜間暢談一切，殊不寂寞。」（見《顧隨全集‧書信日記卷》）

是年客居天津河北天緯路。（見《詩集》卷七〈刪併舊作前兩句……〉注）

喜讀李商隱、韓偓詩集。

按：《詩集》卷十一〈論詩絕句一百首〉之四十九注云：「民國十八年予在天津，寓居河北天緯路，當時最喜《玉谿》、《香奩》諸集，至今五十八年，宛同昨日。」

六月，至北平謁沈尹默老師於東城史家胡同寓邸。（見《詩集》卷七〈秋明師遺墨紀事〉注）

顧隨於是年九月至一九四一年，任教於燕京大學。寓居學校附近之成府村。（見顧隨一九五五年所填履歷表、《顧隨全集‧創作卷》所收散文〈夏初〉附注）

是年梁啓超卒，年五十六。

先生選詞九十二首，自印《永陰集》。

按：先生〈桐陰清畫堂詩存跋〉云：「我曾寫過一百六七十首詞，都是小令，沒有長調，而且都是三十歲以前的少作，意境、格調、甚至於文字，俱欠成熟。民國十八年曾把那兩年中所作的八九十首詞印爲一本集子，叫作甚麽《永陰集》，當時自以爲還不錯，眞是淺薄幼稚，膽大妄爲。既已無法收回，只有任其自生自滅。好在只印了三百本，四十年來，屢經戰亂，想已所存無幾了。剩下的八十幾首未印之作，比已印之作好不了許多，自然不必再來一次『災梨禍棗』。我的筆路，寫詩不夠重拙，寫詞不夠輕靈，這也就是所謂才短。」按：《永陰集》鉛印本，內有《永陰集》一卷，收詞六十三首，《永陰存稿》一卷，收詞二十九首，計九十二首。今北京國家圖書館有藏本。是集亦編入《民國時期文獻資料海外拾遺》第一五八冊（2014）、《民國名家詞集選刊》第十六冊（2015）。《永陰集》所收蓋爲先生二十一至二十四歲所作，今見於《網春詞》所擇錄這階段的作品僅三十二首（計《永陰集》二十九首、《永陰存稿》三首）。

顧隨爲先生詞集題詞一首，調寄〈采桑子〉。

按：詞云：「文章事業詞人小，如此華年。如此塵寰。爲問君心安不安。雙肩擔起閒哀樂，身上青衫。眼底青山。同上高樓再倚闌。」

*先生發表〈添字采桑子〉（如今嘗得眞滋味）、〈鵲橋仙〉（他鄉久客）、〈清平樂〉（晨風捲地）、〈十拍子〉（乍暖猶寒天氣）、〈清平樂〉（長空漠漠，連日東風惡）、〈柳長春〉（泛宅無能）、〈清平樂〉（長空漠漠，滿地堪蕭索）、〈浣溪沙〉（黃葉因風上柳枝）、〈思佳客〉（不只飄零碧海濱）、〈踏莎行〉（誰道詩書）、〈采桑子〉（從前不識詩人味）、〈浪淘沙〉（生

己後承平）、〈南鄉子〉（草色入山青）、〈玉樓春〉（夢中一朵花如雪）、〈減字木蘭花〉（幕天席地）、〈采桑子〉（堪驚堪愛迎春雪）、〈憶秦娥〉（花陰陰）、〈玉樓春〉（少年春眼新時節）等十八首詞於《女師季刊》第二期。

另發表〈清平樂〉（長空漠漠，滿地堪蕭索）、〈臨江仙〉（春意難隨春事盡）、〈浣溪沙〉（萬木陰陰向晚晴）、〈人月圓〉（昨霄新月照人圓）、〈采桑子〉（碧波低處天如線）、〈采桑子〉（如今夢也無由作）、〈虞美人〉（沙黃草碧茫茫路）、〈清平樂〉（晨曦滿地）、〈清平樂〉（長空漠漠，連日東風惡）、〈踏莎行〉（浮海能無）、〈思佳客〉（落日明霞倦鳥還）、〈臨江仙〉（作客還鄉都倦也）、〈南歌子〉（哀樂新來慣）、〈鷓鴣天〉（短帽輕衫出舊京）、〈臨江仙〉（卻駕輕舟遼海上）等十五首詞於《朝華》第一卷第一期，題爲「陰天小令」。

*先生作〈采桑子〉（如今嘗得眞滋味）、〈清平樂〉（晨曦滿地）、〈破陣子〉（乍暖猶寒天氣）、〈清平樂〉（長空漠漠）、〈踏莎行〉（浮海無由）、〈踏莎行〉（密葉翻風）、〈思佳客・哈爾濱道外十六道街寓所即事〉、〈臨江仙・大連老虎灘泛舟〉、〈臨江仙〉（作客還鄉都倦也）、〈西江月〉（病後情懷更懶）、〈西江月〉（夢裡征途漠漠）、〈虞美人〉（幾番疏雨秋寒峭）、〈鷓鴣天〉（短帽輕衫出舊京）。

按：先生注云：「民國十八年早春，應亡友顧羨季之約，請假休學，赴天津河北女子師範學校任教。是爲了一生教書生涯之始。年底，學期結束，辭職回燕大復學。在津一年，暑假東歸小住。右詞〈采桑子〉至後〈鷓鴣天〉『短帽輕衫出舊京』，共一十三首，皆此一期間所作。」惟〈臨江仙〉（作客還鄉都倦也）一首，《詩集》卷四〈春蠶四首〉注云：「予二十三歲時作〈臨江仙〉詞云：『心如秋樹耐清

寒，西風吹敗葉，殘照滿空山。』長老頗訝其不祥；至今四十二年，猶未死也。」則爲去年之作，未知孰是？

以上所編先生二十四歲前所作詞三十五首，除〈西江月〉（病後情懷更懶）、〈西江月〉（夢裡征途漠漠）、〈虞美人〉（幾番疏雨秋寒峭）三首外，其餘皆見錄於《永陰集》。

民國十九年庚午　　　　　　　1930　二十五歲

先生在女師任職一年後，回燕大銷假復學。同時在城內匯文中學兼課。校規不許，惟系中諸師以先生曾任「教授」，多予寬假。（見〈八十自述〉注文）

按：《清畫堂詩集》卷一〈匯文東齋偶題〉注云：「予庚午入匯文，至丙子，首尾七度逢秋。」

春，寓居成府村槐樹街。（見《詩集》卷七〈舊居閒憶〉注）

按：《詩集》卷六〈憶舊游四首懷馮君培〉注云：「成府村在北平西郊燕京大學東門外。民國十九年予寓居村中之槐樹街，君培曾來訪，對床夜語，至今五十年，恍如昨日。」

先生撰〈題辛稼軒詞〉七律一首。又撰〈渤海泛舟·大連老虎灘作二首〉詩，用友人顧羨季〈采桑子〉詞句「月底西山似夢青」。（見《詩集》卷一）

顧隨自印《荒原詞》。（見《顧隨文集》下編）

按：《荒原詞》後附「棄餘詞」，收〈臨江仙·自題無病詞贈因百〉、〈采桑子·題因百詞集〉二首。

*先生發表〈柳長春·答羨季〉（誰道詩書）、〈小重山〉（越是愁人越愛聽）、〈浣溪沙〉（萬木陰陰向晚晴）、〈十拍子〉（乍暖猶寒天氣）、〈清平樂〉（晴空漠漠）、〈柳長春〉（泛宅能無）六詞於《清華周刊》第三十四卷第七期。

*先生作〈浣溪沙〉（薄霧濃雲暗不開）、〈浣溪沙〉（滿院斜陽靜

掩關）、〈浣溪沙・大連老虎灘泛舟〉三首、〈踏莎行〉（遠
夢無憑）。

按：先生於〈浣溪沙〉「薄霧濃雲」一首後注云：「右詞至後
〈思佳客〉（又名〈鷓鴣天〉）『九月新涼雨乍晴』，
共十五首，十九年庚午早春回燕大讀書，暑假東歸；至
二十二年癸酉秋季在匯文中學任教期間所作。」

民國二十年辛未　　　　　　　　1931　二十六歲

先生自燕大畢業，正式任教匯文，授文商兩科高三國文及文學
史。（見〈八十自述〉注文）

按：之遠〈詞家鄭騫先生學術年表新訂〉：「查今北京大學善
本庫內燕大學位論文庫藏有先生畢業論文《辛稼軒及其
詞》手稿本。全本分爲『稼軒先生年譜』（附『鵝湖夜坐
詩辨僞』）、『重編稼軒長短句目錄及考證』（附編詞凡
例）、『辛稼軒長短句板本考』、『稼軒詞評』四部分，
共八十頁，爲線裝手稿本。其第一、第二部分，先生畢業
後陸續增補，皆成專書。」據鄭先生〈治學漫談〉一文所
云：「從前的學士跟碩士博士一樣，要寫學位論文。我因
爲生病及到天津去教書，曾經兩度休學，中學大學各有一
年，所以畢業較晚，撰寫學士論文時已二十四五歲，題目
是《辛稼軒年譜》，這是我寫學術性文章的開始。」（見
《永嘉室雜文》）先生所記題目與現存手稿本論文略有出入。
此論文蓋寫作於畢業年二十五至至二十六歲間。

是年秋天開始撰寫《辛稼軒年譜》、《稼軒詞校注》。

按：《辛稼軒年譜・後記》：「予爲此譜及《稼軒詞校注》，
始於民國二十年秋日。」此即據畢業論文稿作正式之專著
研究。

朱祖謀卒於上海，年七十五。

*先生發表〈浣溪沙〉（悵惘心情嗟屢傷）、（才到江頭暮春天）、
（雜樹成陰草漸青）、（寂寞殘陽自閉關）四詞於《清華周刊》第
三十四卷第十期。

*先生作〈浣溪沙〉（悵望佳期未有期）、〈南歌子〉（月冷眉痕
碧）、〈破陣子〉（紅瘦綠肥時節）、〈鷓鴣天〉（雨過涼颸拂面
來）。

民國二十一年壬申　　　　　　　　1932　二十七歲

先生在北平匯文中學任教。

*先生作〈南歌子·紀夢〉。

民國二十二年癸酉　　　　　　　　1933　二十八歲

先生在匯文中學任教。

作〈跋稼軒集鈔存〉，刊於《燕京大學圖書館報》第四十六
期。（見林玫儀《詞學論著總目》）

四月，《詞學季刊》創刊。

*先生作〈定風波〉（局促常悲類楚囚）、〈定風波〉（桃李成行香
徑陰）、〈唐多令〉（廢壘滿荒坡）、〈鷓鴣天〉（九月新涼雨乍
晴）。

民國二十三年甲戌　　　　　　　　1934　二十九歲

先生在匯文中學任教。

顧隨自印《留春詞》。（見《顧隨文集》下編）

唐圭璋自印《詞話叢編》六十種。

*先生作〈浣溪沙〉（夫婿封侯去未還）、〈浣溪沙〉（記得同棲玳
瑁梁）。

民國二十四年乙亥　　　　　　　　　　**1935　三十歲**

先生在匯文中學任教。

本年深秋至二十七年夏，住北平東四牌樓八條胡同，簡稱東四八條。（見《詩集》卷七〈舊居閒憶〉注）

是年葉恭綽輯《廣篋中詞》，收錄先生〈浣溪沙〉（黃葉紅花倚晚晴）、〈臨江仙〉（春意難隨春事盡）、〈玉樓春〉（野花開處無人到）三詞。

按：何澤恆〈記鄭騫先生的兩首佚詞〉云：「一日偶然翻閱近人葉恭綽所編《廣篋中詞》，赫然看到有先生《永陰集》詞三首，除〈浣溪沙〉一首見收於《清晝堂詩集》附編外，其餘〈臨江仙〉、〈玉樓春〉兩闋則並未收錄。揆諸前引先生『附識』云云，似當爲其刪削不採者。」按：何澤恆撰稿時不知《永陰集》仍有存本。《永陰集》一書，內有《永陰集》一卷、《永陰存稿》一卷。《廣篋中詞》所收先生三詞，〈浣溪沙〉、〈臨江仙〉兩首載《永陰集》，而〈玉樓春〉原題作〈木蘭花〉則載《永陰存稿》。

*先生作〈浣溪沙〉（獨向西風汗漫游）、〈浣溪沙〉（踽踽行來恨未央）。

民國二十五年丙子　　　　　　　　　　**1936　三十一歲**

先生在匯文中學任教。

按：《詩集》卷一〈匯文東齋偶題〉注：「予庚午入匯文，至丙子，首尾七度逢秋。」

先生作〈珠玉詞版本考〉，發表在天津《益世報·讀書周刊》第六十二期。

按：先生《景午叢編》下編收〈珠玉詞版本考〉，附記云：「這
　　是我的一篇舊稿，作於民國二十三或二十四年，曾載於天
　　津《益世報》，五十六年深秋，改訂重寫。」先生所記有
　　誤，本文應發表在本年八月二十日。

又作〈稼軒詞版本考〉，發表在天津《益世報·讀書周刊》第
八十期。

龍榆生《東坡樂府箋》，上海商務印書館印行。

顧隨自印《積木詞》。（見《顧隨文集》下編）

民國二十六年丁丑　　　　　　　　　1937　三十二歲

抗日戰爭開始。

華北自此淪陷八年，先生留居北平，謹言行，慎交游，未嘗稍
出治學教書之範圍。（見〈八十自述〉注文）

春，《辛稼軒年譜》寫定。（見《辛稼軒年譜·再版後記》）

民國二十七年戊寅　　　　　　　　　1938　三十三歲

先生始回燕大任中文系講師（當時稱為助教）。（見〈八十自述〉注
文）

本年夏至三十一年春，住成府村蔣家胡同。（見《詩集》卷七
〈舊居閒憶〉注）

按：《詩集》卷五〈遷入新居偶憶北平西郊成府村蔣家胡同舊
　　宅〉注：「成府村在燕京大學東門外。」先生於〈成府談
　　詞〉云：「成府者，燕京大學東門外之一村落，小橋深
　　巷，樹老陰清，頗饒幽靜之趣。予讀書時藏修息游於此者
　　四，教書時又居住於此者三年餘。桑下三宿，未能忘
　　情，況七八年之久乎？」又〈清晝堂詩集序〉云：「我在
　　母校燕京大學教書時，住在校東門外成府村蔣家胡同四

號。院宇宏敞，房屋高大，四面繞以迴廊，北房一排七間，正中三大間，兩旁各有兩間較小的耳房，春秋佳日，陽光普照。辛稼軒詞：『愛桐陰滿庭清晝』，則是我很喜歡的句子。這就是所謂『桐陰清晝堂』，其實，院子裡並沒有梧桐樹。」

五月，自費印《辛稼軒先生年譜》二百部，由北平協和書局出版。六月，顧隨爲先生撰〈辛稼軒先生年譜序〉。（見《辛稼軒年譜‧再版後記》）

民國二十八年己卯　　　　　　　　1939　三十四歲
先生在燕大任教。

先生在成府村居，閒讀歷代名家詞集，每有感觸，即用集中語組成絕句，得三十首，後略作詮次，錄爲一輯，題曰〈讀詞絕句三十首〉；曾發表於《燕大文學年報》。（見《詩集》卷九，〈讀詞絕句三十首並序〉及後記）

撰〈自題稼軒詞校注稿〉八首。（見《詩集》卷二）

顧隨於是年至一九五〇年，任教於輔仁大學。（見顧隨一九五五年所填履歷表）

是年鄧廣銘完成《辛稼軒年譜》、《稼軒詞編年箋注》初稿。（見鄧廣銘《辛稼軒年譜‧題記》、《稼軒詞編年箋注‧出版題記》）

*先生作〈鷓鴣天〉（舉杯勸君君莫辭）、〈鷓鴣天〉（庭樹秋風生早寒）。

民國二十九年庚辰　　　　　　　　1940　三十五歲
先生在燕大任教。

十一月，先生撰〈三十家詞選序目〉，發表於《燕京大學文學年報》第六期。

而所撰「詞話」，亦散載於該學報。（見《景午叢編》上編）

按：先生〈成府談詞〉題識：「民國二十九年庚辰，予任教北平
　　燕京大學，講授之餘，試撰詞話若干條，興到筆隨，『辭
　　無詮次』；其中一部分曾散載於當時出版之《燕大文學年
　　報》。」另詳本譜民國五十一、五十五年條。

先生於去年及今年間講授蘇辛詞時，曾以謄寫版《稼軒長短
句校注》油印，僅二十部，分贈諸生。（見《辛稼軒年譜·再版後
記》）

按：民國六十五年冬，先生撰《辛稼軒年譜·再版後記》云：
　　「鄧君所撰箋注（指鄧廣銘《稼軒詞編年箋注》）今已大行於
　　世。其書例言中述及予注，頗致譏評，文人相輕，本無足
　　怪。實則得失互見，各有短長，兩注正如兩譜（鄧氏有《辛稼
　　軒年譜》），務須合讀，亦猶讀杜詩者之兼用仇楊錢浦諸家
　　注本，無須『定於一尊』也。予雖無意重編年譜，於詞注
　　則四十年來未嘗去懷，涉獵群籍，偶獲有關資料即隨手增
　　訂，今已大致完成定稿，最近之將來可能印行問世。鄧注
　　每傷繁蕪，又偶有缺遺謬誤之處，或能由拙作略爲剪裁補
　　正，想亦喜讀辛詞者之所樂聞歟。」惟此稿經先生數十年
　　增補修訂，於生前仍未付梓。

唐圭璋編《全宋詞》，上海商務印書館印行。
林大椿校《百家詞》，上海商務印書館印行。
*先生作〈浣溪沙〉（芳草池塘眾綠滋）、〈瑞鷓鴣〉（經年輟筆短
　長詞）。

民國三十年辛巳　　　　　　　　　　　　**1941　三十六歲**
先生在燕大任教。十二月，太平洋戰爭起，燕京大學被日寇查
封。

撰〈評唐編全宋詞〉，刊於《燕京學報》第二十九期。（見《景午叢編》上編）

按：先生民國六十一年輯《景午叢編》，〈評唐編全宋詞〉附記：「此文作於三十年前《全宋詞》初出版時。今已有增訂重編本行世，體例內容，遠勝於舊；此文目標既失，本可不存。然予所指陳諸事，新本有仍舊未改者，亦有『悄然』更正而不言所出者，讀者細心尋索，當自得之。存往日之辛勞，備他人之參考，此予之所以終未忍棄此已陳之芻狗也。至於少年氣盛，措詞銳屬，則在『今是昨非』之列。」

顧隨自印《霰集詞》。（見《顧隨文集》下編）

*先生作〈定風波〉（雲散風流十二年）、〈定風波〉（獨酌醇醪自放歌）、〈采桑子〉（東風綠遍千絲柳）、〈采桑子〉（亂鴉飛處斜陽落）。

民國三十一年壬午　　　　　　　1942　三十七歲

本年夏至三十五年夏，寓居北平地安門恭儉胡同。（見《詩集》卷七〈舊居閒憶〉注）

先生應周作人之邀，任教北京大學中文系，為副教授，講授詩選、詞選及詞史等課程。（之遠〈詞家鄭騫先生學術年表新訂〉）

葉嘉瑩先生在輔仁大學國文系，從顧隨先生受讀唐宋詩，繼而旁聽其詞選諸課。（葉嘉瑩〈學詞自述〉）

按：葉嘉瑩〈紀念我的老師清河顧隨羨季先生——談羨季先生對古典詩詞之教學與創作〉云：「我之從先生受業，蓋開始於一九四二年之秋季，當時甫升入輔大中文系二年級，先生來擔任唐宋詩一課之教學。先生對於詩歌具有極敏銳之感受與極深刻之理解，更加之先生又兼有中國古典與西

方文學兩方面之學識及修養，所以先生之講課往往旁徵博引，興會淋漓，觸緒發揮，皆具妙義，可以予聽者極深之感受與啓迪。……於是自此以後，凡先生所開授之課程，我都無不選修，甚至在畢業以後，我已經在中學任教之時，仍經常趕往輔大及中國大學旁聽先生之課程。如此直至一九四八年春我離平南下結婚時爲止。」

先生自本年以後，不復賦詞。

*先生作〈虞美人〉（去年相送城西道）、〈虞美人〉（登高目送南飛雁）。

按：先生注云：「癸酉以後，極少作詞，甲戌至壬午，首尾九年，僅有右列〈浣溪沙〉至〈虞美人〉等十四首。壬午以後遂爾輟筆，至今四十五年，未再倚聲。顧羨季自題詞集六絕句之一云：『禽鳥高樹蟲啼秋，時序感人不自由。少作也知堪毀棄，逝波誰與挽東流！』予詞以今年八十二歲之『高齡』視之，皆少作也。槐夢漸醒，蠶絲待盡，東流不返，北望生哀，緝綴殘編，惟餘太息。」

民國三十二年癸未　　　　　　　　　1943　三十八歲

在北京大學中文系任教。

撰〈朱敦儒的樵歌〉。（見《景午叢編》上編）

顧隨撰〈稼軒詞說〉、〈東坡詞說〉。

按：顧隨一九四三年九月十日撰〈東坡詞說·後敍〉云：「苦水既說辛詞竟，於是秋意轉深，霖雨間作，其或晴時，涼風颯然。夙苦寒疾，至是轉復不可聊賴。乃再取《東坡樂府》選而說之，姑以遣日。所幸事少身暇，進行彌速，凡旬有二日而卒業。」

民國三十三年甲申　　　　　　　　1944　三十九歲

在北京大學中文系任教。

十月，發表〈論詞衰於明曲衰於清〉於《藝文雜誌》第二卷第十期。

十一月，發表〈柳永蘇軾與詞的發展〉於《讀書青年》第一卷第三期；發表〈溫庭筠韋莊與詞的創始〉於《讀書青年》第一卷第四期。

十二月，發表〈劉秉忠的藏春樂府〉於《藝文雜誌》第二卷第十二期。

顧隨自印《濡露詞》。（見《顧隨文集》下編）

民國三十四年乙酉　　　　　　　　1945　四十歲

秋，抗日勝利，華北重光。歲暮，教育部設立大學先修班於北平，體制同大學，延聘先生爲中文系副教授。（見〈八十自述〉注文）

民國三十五年丙戌　　　　　　　　1946　四十一歲

先修班結束，先生遂於歲末歸瀋陽，任國立東北大學中文系副教授。（見〈八十自述〉注文）

按：《詩集》卷三〈挽臧哲先鄉長〉注云：「民國三十五年，東北大學自四川之三臺復員瀋陽，予應聘爲中文系副教授，哲老時任校長。」

撰寫〈論馮延巳詞〉、〈小山詞中的紅與綠〉。（見《景午叢編》上編）

五月，發表〈辛稼軒與陶淵明〉於《天下周刊》第一卷第二期。

民國三十六年丁亥　　　　　　　　　**1947　四十二歲**

秋，先生赴上海，任國立暨南大學副教授。

游蘇州靈巖山。（見《詩集》卷七〈甲子早春漫興〉八首之七注）

顧隨〈稼軒詞說〉、〈東坡詞說〉二文，連載於天津《民國日報・副刊》（1947.12.8-1948.4.1）

按：二文後收入《顧隨文集》。

鄧廣銘《辛稼軒年譜》，上海商務印書館出版。（見鄧氏《辛稼軒年譜・題記》）

按：另詳本譜民國六十六年條。

民國三十七年戊子　　　　　　　　　**1948　四十三歲**

春日，自滬往蘇，與老友淩景埏同游虎丘。（見《詩集》卷七〈憶吳門舊游懷亡友淩敬言〉詩序）

先生重游杭州西湖。

按：《詩集》卷九〈讀詞絕句三十首〉之七「潘閬逍遙詞」注：
　　「《逍遙詞》全部僅〈酒泉子〉十首，皆憶杭州之作，故
　　調名又題為〈憶餘杭〉。中有句云：『別來已白頭，早晚
　　卻重游。』清末，先外祖撫浙，予曾隨母至杭，西湖景
　　物，依稀能記。右詩作於民國二十八年，至三十七年，始
　　遂重游之願。」卷七〈用蘇曼殊韻二首〉注亦云「予兩至
　　杭州。……第二次在民國三十七年春日。」

撰〈評王箋小山詞〉，發表於上海《東南時報》。（見《景午叢編》上編）

按：王煥猷《小山詞箋》，民國三十六年上海商務印書館出版。

三月，發表〈辛稼軒與韓侂胄〉於《再生》周刊第208期，署名鄭若穎。

六月三日，發表〈關於拙著辛稼軒年譜〉於上海《申報》。
（見《永嘉室雜文》）。

先生於是年秋應老友臺靜農先生之邀，渡海來臺；十月十三日
到臺北，任教國立臺灣大學中文系，並升爲教授。（見〈八十自
述〉注文）

按：《詩集》卷五〈己未秋興〉八首之七「戲言成讖語，海外老
　　東坡」句注云：「民國三十七年戊子，靜農約予自上海來
　　臺，函中有『歡迎兄爲海外東坡』之語。」

先生來臺後，曾加入前東北大學校長臧啓芳主持之詞社。

按：《詩集》卷三〈挽臧哲先鄉長〉注：「哲老……來臺後，組
　　詞社於臺北，邀予加入。……五十年正月辛於東海寓所，
　　年六十八。……填詞宗法稼軒，而不拘細節，往往沙泥俱
　　下。」

是年春葉嘉瑩離平南下結婚，十一月隨夫婿遷往臺灣。

按：事參本譜1942年條按語。顧隨《弄潮手記》十二月四日：
　　「得葉嘉瑩君自臺灣左營來信，報告近況，自言看孩子、
　　燒飯、打雜，殊不慣，不禁爲之發造物忌才之嘆。」（見
　　《顧隨全集·書信日記卷》）

民國四十年辛卯　　　　　　　　　　1951　四十六歲

先生在臺灣大學中文系任教，寓臺北安東街。（見《詩集》卷三
〈安東街寓廬後園〉）

二月，發表〈董西廂與詞及南北曲的關係〉於臺灣大學《文史
哲學報》第二期。（見《景午叢編》上編）

八月，發表〈辛稼軒的一首菩薩蠻〉於《大陸雜誌》第三卷第
四期。（見《景午叢編》上編）

民國四十一年壬辰　　　　　　　　　　1952　四十七歲

先生編注《詞選》，由臺北中華文化出版事業委員會出版。

按：本書共收唐、五代、兩宋詞四百三十一首。其選旨、體例，
　　別具特色，〈例言〉云：「本書共分八編。一至六編選錄
　　唐宋代表作家三十人之作品；其餘不成家數之名篇佳作，
　　收入七、八兩編。本書於各種風格，兼收並錄，不立宗
　　派。凡傳誦之作，即使編者所持宗旨不同，亦均選錄。惟
　　有二種風格在屏除之列：粗獷、纖佻。二者於詞為魔道，
　　亦詞之敵也。」是年，另有臺北華岡出版部刊本行世。

民國四十二年癸巳　　　　　　　　　　1953　四十八歲

先生改定〈辛稼軒與陶淵明〉一文。（見《景午叢編》上編）

民國四十三年甲午　　　　　　　　　　1954　四十九歲

先生發表〈詞曲的特質〉（收入《中國文化論集》，臺北：中國新聞
出版公司）、〈詞曲概說示例〉（中華文藝函授學校講義）、〈再
論詞調〉（中華文藝函授學校講義）。（見《景午叢編》上編）

撰〈杜著辛棄疾評傳序〉。（見《景午叢編》上編）

按：杜呈祥《辛棄疾評傳》，本年由臺北正中書局出版。

撰〈論詞曲的規律〉，發表於《公論報》八月十五日第六版。

按：另載《中國一周》第四五六期（民國四十八年一月）。

葉嘉瑩始任教於臺灣大學中文系。

按：葉先生〈懷舊憶往──悼念臺大的幾位師友〉云：「我是
　　在一九五四年秋天進入臺灣大學任教的。直到一九六九年
　　秋天我正式離開臺大為止，前後共有十五年之久。……當
　　我正式到臺大來任教時，我更曾抽暇去旁聽過鄭先生的詞
　　選課，而鄭先生每次見到我來旁聽，就會在講課時或提到

他與我的老師顧先生的一段交誼。……我旁聽鄭先生的課不多，但卻也仍然獲得了不少教益。後來在一九五七年春夏之間，臺灣的教育部曾經舉辦過一次詩詞研賞的系列講座，他們原來是請鄭先生去擔任詞的講座，而鄭先生卻向他們推介了我，這是我平生第一次講授詞的研賞。」

民國四十四年乙未　　　　　　　1955　五十歲

先生編注《續詞選》，由臺北中華文化出版事業委員會出版。

按：本書爲《詞選》之續，分四編，共收金元明清四朝詞
　　三百五十二首。〈例言〉云：「本書去取標準，悉同前
　　編，惟尺度較選唐宋詞略爲放寬。」

夏承燾《唐宋詞人年譜》，上海古典文學出版社印行。

民國四十五年丙申　　　　　　　1956　五十一歲

先生得美國國務院補助，訪問華盛頓州立大學和哈佛大學，作爲期一年的講學研究。

按：先生〈施譯文心雕龍中英對照本序〉：「西元一九五六，我
　　得到美國國務院的補助，到美國作爲期一年的講學研究。
　　我選定了兩個學校，一個是西雅圖的華盛頓州立大學，一
　　個是劍橋的哈佛大學。因爲這兩校分處美國東西兩岸，遙
　　遙相對，都是漢學研究的重鎮。我更可藉『赴任之便』，
　　作橫貫美洲的旅行。上半年我先到西雅圖華大，下半年到
　　哈佛。」

九月，龍榆生編《近三百年名家詞選》，上海古典文學出版社出版。

按：是書於一九六二年由中華書局重校出版。鄭騫〈評介世界
　　書局本詞學叢書〉評曰：「忍寒居士（龍榆生號忍寒詞人）的

《近三百年名家詞選》，選錄六十七家，五百餘首，上起明遺民，下至民國以後，附有詞人傳記及輯評。這本書的選錄標準，與我個人私見很不相同。拙編《續詞選》中，選錄清詞二百多首，與此書相同的很少。那時我並沒有看過此書，只是因爲眼光宗旨不同，無形之中，背道而馳。仁智之見，各有不同，本是選家常有的事。讀者最好把這兩種選本合讀，可以多認識些不同的風格。」

民國四十六年丁酉　　　　　　　　1957　五十二歲
先生游美歸臺。

發表〈柳永蘇軾與詞的發展〉於《文學雜誌》第三卷第一期；此據三十三年稿改定，（見《景午叢編》上編）；〈明詞衰落的原因〉於《大陸雜誌》第十五卷第七期、〈論溫韋馮三家詞〉於《教育與文化》一三六期。（見林玫儀《詞學論著總目》）

鄧廣銘《稼軒詞編年箋注》，上海古典文學出版社印行。

民國四十七年戊戌　　　　　　　　1958　五十三歲
先生發表〈溫庭筠韋莊與詞的創始〉於《文學雜誌》四卷一期；此據三十三年稿改定。（見《景午叢編》上編）

民國四十八年己亥　　　　　　　　1959　五十四歲
先生完成《陳簡齋年譜》初稿。（《宋人生卒考示例・自序》）

顧隨自編《聞角詞》。

民國四十九年庚子　　　　　　　　1960　五十五歲
先生發表《陳簡齋年譜》於《幼獅學報》第二卷第二期。

按：本年譜，其後續有增補。另詳本譜民國六十三年條。

顧隨於是年九月六日病逝於天津，享年六十四歲。

按：《詩集》卷五〈偶懷顧羨季〉注云：「近始得知，羨季早
於民國四十九年九月六日在天津病逝，年六十四。」顧之
京〈心苗尚有根芽在，心血頻澆——記先父顧隨的一生〉
云：「一九五三年他到天津工作了後，又當選為河北省
人大代表、天津市政協委員。可惜的是，父親的精神雖
空前煥發，工作熱情也十分高漲，但健康狀況卻日漸不
支。一九六○年春末，終於病臥在床，再沒有得到康復。
一九六○年九月六日下午四時，父親在病床上安詳地睡去
了，從此再沒有醒來。」

民國五十年辛丑　　　　　　　　　1961　五十六歲

三月七日，發表〈評介世界書局本詞學叢書〉一文，刊於《中
央日報‧學人副刊》。（見《景午叢編》上編）

初夏，撰〈陳（曉薔）著詩詞論叢序〉。（見《景午叢編》上
編）

秋，赴美任華盛頓州立大學東方語文系客座教授。

先生論文集《從詩到曲》，臺北科學出版社印行。

按：本書收詩詞曲通論書評雜文等三十一篇。除本版外，是書另
有中國文化雜誌社1971年版及順先出版社1976年版。

民國五十一年壬寅　　　　　　　　1962　五十七歲

本年秋，任香港新亞書院中文系主任。

初冬，元配趙靖孚逝世。（見《詩集》卷七〈再悼亡〉十首之一注）

按：《詩集》卷四收先生賦五律〈悼亡四首〉。林文月〈清畫
堂詩集中所顯現的詩人的寂寞〉：「因百師的家庭生活單
純。師母趙靖孚女史長於老師二歲，也是旗人，講究規

矩，外表稍顯得嚴肅，其實非常和藹慈祥。到過鄭府的人都很喜歡她；我們到如今都稱她『老師母』，也十分懷念她。師母沒有生育過，他們的女兒秉書是師母的姪女兒，從小過繼於鄭家，老師和師母視如己出，十分驕寵著。秉書小我一歲，……她的個性開朗，和父母不太一樣。」

重訂「詞話」。（見《景午叢編》上編）

按：先生〈成府談詞〉題識云：「壬寅之秋，全部錄出（指民國二十九年所撰詞話），用備省覽。謄寫之際，每有見解異於往昔，或仍舊意而別有發揮者，輒低一格附識於各條之後。」另詳本譜民國五十五年條。

民國五十二年癸卯　　　　　　　　　1963　五十八歲

先生旅居香港。先後與溥心畬、張大千同寓九龍樂斯酒店。

按：《詩集》卷六〈王孫畫伯詠〉注：「壬寅冬日，予在香港，寓居九龍柯斯甸道樂斯酒店。心畬先自臺灣北來，亦寓此。」卷四〈目寒招飲座中展示大千居士自畫像歸後奉題六絕句兼以乞畫〉注：「癸卯在港，與張大千同寓樂斯酒店。居士作蜀江圖長卷適成，囑題四絕句於後，不許以書法拙劣辭。此卷今歸歷史博物館。」

秋，復任臺大中文系教授。

繼室許慕英女士來歸。

民國五十三年甲辰　　　　　　　　　1964　五十九歲

先生在臺北，續任臺大中文系教授。

民國五十四年乙巳　　　　　　　　　1965　六十歲

先生赴美任耶魯大學東方語文系客座教授至明年，寓居康州

新港耶魯大學研究所教授宿舍。（見《詩集》卷四〈讀王荊公詩〉注）

先生撰《陳簡齋年譜》定稿。（《宋人生卒考示例·自序》）

唐圭璋《全宋詞》重編本，北京中華書局出版。

按：另詳本譜民國三十年條。

民國五十五年丙午　　　　　　　　　　　1966　六十一歲

先生在臺北，任臺大中文系教授。

先生編錄新舊論詞評語，撰成〈成府談詞〉一輯。（見《景午叢編》上編）

按：先生〈成府談詞〉題識：「又五年丙午，復取平時筆記中論
　　詞之語分別繫錄，不低格而註『新附』二字者是也。雖新
　　舊並陳，條理凌亂，而二十餘年中情趣宗旨之變遷略見於
　　此，或足供讀者參考之資。編錄既竟，總名之曰〈成府談
　　詞〉，以識緣起。」

龍榆生卒，年六十五。

民國五十六年丁未　　　　　　　　　　　1967　六十二歲

五、七月間先生發表〈宋人生卒考示例〉上下篇於《幼獅學
誌》第六卷第一、二期。（見《宋人生卒考示例》）

先生改訂重寫〈珠玉詞版本考〉。是年十二月發表於《大陸雜
誌》第三十五卷第十二期。

按：另詳本譜民國二十三年條。

民國五十七年戊申　　　　　　　　　　　1968　六十三歲

五月，先生發表〈蘇東坡的先世及其親屬〉、〈蘇東坡的乳
母與蘇子由的保母〉於《國語日報》副刊「古今文選」。（見

《景午叢編》下編）

十二月，發表〈宋人生卒考示例續編〉於《幼獅學誌》第七卷
第四期。（見《宋人生卒考示例》）

民國五十八年己酉　　　　　　　　1969　六十四歲

是年先生疲病，詩多傷懷念遠之篇。

按：《詩集》卷四〈病深〉注：「予患腰腿痠痛及過敏性鼻炎
　　數年，二症常併發。己酉陽曆六月十四向晨，心悸不能成
　　寐，憤而作此。」

一月，發表〈成府談詞〉於《現代學苑》第六卷第一期。（見
《景午叢編》上編）

九月六日，發表〈陳鐸（大聲）及其詞曲〉於《國語日報・書
和人》第一一八期第二輯。（見《景午叢編》下編）

民國五十九年庚戌　　　　　　　　1970　六十五歲

夏，先生撰寫〈漫談蘇辛異同〉。（見《景午叢編》上編）

按：先生附記云：「此文作於五十九年夏，未發表。由顏元叔
　　先生譯為英文，仍用作者名義載於淡江文理學院出版之
　　Tamkang Review, Vol.1, No.2。譯文較原作略有刪節。」

冬，完成〈夏著二晏年譜補正〉。（見《景午叢編》下編）

按：夏承燾（瞿禪）著〈二晏年譜〉初稿載於《詞學季刊》第
　　二卷第一號及第二號。先生題識云：「二三兩稿，相差無
　　幾，予所補正即以此兩稿為對象。第二稿收入世界書局之
　　《詞學叢書》，附於《二晏詞》後，第三稿收入夏氏所著
　　《唐宋詞人年譜》。」

另錄出〈晏叔原繫年新考〉一文。（見《景午叢編》下編）

按：先生云：「本篇爲〈夏著二晏年譜補正〉之一部分，提出單
行。以清眉目。讀者須合併觀之。」

增訂〈陳鐸（大聲）及其詞曲〉，是年冬定稿。（見《景午叢
編》下編）

是年一月，葉嘉瑩《迦陵談詞》，臺北純文學出版社印行。

按：葉書所收論詞文章，多有援用先生《詞選》及其詞評之見
解，如溫、韋詞風之比較、韋莊〈菩薩蠻〉五首爲一體、
晏殊〈山亭柳〉乃知永興軍時作等。

民國六十年辛亥　　　　　　　　1971　六十六歲

先生撰〈夏瞿禪著二晏年譜補正〉，刊於臺北國立歷史博物館
出版《包遵彭先生紀念論文集》。

夏，先生整理舊作〈讀詞絕句三十首〉，就各家事蹟及個人對
詞人之見解，略爲詮釋。發表於《純文學》十卷三期。（見林
玫儀《詞學論著總目》）

按：《清晝堂詩集》卷九〈讀詞絕句三十首〉後記云：「頃者
整理詩稿，重見此編，根觸舊懷，頗增感慨。因就各家事
蹟、及予對於各家詞之見解，略爲詮釋。詩中語句，大半
擷取各家成詞，讀者當自得之，未遑悉註也。」

民國六十一年壬子　　　　　　　　1972　六十七歲

先生赴美任印第安納州立大學客座教授。五月下旬返臺。

按：《詩集》卷四有六十一年五月十九日〈將去榮華鎭前一日
作〉詩。

暑假時，先生從四五百首舊詩中選出三百二十二首，分四卷及
附編一卷，輯爲《桐陰清晝堂詩存》。所輯附編，即〈論詞絕
句三十首〉。（詳《清晝堂詩集・自序》）

先生整理年來詩詞曲論著，輯爲《景午叢編》上下編，臺北中華書局印行。

按：本書乃《從詩到曲》增訂本及《燕臺述學》之合集。先生〈自序〉云：「這部《景午叢編》共收專著通論書評雜文等八十六篇，是我六十五歲以前所寫零篇文章的全部。……全書依內容性質分爲二集。上編收通論書評雜文等六十二篇，內容限於詩詞散曲戲劇。其中三十一篇曾於民國五十年結集，由臺灣科學出版社印行，名爲《從詩到曲》。現在照原來編次重印，又續添三十一篇，有當初未收的，有後來新作的，已印行的也偶有修改或加附記；仍用舊名而註明是增訂本。下編收專著二十四篇，都是考據性質的，內容仍以詩詞曲劇爲主而旁及史傳與小說。命名爲《燕臺述學》，以紀念我四五十年來求學教書的兩個學校，燕京大學與臺灣大學，我的文章都是在這兩個大學撰寫的。」本書收錄詞學相關文章二十餘篇。

先生撰寫國科會研究報告〈辛棄疾之生平及其詞〉。（見林玫儀《詞學論著總目》）

按：本文爲國科會獎助研究計畫期終研究報告。執行期間爲民國六十年八月至六十一年七月。

是年，另發表講稿〈詞曲的音樂性〉於東吳大學《中文季刊》第八卷第四期；〈宋人生卒考示例補正〉於《幼獅學誌》第十卷第三期。（見《宋人生卒考示例》）

民國六十二年癸丑　　　　　　　　　　1973　六十八歲

七月，先生發表〈陳簡齋傳〉於《幼獅月刊》第三十八卷第一期。

先生編注《續詞選》，改由臺北華岡出版部印行。

民國六十三年甲寅　　　　　　　　　1974　六十九歲

九月，先生自臺大中文系退休，轉任東吳大學及輔仁大學研究
講座教授。（見〈八十自述〉注文）

秋，重新編撰〈陳簡齋年譜〉。（見先生〈陳簡齋年譜序〉）

按：年譜載先生校箋本《陳簡齋詩集合校彙注》。

民國六十四年乙卯　　　　　　　　　1975　七十歲

先生撰〈偶懷顧羨季〉四首。（見《詩集》卷五）

按：先生詩注：「羨季丁酉生，今年七十九歲，故都一別二十七
　　年，音訊隔絕，未卜存歿。」時先生未知羨季早於民國
　　四十九年已歿。先生早年與顧先生交，甚爲敬重，所謂亦
　　友亦師，頗受啓發。第三首自注：「民國十八年與羨季共
　　事於河北省立女子師範學校，曾書沈秋明師詞句『更尋高
　　處倚危欄，閒看垂楊風裡老。』爲條幅見贈。又賦〈采桑
　　子〉小令題予詞稿云：『文章事業詞人小，如此華年，如
　　此塵寰，爲問君心安不安。雙肩擔起閒哀樂，身上青衫，
　　眼底青山，同上高樓再倚欄。』蓋勉予努力從事於詩古文
　　辭，而毋以倚聲自限也。至今四十餘年，垂垂老矣，始終
　　徘徊於考據詞章兩途，因循散漫，一無所成，俯仰平生，
　　深孤厚望。」

先生詩集《桐陰清畫堂詩存》，臺北藝文印書館出版。（見
《桐陰清畫堂詩存‧跋》）

按：錄詩四卷，附編一卷爲讀詞絕句三十首，不收詞。另詳本譜
　　民國七十七年條。

先生校箋《陳簡齋詩集合校彙注》，臺北聯經出版事業公司出
版。

按：本書悉收陳與義詩文詞。先生云：「簡齋詞集名《無住

詞》，僅十八首，胡箋及增注均附收，……今亦用詩集例
校箋之。」

民國六十六年丁巳　　　　　　1977　七十二歲

先生《辛稼軒年譜》補訂本、《宋人生卒考示例》，皆由臺北
華世出版社印行。

按：先生《辛稼軒年譜・再版後記》：「與予在北平同時（見
本譜民國二十七年條）分別屬稿而印行較晚者，則爲民國
三十六年上海商務印書館出版之鄧廣銘撰《辛稼軒先生年
譜》，及稍後之鄧撰《稼軒詞編年箋注》，銷售既廣，知
者較多。予曾取鄧譜與拙作逐年勘對：兩譜於稼軒生平出
處蹤跡，比事繫年，十九相同；鄧譜資料之豐富，考證之
精審，敍述之詳盡，則遠勝於拙作。然綜觀全書，可以斷
定鄧譜缺略而予譜詳備，鄧譜錯誤而予譜正確者，仍有百
條左右，亦不可謂少。良以稼軒生平，牽涉甚廣，爲之撰
寫年譜，實非一人之功力，短促之時間，所能臻於完善。
欲瞭解稼軒『立身之大節，謀國之大計，以及親賓往來，
燕居游處』，知其人，論其世，以求進而瞭解其詞之寫作
背景，自須合讀兩譜，而未可偏廢其一。然則予雖爲少年
嘗試之作，固仍有再版重印之價值也。」

二月，撰〈跋順治鈔本劉秉忠藏春集〉。（見《龍淵述學》）
四月，發表〈蘇東坡的陽關曲〉於《中華文化復興月刊》第十
卷第四期。
七月五日，發表〈生查子「去年元夜時」的作者〉於《聯合
報》副刊。
八月十三、十四日，發表〈再談朱淑眞的詩詞〉於《聯合報》
副刊。

民國六十七年戊午　　　　　　　　　1978　七十三歲

七月，先生發表〈跋順治鈔本劉秉忠藏春集〉、〈辛稼軒年譜再版後記〉於《書和人》第三一六期。

先生所撰〈論蘇辛詞〉一文，收入臺北華岡出版有限公司出版《中華學術與現代文化叢書》之二《文學論集》。

十二月九日，臺大中文系同事兼好友戴君仁（靜山）先生逝世，享壽七十八歲。（見阮廷瑜所撰年譜，另詳下年按語。）

民國六十八年己未　　　　　　　　　1979　七十四歲

夏，先生遷入溫州街新居。

按：〈八十自述〉注：「予先居安東街，今改名瑞安街，後遷溫州街，皆臺大配給眷舍。民國六十六年，就溫州原址改建七層樓房，予以公教人員住宅貸款及自備款購得最低一層，小有庭園，且免升降之勞。六十八年夏遷入。」

先生於是年始習作五言古風及七言、雜言歌行。（見《詩集》卷十一〈論詩絕句一百首〉之三十九注）

是年二月十六日，臺大中文系同事兼好友屈萬里（翼鵬）先生逝世，享壽七十三歲。（見劉兆祐所撰年表）

按：先生〈傷逝八韻——戴靜山屈翼鵬逝世十週年紀念·跋〉云：「予與兩先生（戴靜山、屈翼鵬）共事，誼屬故交，不容無一言。而兩三月以來，體力頓衰，神思昏沉，斷續執筆，始終未能成篇。截稿知其已迫，爰取舊著及詩集中追念兩先生兼及長少二李（抱忱、濟之）之作，連同自注，逐錄如上。短章拙句，質俚無文，僅以略誌黃壚感舊之思云爾。」〈傷逝八韻〉一詩原作於民國六十九年庚申正月初七，見《清晝堂詩集》卷六。

民國六十九年庚申　　　　　　　　　　1980　七十五歲

十二月，先生發表〈陳後山年譜（上）〉於《幼獅學誌》第
十六卷第二期。（見林玫儀《詞學論著總目》）

民國七十年辛酉　　　　　　　　　　　1981　七十六歲

六月，先生發表〈陳後山年譜（下）〉於《幼獅學誌》第十六
卷第三期。（見林玫儀《詞學論著總目》）

民國七十一年壬戌　　　　　　　　　　1982　七十七歲

先生之修訂本《詞選》、《續詞選》，由臺北中國文化大學出
版部出版。

民國七十二年癸亥　　　　　　　　　　1983　七十八歲

作〈檢編詩稿懷顧羨季〉詩二首。（見《詩集》卷七）

民國七十三年甲子　　　　　　　　　　1984　七十九歲

早春，繼室許慕英女士病逝。

按：《詩集》卷七〈再悼亡〉十首之一注：「元配趙靖孚歿於
　　壬寅初冬，繼室許慕英歿於甲子早春，相距二十二年。」
　　之三注：「予生光緒三十二年丙午，西元一九零六；君生
　　民國十二年癸亥，西元一九二三。」之八注：「予與君婚
　　後至長訣，歷時二十年又一個月二十二天，其間居臺、旅
　　美、赴港，未嘗一日相離，亦現代生活中所罕見者。」

先生專著《陳後山年譜》，臺北聯經出版事業公司出版。

民國七十四年乙丑　　　　　　　　　　1985　八十歲

二月，國家文藝基金會授予先生「國家文藝貢獻獎」。

撰〈黃著宋南渡詞人序〉，九月刊於《中國書目季刊》第十九卷第二期。（見《永嘉室雜文》）

按：黃文吉《宋南渡詞人》，本年由臺北學生書局出版。

十一月，發表〈朱敦儒生卒年歲彙考〉於《臺大中文學報》創刊號。（見林玫儀《詞學論著總目》）

民國七十五年丙寅　　　　　　　1986　八十一歲

先生膺選為國立臺灣大學名譽教授。

顧隨遺著《顧隨文集》，上海古籍出版社印行。

民國七十六年丁卯　　　　　　　1987　八十二歲

撰〈林著詞學考詮序〉。（見《永嘉室雜文》）

按：林玫儀《詞學考詮》一書，是年十二月由臺北聯經出版事業
　　公司印行。

繆鉞、葉嘉瑩合撰《靈谿詞說》，上海古籍出版社印行。

民國七十七年戊辰　　　　　　　1988　八十三歲

十二月，先生著《清晝堂詩集》，臺北大安出版社刊行。共存詩一千一百一十七首，分為十二卷；其中〈讀詞絕句〉三十首，收入卷九。此外，「附編」錄《網春詞》六十四首。

按：先生三十歲前曾寫過一百六七十首詞，民國十八年曾把那
　　兩三年中所作的九十二首詞編為《永陰集》出版。民國
　　六十四年所編《桐陰清晝堂詩存》不錄詞作。本年出版
　　《清晝堂詩集》則「從一百六七十首中選存六十四首，編
　　為一卷，附於詩集之後。要保存的不是這些詞，而是作
　　詞時的情感。」（《清晝堂詩集》附〈桐陰清晝堂詩存跋·附識
　　二〉）取名為《網春詞》，起民國十五年二十一歲，訖民國

三十一年三十七歲，經先生整理補注。

民國七十八年己巳   **1989   八十四歲**
先生受聘爲中央研究院中國文哲研究所籌備處諮詢委員。

民國七十九年庚午   **1990   八十五歲**
十一月九日，老友臺靜農先生病逝，享壽八十九歲。
十二月，行政院特頒「文化獎」，以旌先生在學術文化之卓越
成就與貢獻。

民國八十年辛未   **1991   八十六歲**
夏，辭東吳、輔仁兩大學講席。
七月二十八日（陰曆六月十七日），先生以老病壽終於臺北三軍
醫院，享壽八十六歲。

民國八十一年壬申   **1992   卒後一年**
先生遺著《永嘉室雜文》，臺北洪範書店出版，內收詞學序文
多篇；《龍淵述學》，由臺北大安出版社印行，其中收錄詞學
相關論著計有：〈蘇東坡的陽關曲〉、〈陳後山傳〉、〈陳簡
齋傳〉、〈朱敦儒生卒年月彙考〉、〈跋順治鈔本劉秉忠藏春
集〉等篇。
上海華東師範大學出版《詞學》第十輯，轉載先生〈成府談
詞〉。

*先生之著作另由其弟子整理編輯者計有二部：
一、《稼軒詞校注附詩文年譜》，臺北：國立臺灣大學出版中
　　心，2013。

本書由林玫儀整理。內容包括《稼軒詞校注》、《稼軒詩鈔》、《稼軒文鈔》及《辛稼軒先生年譜》。

二、《從詩到曲》，北京：商務印書館，2015。

本書由曾永義編選。上、中編據臺灣中華書局1972年版《景午叢編》，下編據臺北大安出版社1992年版《龍淵述學》選編排印。

附

錄

鄭騫《永陰集》並附集外詞

　　民國十八年（1929），鄭騫先生二十四歲，自印《永陰集》。先生〈桐陰清畫堂詩存跋〉云：「我曾寫過一百六七十首詞，都是小令，沒有長調，而且都是三十歲以前的少作，意境、格調、甚至於文字，俱欠成熟。民國十八年曾把那兩年中所作的八九十首詞印爲一本集子，叫作甚麼《永陰集》，當時自以爲還不錯，眞是淺薄幼稚，膽大妄爲。既已無法收回，只有任其自生自滅。好在只印了三百本，四十年來，屢經戰亂，想已所存無幾了。剩下的八十幾首未印之作，比已印之作好不了許多，自然不必再來一次『災梨禍棗』。我的筆路，寫詩不夠重拙，寫詞不夠輕靈，這也就是所謂才短。」按：鉛印本《永陰集》，今北京國家圖書館有藏。是集亦編入《民國時期文獻資料海外拾遺》第一五八冊（2014）、《民國名家詞集選刊》第十六冊（2015）。該本封面有題辭：「豈有鉛華光少作，擬將絲竹寫中年」。內有《永陰集》一卷，收詞六十三首，《永陰存稿》一卷，收詞二十九首，計九十二首。

　　民國七十七年（1988），先生八十三歲，出版《清畫堂詩集》，附篇錄詞六十四首，取名《網春詞》。先生說：「從一百六七十首中選存六十四首，編爲一卷，附於詩集之後。要保存的不是這些詞，而是作詞時的情感。」這一卷詞起民國十五年，訖民國三十一年，錄二十一歲至三十七歲作品。

前後兩集對照，《網春詞》擇錄二十一至二十四歲所作詞計三十五首，有三十二首詞見錄於《永陰集》（計《永陰集》二十九首、《永陰存稿》三首），只有〈西江月〉（病後情懷更懶）、〈西江月〉（夢裡征途漠漠）、〈虞美人〉（幾番疏雨秋寒峭）三首為集外詞。兩集去其重複，先生存詞共一百二十四首。

此外，鄭先生亦有多首詞散見於當時的刊物，詳見前文〈鄭騫先生詞學繫年〉民國十七年至二十年條。先生二十三歲到二十六歲，先後發表了四十四闋詞，大多收錄於《永陰集》和《網春詞》，僅有八首未採入。另發現北京國家圖書館藏鉛印本《永陰集》扉頁有〈西江月〉一首，卷末眉批有〈浣溪沙〉二首，皆為手寫墨跡。

總合以上所述，鄭騫先生流傳的詞篇達一百三十五首，距離先生「一百六七十首」之數亦不遠矣。

以下據北京國家圖書館出版《民國名家詞集選刊》所收民國十八年（1929）鉛印本《永陰集》，校以《網春詞》，並補入相關資訊，以呈現鄭先生早期填詞、修改及發表的情況。凡詞調後標示*符號者，乃係《網春詞》亦收錄之作。末附集外詞十一首。

《永陰集》一卷

減蘭*

當年三月，悔殺春光輕易別。縱使春歸，金縷華年事已非。　月圓花好，愁裡匆匆都過了。可惜芳時，真個無花空折枝。

按：減蘭，即減字木蘭花。「悔殺春光」，《網春詞》改作「奼紫嫣紅」。
　　「愁裡匆匆」，作「可惜愁中」。此詞作年，《網春詞》注曰：「民國
　　十五年丙寅二十一歲。」以下詞篇作年，悉依《網春詞》補注。

虞美人*

十年如夢雞林道，只剩當時帽。無端開篋忽重看，帽上沙痕雨點恁斑斑。　那堪又是秋蕭索，明日還飄泊。孤燈滅了掩重門，我是生成有恨愛黃昏。

按：先生二十二歲作。

清平樂*

長空漠漠，滿地堪蕭索。綠柳兼黃蘆也白，昨日情懷便惡。　今朝淡日無光，丹楓更覺淒涼。再把新詞填上，無才未必無腸。

按：「堪蕭索」，作「秋蕭索」。「蘆也白」，作「蘆葉白」。先生二十二歲作。此詞發表於天津《女師季刊》第二期（1929）。刊稿中「更覺」作「倍覺」，「填上」作「添上」，與《永陰集》不同。同時亦發表在《朝華》第一卷第一期（1929）。

踏莎行

誰道詩書，還成自誤，天教留起真情緒。月華萬丈吐光芒，寒星也有光芒吐。　莫漫悲涼，徘徊歧路，人生也許由人作。自家若不去安排，身心更沒安排處。

按：此詞發表於《女師季刊》第二期（1929）。有詞題「又贈」二字，應是繼刊稿中前首〈思佳客·贈羨季先生〉，再贈之作。同時亦發表在《清華周刊》第三十四卷第七期（1930），詞名〈柳長春·答羨季〉。〈踏莎行〉，又名〈柳長春〉。

虞美人*

瞳瞳旭日山光紫，風暖波紋細。臨風小立意踟躕，又是一年春色滿平湖。　海棠花落深深院，靜裡看雙燕。人間萬事總堪驚，生怕舊時天氣舊心情。

按：「風暖」，作「風軟」。「滿平湖」，作「滿楓湖」。先生二十三歲作。

浪淘沙*

窗外老松聲，雨過寒生。近來天氣舊心情。半夜高歌神慘淡，山鬼來聽。　隻影上疏櫺，綠暗油燈。起來獨自繞閒庭。放下無邊無岸事，細認春星。

按：先生二十三歲作。此詞發表於《女師季刊》第二期（1929）。有詞序：「前得藝厂書，說我向有承平公之氣，當時認爲笑話。比者空山靜夜，又不禁顧此悽然也。」原詞云：「生己後承平，只觀飄零。念家山破一聲聲。夜裡高歌神慘淡，山鬼來聽。斷影照疏櫺，黯綠油燈。起來獨自繞階行。放下無邊無岸事，細認春星。」字句與《永陰集》頗多不同。

減字木蘭花*

幕天席地，忘了身前身後事。踽踽涼涼，負手閒行是樂鄉。　從先大好，以後茫茫安可料。領取當前，水滿春池看遠山。

按：先生二十三歲作。此詞發表於《女師季刊》第二期（1929）。刊稿中「閒行」作「行遊」，「水滿春池」作「春水池塘」。

浣溪沙

一夜心絃不住鳴，起來獨繞海紅行，重門悄悄夜寒生。　琹几筠簾浮往事，繡屏羅帳襯飄零，此情如夢欠分明。

春夢無根那解圓，飄零誰道不堪憐，沉沉花草月如烟。　冷炙殘杯眞慣矣，酸情孤憤總凄然，更禁昨日杏花殘。

幾度文波起怒潮，十年湖海氣潛銷，沉檀從此佛前燒。　幻夢有靈添悵惘，青燈無伴發牢騷，詞聲嗚咽顫春宵。

憶江南

滿地濃陰三兩蝶，又是當年，別離時節。東風終古有沉哀，丁香謝了海棠開。　海棠嬌貴應難折，紅瘦燈痕，可惜花如雪。春花若發那年心，春人已老更難禁。

按：此調用馮延巳五十九字體。

鷓鴣天*

趁取輕陰看海棠，西園才歇雨絲長。輕搖弱柳風猶嬾，小落春花土亦香。　光晼晚，覺微涼，已涼春夢費平章。夢中那有春如錦，鵜鴂先鳴草不芳。

按：先生二十三歲作。

小重山*

越是愁多越愛聽，春池蛙陣鬧，一聲聲。落花天氣晚寒輕，春衫薄，小立月華生。　何止念飄零，更無安穩地，著春情。可憐心事太分明，從今始，放眼入青冥。

按：「太分明」，作「太崢嶸」。先生二十三歲作。此詞發表於《清華周刊》第三十四卷第七期（1930）。刊稿中「晚寒青」，作「晚寒清」。「從今始，放眼入青冥」，作「從今試放眼，入青冥」，句式有誤。

臨江仙

春意難隨春事盡，爲誰獨倚危闌。茫茫殘照下遙山，春衫加意薄，有味是輕寒。　那信眞成無淚別，音書望斷江南。一生無分是清歡，夢回疎雨裡，心折晚風前。

按：此詞發表在《朝華》第一卷第一期（1929）。刊稿中「危闌」作「危欄」。

減蘭*

春來風雨，便不傷春春已苦。新夏新晴，綠葉盈枝照眼明。　風和日好，放下塵勞須一嘯。獨倚層欄，淡淡西山起暮寒。

按：「春來」，作「宵來」。「層欄」，作「危欄」。先生二十三歲作。

浣溪沙*

萬木陰陰向晚晴，夢回獨自放歌行，悲歡依舊欠分明。　猶記秋紅隨手折，忽看春綠滿枝生，今年楓葉去年情。

按：先生二十三歲作。此詞發表在《朝華》第一卷第一期（1929），內容與《永陰集》同。惟其後發表於《清華周刊》第三十四卷第七期（1930），刊稿中「依舊」則作「依例」，「滿枝生」則作「撲眉生」。

漁歌子

海棠殘，丁香落，連天春草原虛設。閒負手，放歌行，只有無邊悽惻。　暮雲平，天宇潤，水光山色應如昨。真作了，馬牛風，惆悵此情誰說。

浣溪沙

獨自歸來酒半醺，餘歡薄似早秋雲，人間何事有離分。　風裡白楊群惡鬼，夜來天地一孤墳，青燐閃灼照何人。

踏莎行

黑夜莊嚴，白天明爽，只愁沒個閒人賞。夜中那解認孤墳，朝來依舊攖塵網。　以後從前，憂勞鞅掌，當頭美景難虛放。高岡獨立夜沉沉，縱聲狂笑長天響。

朝中措

明霞成綺月初來，風色上高槐。洒落晚涼天氣，銷凝倦客情懷。

　少年狂狷，中年哀樂，費盡安排。依舊黃昏影裡，低吟小立塘隈。

浣溪沙

續命長絲漫再長，白雲蓬島是吾鄉，人間萬事太蒼茫。　墳裡高歌愁裡病，醉時沉默醒時狂，暫時消遣只淒涼。

蘇幕遮

故山遙，歸思薄。冷落窮途，暫作飄零客。驀地風雲都變色。小有家園，爭奈前程窄。　賦新詞，斟大白。痛飲狂歌，也是當前樂。啼笑全非多束縛。啞酒傾乾，自惜當時錯。

瑞鷓鴣

英雄天下只曹劉，生子何人似仲謀。優孟衣冠憑演劇，泥犁語業勝封侯。　拙生何必營三窟，豪氣還應隘九州。客裡逢君無別事，相將沉醉酒家樓。

浣溪沙

畢竟人間事渺茫，城西猶記數垂楊，忽然如此寄他鄉。　乞食真成無賴賊，低頭豈止九迴腸，客中何地著疏狂。

浣溪沙

細細新涼薄薄晴，竹桃沾雨太盈盈，庭空客散憶平生。　妒裡修眉慵再碧，醉時雙眼爲誰青，春花秋月尚關情。

浣溪沙*

碧水明霞落照紅，拍天白浪趁長風，看山人在海當中。　縱使海濤無限濶，依然目力有時窮，人間偏仄總相同。

按：《網春詞》有詞題「自天津赴大連海船上作」。先生二十三歲作。

柳長春

飛絮隨風，瞎驢轉磨，塵寰何處安排我。階前昨日石榴紅，明朝未必階前墮。　客裡生辰，今年又過，高歌沉醉花間臥。莫將人事比浮雲，浮雲還許由人作。

思佳客

黃鶴凌霄未免飢，瞎驢轉磨竟何之。撲燈蛾子原無賴，作繭春蠶亦太痴。　頻思索，幾然疑，三年贏得骨撐皮。茫茫慧海休重問，香茗看花最好時。

山花子

誰道今年勝去年，晚風微勁怕憑欄。藥碗詞箋無味甚，早秋天。　蛾子撲燈蠶作繭，死生趨避總無端。提到此身堪恨處，又堪憐。

鵲橋仙*

風風雨雨，悽悽惻惻，陣陣聲聲悲咽。朝來便覺夏衣單，莫又是、清秋時節。　斜陽冉冉，長空漠漠，數點殘霞明滅。綠楊蕭瑟怕西風，更何況、春來病葉。

按：「殘霞」，作「征鴻」。《網春詞》有詞題「哈爾濱作」。先生二十三歲作。

鷓鴣天

病裡迎秋自不禁，西風舊怨怯登臨。江濤落日浮天地，敗葉哀蟬
送古今。　雲淡淡，月陰陰，碧空寥闊夜沉沉。人間萬事堪腸
斷，漫說平生跌宕心。

浣溪沙*

哀樂無端不自由，留春春去又傷秋，淒涼怕上最高樓。　萬瓦寒
霜清比雪，一天殘月淡於愁，丹楓黃葉一齊休。

按：先生二十三歲作。

人月圓*

昨宵新月照人圓，前夜雨聲寒。無聊天氣，無聊愁病，客到遼
邊。　天低野窄，風酸霧重，冷浸秋衫。到家偏是，千山落日，
萬戶炊煙。

按：「昨宵新月照人圓」，作「今年頗覺秋來早」。「前夜」，作「連
　　夜」。「愁病」，作「心緒」。「秋衫」，作「征衫」。「落日」，作
　　「落照」。《網春詞》有詞題「梅西到中」。先生二十三歲作。此詞發
　　表在《朝華》第一卷第一期（1929）。

虞美人*

沙黃草碧茫茫路，歲歲來還去。別離不復說沉哀，覺得身心先自
隔天涯。　野風零露秋衣薄，曉月天邊白。長空淡淡抹晴雲，不
是千山落照兩行人。

按：「歲歲」，作「幾日」。「別離」，作「而今」。「先自」，作「已
　　自」。「天邊白」，作「粘天白」。「長空」，作「月邊」。「不是千
　　山落照兩行人」，作「月底千山不語送歸人」。先生二十三歲作。此詞
　　發表於《朝華》第一卷第一期（1929）。

減蘭

危舷獨倚，漸遠雲山千百里。到處情多，到處無情又奈何。　蒼波萬疊，心光不共波光減。海濶無邊，收拾清愁更枉然。

采桑子

碧波低處天如線，漠漠秋晴，惻惻歸程，爭不飄流過此生。　新來萬事收心也，髻枉青青，心已星星，風裡楊花水面萍。

按：此詞發表在《朝華》第一卷第一期（1929）。

思佳客

耿耿銀河漠漠煙，浪花飛動夜迷漫。微光閃灼星浮海，新恨淒清客倚闌。　身寂寞，意纏綿，千里水外幾重山。可堪眞作無家別，獨聽濤聲耐夜寒。

瑞鷓鴣

北歸南去兩無憑，安得心如入定僧。但覓奇方醫病骨，更緣何物遣孤燈。　歡娛未必當年夢，酸楚何堪此際情。誤盡旁人誰誤我，謾將萬事說來生。

浣溪沙*

江海歸來夏已空，馬纓垂莢怨西風，昨宵涼起雨聲中。　萬事淒迷嫌夢短，秋情寂寞愛蕉紅，曉來獨立畫樓東。

按：先生二十三歲作。

浣溪沙

黃葉紅花倚晚晴，垂楊開處暮山明，依然拄杖浩歌行。　舊日詩詞歸少作，眼前溫飽即人生，卻緣何物遣孤燈。

按：「拄杖」，作「策杖」。先生二十三歲作。

玉樓春

葉乾風急聲蕭瑟，獨倚危闌星又月。此心爭似月團圞，往事已隨星暗滅。　大江南北音塵絕，蝶忘百花花忘蝶。今年總算過中秋，誰盼相逢誰恨別。

浣溪沙*

一任秋檠照影孤，清歡幽夢總糢糊，如今不寐爲貪書。　山色漸隨紅葉好，客愁還共綠陰疎，心閒天地入吾廬。

按：「糢糊」，作「模胡」；「胡」字，誤。先生二十三歲作。

惜分釵

風蕭瑟，秋情薄。中元幽夢還如昨。小軒窗，月如霜。不似溫柔，不是淒涼。茫茫。　晨光白，傷行色。生涯眞逐楊花落。日昏黃，暮山蒼。又過中秋，又到他鄉。傷傷。

采桑子

如今夢也無由作，辜負秋寒，小立風前，淡淡斜陽重疊山。　春花還逐春風落，綠暗紅殘，莫想清歡，那見人間比夢間。

按：此詞發表在《朝華月刊》第一卷第一期（1929）。

梅花引*

愁滋味，長如醉，無聊無賴成頹廢。任徬徨，任淒涼。獨立西風、莫負好秋光。　半紅遠樹兼黃綠，無邊落照青山曲。淡雲峯，幾千重。一陣秋禽、沒在碧天東。

按：先生二十三歲作。

風入松

紅蕉漸瘦綠楊疎，白葦間黃蘆。孤雲落照青山外，試憑欄、淺畫
成圖。便不春歸上苑，如何秋到平湖。　澄波照影奈清癯，此意
正愁余。從前長怨塵勞縛，已身閒、卻又空虛。可惜浮沉人海，
依然夜永燈孤。

木蘭花*

春楓換盡春顏色，落日西風秋瑟瑟。萬花開處綠如油，百草枯時
紅似血。　當時爭信秋光薄，此際才知春日樂。殷勤收拾待春
來，謾向窮秋傷寂寞。

按：「待春來」，作「待春回」。「謾向」，作「漫向」。先生二十三歲
　　作。《網春詞》注：「右詞二十二首，民十五至民十七北平燕京大學讀
　　書時作。其中〈浣溪沙〉、〈鵲橋仙〉、〈人月圓〉、〈虞美人〉等四
　　首，十七年暑假東歸作。餘皆作於燕大校園。」

菩薩蠻

如今真個飄零慣，不成還作飄零怨。何物是飄零，西山無盡青。
　一天飛霰雪，忽見青山白。可惜瘦形骸，寒衣未剪裁。

蝶戀花

小別安知非永訣。獨倚高樓，望斷腸天闊。草樹荒寒冬一色，茫
茫路上深深轍。　莫盼重逢休恨別。花落方開，明月圓方缺。綠
鬢青春都未歇，不難自慰朝和夕。

減蘭

請誰忘我，正恨平生無罪過。許我思誰，萬事銷磨萬念非。　人
生有味，秋月春花相遞媚。可惜孤踪，長在花殘月明中。

采桑子[*]

如今嘗得眞滋味，舌敝唇焦；舌敝唇焦，聞說忙時愁恨俱能消。

　舊山重疊濃雲外，夢又難拋；夢又難拋，也冒黃塵獨自過紅橋。

按：「聞說」，作「見說」。先生二十四歲作。《網春詞》注：「民國十八年早春，應亡友顧羨季之約，請假休學，赴天津河北女子師範學校任教。是爲予一生教書生涯之始。年底，學期結束，辭職回燕大復學。在津一年，暑假東歸小住。右詞〈采桑子〉至後〈鷓鴣天〉（短帽輕衫出舊京），共一十三首，皆此一期間所作。沽河橫貫天津市區，女師校址在北區之天緯路，自校赴市中心，須經一橋。羨季有詞云：『冒了黃塵獨自過紅橋。』（按：出自顧隨〈添字采桑子〉『勸君莫問春來未』一詞）」此詞發表於《女師季刊》第二期（1929）。

臨江仙

說甚新歡舊恨，心田早已荒蕪。中年多病旅情孤。故人南北路，休盼數行書。　夢裡山光大好，醒來風勢何如。還人春色未全虛。可憐花萬樹，一一費躊躇。

清平樂[*]

晨曦滿地，萬象含生意。柳長新芽楊吐穗，還是那般滋味。　此身早慣風沙，管他沽上京華。畢竟春天來也，居然開了桃花。

按：先生二十四歲作。此詞發表於《女師季刊》第二期（1929）。刊稿中「晨曦」作「晨風」，「柳長」作「碧柳」，與《永陰集》不同。同時亦發表在《朝華》第一卷第一期（1929）。

十拍子

乍暖猶寒天氣，非愁非怨情懷。裊裊垂楊才嫩綠，漠漠濃雲正慘灰，長空雁未來。　夢裡蒼茫煙水，醒時寂寞蕭齋。便好消磨惆

悵意，也恨平生萬事乖，春花又亂開。

按：詞調名，改題〈破陣子〉。「蕭齋」，作「樓臺」。先生二十四歲作。
　　此詞發表於《女師季刊》第二期（1929）。刊稿中，「非愁非怨」作
　　「如愁似樂」，「也恨」作「只恨」。其後亦發表在《清華周刊》第
　　三十四卷第七期（1930），內容與《女師季刊》同。

清平樂*

長空漠漠，連日東風惡。點點塵沙心上落，詞也怎生填得。　　年
年如此生涯，管他春去春來。自把重簾放下，早知千葉桃開。

按：先生二十四歲作。此詞發表於《女師季刊》第二期（1929）。刊稿
　　中，「長空漠漠」作「長空濃雲漠漠」。「濃雲」二字乃衍文。同時亦
　　發表在《朝華》第一卷第一期（1929），《清華周刊》第三十四卷第
　　七期（1930），皆無「濃雲」二字。

踏莎行*

浮海能無，沉江可惜，安心且作他鄉客。偶開倦眼覷春光，籬花
滿地樓南北。　　天半塵黃，夢中山碧，燈前自照顏蒼白。從今不
必費思量，一般總是人間色。

按：「能無」，作「無由」。先生二十四歲作。此詞發表於《女師季刊》第
　　二期（1929）。詞調題〈柳長春〉。「浮海能無」作「泛宅無能」。
　　「沉江」作「沉紅」。同時發表在《朝華》第一卷第一期（1929），
　　內容與《永陰集》同。其後亦發表於《清華周刊》第三十四卷第七期
　　（1930），亦題〈柳長春〉，首句則作「泛宅能無」。

踏莎行*

密葉翻風，殘花布地，此身又把危闌倚。宵深曾插鬢邊斜，明朝
鏡裡花憔悴。　　倦矣征塵，淒然旅思，燈前瘦影驚如是。憐花自
懺兩無憑，從今收拾傷春淚。

按：「收拾」，作「收起」。先生二十四歲作。

思佳客

落日明霞倦鳥還，白楊風急似秋寒。天涯終古多芳草，人世從來
有墜歡。　頻悵望，轉悽然，此生衣帶爲誰寬。深宵明鏡昏燈
裡，已覺朱顏太不堪。

按：此詞發表在《朝華》第一卷第一期（1929）。

臨江仙*

卻駕輕舟遼海上，此身雖在堪驚。層波泛碧莫雲橫，群山原冷
落，殘照太分明。　不恨故山非我有，愛他天外山青。鳥歸帆去
兩淒清，便應從此逝，放眼入滄溟。

按：「此身雖在」，作「週遭景物」。「莫」，作「暮」。先生二十四歲作。
　　此詞發表在《朝華》第一卷第一期（1929），內容與《永陰集》同。

臨江仙*

作客還鄉都倦也，黃塵汙盡征衫。心如秋樹耐清寒，西風吹敗
葉，夕照滿空山。　澹蕩春光來眼底，鏡中非復朱顏。花開花落
一般看。江河流萬古，哀樂入中年。

按：「夕照」，作「殘照」。先生二十四歲作。惟《清晝堂詩集》卷四〈春
　　蠶四首〉注云：「予二十三歲時作〈臨江仙〉詞云：『心如秋樹耐清
　　寒，西風吹敗葉，殘照滿空山。』長老頗訝其不祥；至今四十二年，猶
　　未死也。」則屬去年之作，未知孰是？此詞發表在《朝華》第一卷第一
　　期（1929）。

南歌子

哀樂新來慣，情腸徹底寒。一番涼雨又秋天，知道人生畢竟幾多
年。　白浪千重海，青林一帶山。者回休再望家園，還是他鄉長
嘯坐花間。

按：此詞發表在《朝華》第一卷第一期（1929）。

鷓鴣天*

短帽輕衫出舊京，斜風疏雨柳絲輕。秋山淡碧長林醉，野草微黃落照明。　新景物，舊心情，無人知處冷清清。西風落盡長楊葉，皓月穿窗欲作聲。

按：先生二十四歲作。按：此詞發表在《朝華》第一卷第一期（1929）。

浣溪沙

便覺平生有百端，深宵長嘆淚汍瀾，打窗疎雨作清寒。　靜裡獨看新醉葉，夢中時見舊青山，不堪重憶十年間。

《永陰存稿》一卷

臨江仙

廿載夢雲吹屢斷，今朝欲醒還疑。情懷不似舊家時，倚樓無緒，何福到蛾眉。　樓外西山顏色好，晚霞托住殘暉。平林漠漠亂鴉歸，霜風淒緊，獨誦定厂詩。

菩薩蠻

無端又是雙眉蹙，離懷只在秋山曲。明艷憶朝霞，黃衫映歲華。　曉風催夢去，去住全無緒。心事任闌珊，羅衾可奈寒。

南歌子

朔氣森亭障，寒聲壯馬蹄。北風撲面雪花飛，老樹彤雲黯黯四天垂。　陵谷年年改，鄉園事事非。祇應飄泊莫思歸，獨自挑燈檢點舊征衣。

鷓鴣天

回首當年淚數行，漢京久已是他鄉。金張鐘鼎皆新主，許史絃歌

剩夕陽。　梅欲謝，日初長，每添一線越淒涼。勸君休賦黃昏句，賦得黃昏更渺茫。

定風波*

遠樹長河掛甲屯，天邊一線是春痕。人道先生疏放甚，藤棍，涼涼踽踽逐行雲。　薄暮歸來逢小雨，旋住，輕寒院宇靜無人。誰把如絲情緒寫，多謝，土香風軟月黃昏。

按：「長河」，作「長溪」。「藤」，作「籐」。先生二十三歲作。《網春詞》注：「掛甲屯在北平西郊海淀至頤和園道左側，茅屋數十家，蔭以高槐疏柳，與燕京大學校園隔道相望。野老相傳，楊六郎行軍至此，曾解甲暫息，故名。籐棍，謂籐製手杖。昔年風氣，燕京學生每有持手杖者，北平俗語謂之『文明棍』。」

臨江仙

看着人家兄弟，忽然想起儂家。兩千里外路斜斜。一水驕新漲，千山炫野花。　底事尚貪塵土，年年強半京華。何當解脫這生涯。農桑陪老圃，花月試新茶。

踏莎行*

走了姻兄，還來世丈，獃頭板臉酸模樣。談今說古絮叨叨，誰能耐性聽閒賬。　逃出重圍，高樓獨上，天連望眼心懷暢。工頭卻是懂詩人，遲遲不放千燈亮。

按：先生二十二歲作。

醜奴兒

如何一夜淒涼夢，被雪消磨，被雪消磨，不是昨宵舊雪麼。　淒涼消盡心絃靜，彈起歡歌，彈起歡歌，笑看旁人滑凍波。

風入松

遼東海北少年身，作了詞人。心頭更有酸辛處，說風懷、半吐聲吞。慚愧青燈故紙，原非翠袖羅衾。　池邊一帶樹欣欣，映著漣漪。曉來清旭春窗裡，寫新詞、獨自沉吟。筆底千秋事業，生前幾許晨昏。

相見歡

嬌陽上了窗紗，一些些。自把吳香焚起試新茶。　朝霞面，別離宴，莫思他。窗外一枝將謝海棠花。

南鄉子

草色入山青，聞說前溪漲已平。帶着年年今日事，閒行。高柳風和送進城。　不似舊門庭，燕語雕梁百感并。曲巷經過人影瘦，伶俜。斷碣孤槐向晚晴。

按：此詞發表於《女師季刊》第二期（1929）。有序云：「春過故宅，往日賣豌豆人，聞尚在也。」「聞說」，作「人報」。「帶着」，作「帶著」。「不似」，作「不是」。「燕語雕梁百感并」，作「燕子應知主幾更」。「曲巷經過人影瘦」，作「曲巷斜陽人剩得」。「斷碣孤槐向晚晴」，作「耳幼當初賣豆聲」。

玉樓春

夢中一朵花如雪，贏得凄涼誰與說。曉寒吹枕一絲絲，難道人生常是別。　樓前楊柳山前月，七八年來如電掣。平生無地着春情，只有新詞知哽咽。

按：此詞發表於《女師季刊》第二期（1929）。

朵桑子

堪驚堪愛迎春雪，比雨星星，似雨濛濛，春在輕煙潤氣中。　愁

邊細想今生夢，小半才醒，大半猶濃，身寄高樓第幾重。

按：此詞發表於《女師季刊》第二期（1929）。刊稿中「愁邊細想」作「欄邊徒倚」，「身寄」作「身在」。

鷓鴣天

小有亭臺倚翠微，萬花如夢一蜂遄。蜂心欲逐沾泥絮，花艷空追鏤錦衣。　情脈脈，恨依依，營巢釀蜜事全非。從今只合旋空舞，看取成陰結子時。

柳長春

覓句無聊，銜杯有恨，蒼蒼老矣何須問。晚來雨過好清游，飄然獨往持藤棍。　山色微茫，槐陰清潤，籐花細細飄香韻。早拚愁緒作疏狂，如今真個疏狂甚。

人月圓

刺梅花落春光老，密葉綠陰陰。少年情事，堪驚歲月，獨自沉吟。　幾番幽夢，羅衣似水，涼月如金。醒來贏得，紅箋寫怨，白酒傷心。

蝶戀花

一樹亭亭花乍吐。誰說春神，已到將歸處。但使嫣然承一顧，人間萬事如塵土。　夜夜魂游雲海路。縹緲蒼茫，不與春神遇。夢破燈昏無意緒，青年只合教情誤。

思佳客

雨過秋園氣倍清，疏林落日亂蟬聲。詞料苦多詞句少，樹葉濃陰樹幹晴。　當日事，此時情，墜歡沉恨一時生。人間若有多情種，記否煙蕪信意行。

卜算子

鴛鴦不作雙，爭奈秋波綠。嬝嬝西風起客愁，卻在秋山曲。　西風不肯停，窗外山連續。秋過梅西憶昨宵，更怨年光促。

鳳棲梧

冰雪聰明冰雪性，冰雪肌膚，大好誰能近。夢裡若憐人瘦損，相逢肯惜牽衣問。　江海飄零雙綠鬢，除了單思，事事無憑準。陌上車聲聽隱轔，朝霞明艷清波影。

木蘭花

野花開處無人到，一任垂楊風裡老。疏枝敗莢夏初闌，黃葉青山秋正好。　如今何事傷懷抱，舊夢新歡真漸少。良辰美景自由身，曳杖長歌天地小。

祝英台近

室如漆，風似虎。悄悄夜當午。只是無眠，不是人生苦。自家慢理柔腸，深埋熱淚，決不向、孤衾偷注。　更無緒。說甚離合悲歡，一般怕重數。萬事銷磨，萬念俱塵土。可憐已厭紅塵，凌風將去。卻又被、紅塵留住。

浣溪沙

人靜迴廊夢未牢，寒空凝碧月輪高，當年此際最魂銷。　數載輕離無限恨，幾回思怨可憐宵，者番病裡又今朝。

蝶戀花

也識終圓休恨缺。也識離愁，只為多情設。幾度空圓天上月，多情卻識音書絕。　難道今生成永訣。難道生生，世世長離別。理盡柔腸無可說，新詞半卷情悽切。

卜算子

空想雨如絲，依舊風如虎。黃沙漠漠柳青青，借問無聊否。　早晚醉還醒，江海來還去。行遍人間也是愁，索向愁城住。

十拍子

卻笑連朝詛呪，居然今日晴明。又見丁香開滿樹，依舊桃花綴一庭。數枝楊柳青。　自是風沙暫住，還應苦悶稍平。歲歲山前春更好，試問何如此際情。階前獨自行。

思佳客

錯道今生有故鄉，山河迢遞海青蒼。歸程枉走三千里，家報空看四五行。　思往事，立新涼。悲歌贏得兩茫茫。今宵待上西征道，心折秋風雨打窗。

思佳客

昨夜初聞絡緯鳴，風前小立覺衣輕。獨看一陣蕭蕭雨，誰識連朝脈脈情。　千萬事，總淒清，心花未放已凋零。回頭一笑東家女，又濯秋衣趁晚晴。

虞美人

如今真覺從前錯，萬事悲搖落。一天絲雨弄輕寒，獨自臨風忍作一生拚。　明朝雨霽青天好，便上榆關道。飄零已慣不傷神，只祝秋風珍惜浣衣人。

附：集外詞

減字木蘭花

當年三月，悔殺春光輕易別。縱使春歸，金縷華年事已非。　月

圓花好，愁裡匆匆都過了。可惜芳時，真個無花空折枝。

按：民國十七年，二十三歲，發表於《燕大月刊》第一卷第四期。

鵲橋仙

他鄉久客，孤燈回憶，真個韶光易老。東風多事放春花，又織就、重重苦惱。　青山染夢，黃塵迷眼，病裡中年懷抱。安排費盡也無憑，索興是、由他便了。

按：民國十八年，二十四歲，發表於《女師季刊》第二期。

浣溪沙 題楓葉上

黃葉因風上柳枝，幽懷卻到雙眉，但知又是晚秋時。　不浣羅衣存綺怨，獨拈楓葉覓新詞，此情未必自家知。

按：民國十八年，二十四歲，發表於《女師季刊》第二期。此詞第二句應缺一字。

思佳客 贈羨季先生

不只飄零碧海濱，空山身世逐年新。黃塵滿面行沙漠，黑姆當頭見鬼神。　休痛苦，且殷勤，安排情緒作詞人。無聊也有驚人句，莫漫懷疑誤此生。

按：民國十八年，二十四歲，發表於《女師季刊》第二期。詞下注云：「黑姆似蜻蜓，較巨而黑，先生詞中擬之有死神使者。」

采桑子 仿稼軒

從前不識詩人味，羨慕詩人，羨慕詩人，強覓悲歡學苦吟。　如今嘗了詩人味，欲說聲吞，欲說聲吞，海北遼北少壯身。

按：民國十八年，二十四歲，發表於《女師季刊》第二期。

憶秦娥

花陰陰，萬花開落催春深。催春深，餘寒猶記，嫩柳垂金。

大江消息空追尋，少年心事獨沉吟。獨沉吟，丁香離別，又是而今。

按：民國十八年，二十四歲，發表於《女師季刊》第二期。

玉樓春

少年春眼新時節，爭信光陰如電掣。好花偏似看花人，隻影羞逢隨影月。　海棠紅潤終銷歇，明月才圓還又缺。從今只管好湖山，山色湖光應不竭。

按：民國十八年，二十四歲，發表於《女師季刊》第二期。

浣溪沙

雜樹成陰草漸青，柳花如雪滿階墀，綠深庭院夕陽遲。　別後傷春情寂寞，愁來臥病骨支離，爲誰憔悴在天涯。

按：民國二十年，二十六歲，發表於《清華周刊》第三十四卷第十期
　　（1931）。同期，另有三首〈浣溪沙〉，皆收錄於《網春詞》，係
　　「十九年庚午二十五歲」作：一、「悵惘心情嗟屢傷，敢憑何事着思
　　量，殘陽冉冉海茫茫。獨鳥衝波翻兩翅，片帆得日閃孤光，東西南北
　　總牽腸。」此詞題曰「大連老虎灘泛舟」。「敢憑何事着思量」，作
　　「人間何處著思量」。「片帆」，作「遠帆」。二：「才到江頭暮春
　　天，秋風又上海東船，千帆畫裡見青山。東去碧波三萬里，西沉紅日
　　五千年，幾時相望得開顏。」此詞題曰「大連老虎灘泛舟」。首兩句有
　　變動：「才到江頭暮春天」，作「昨日江頭暮雨寒」。「秋風又上海東
　　船」，作「隨風又上海門前」。三：「寂寞殘陽自閉關，晚花紅落碧莎
　　間，傷離感舊暮春天。酒戒重開人臥病，槐陰漸合柳吹綿，可憐懷抱向
　　誰□。」《網春詞》作：「滿院斜陽靜掩關，晚花紅落碧莎間，傷離感
　　舊暮春天。酒戒重開人臥病，槐陰漸合柳飛綿，爲誰憔悴客長安。」首
　　尾二句有修訂。

西江月

身似飛花落葉，飄零苦雨沙塵。孤墳無處弔孤魂，空[見]殘愁殘恨。　臙得一生淒楚，空餘萬古酸辛。夜[復]不寐只憐君，嬾把心身整頓。

按：《永陰集》扉頁手寫題詞。□，表字難辨識有待確認者，下兩闋同。

浣溪沙

青杏盈枝[棗葉]鮮，袷衣重着轉淒然，斜陽寂寞掩重關。　酒戒重開人臥病，槐陰漸合柳吹綿，傷離感舊暮春天。

按：先生二十五歲作〈浣溪沙〉（滿院斜陽靜掩關）（見《網春詞》），二十六歲又於《清華周刊》發表〈浣溪沙〉（寂寞殘陽自閉關），兩詞文本詳見前〈浣溪沙〉（雜樹成陰草漸青）一首按語。兩首語句，與此詞頗多相同處。

浣溪沙

果樹成陰燕翅齊，楊花漠漠夕陽低，[綠]深庭院夏[初]時。　別後傷春多中酒，病來懷遠只顰眉，為誰憔悴在天涯。

按：以上兩首，《永陰集》卷末眉批手寫題詞。

鄭騫《稼軒詞校注》編撰出版概況述要

民國二十年（1931），先生二十六歲，是年秋天據畢業論文稿作正式之專著研究，開始撰寫《辛稼軒年譜》、《稼軒詞校注》。

民國二十六年（1937），先生三十二歲。春，寫定《辛稼軒年譜》。民國二十七年（1938），三十三歲。五月，自費印《辛稼軒先生年譜》二百部，由北平協和書局出版。是書〈後記〉云：「詞注卷帙浩繁，殺青有待，先以此譜，就正當世。承郭紹虞先生題簽，顧羨季先生作序，謹此致謝。鄧恭三先生曾為我補闕訂誤，裨益甚多，則尤深銘感者也。」

民國二十八（1939），先生三十四歲，撰〈自題稼軒詞校注稿〉八首。是年鄧廣銘完成《辛稼軒年譜》、《稼軒詞編年箋注》初稿。

民國二十九年（1940），先生三十五歲，於去年及今年間講授蘇辛詞時，曾以謄寫版《稼軒長短句校注》油印，僅二十部，分贈諸生。

民國三十六年（1947），鄧廣銘《辛稼軒年譜》，上海商務印書館出版。民國四十六年（1957），鄧廣銘《稼軒詞編年箋注》，上海古典文學出版社印行。

民國六十年（1971），先生六十六歲，油印本《稼軒詞校注》有先生題識：「此予少年時未成熟之作（即民國二十八九年間分贈諸生的油印本），遠遜於鄧撰箋注。稿成後續有訂補，亦僅儲資料，未及整理。此兩冊講義錯字均未校勘。千萬不可付印！辛亥（1971）秋日識。」此油印本及稿紙訂補本，現藏臺大圖書館。

民國一○二年（2013），國立臺灣大學出版中心出版林玫儀整理、鄭騫校注《稼軒詞校注附詩文年譜》。是書內容包括《稼軒詞校注》、《稼軒詩鈔》、《稼軒文鈔》及《辛稼軒先生年譜》。林玫儀係據上述之稿紙訂補本為底本，再以油印本及另一線裝本核對補訂，整理出版。她在〈出版緣起暨整理說明〉說：

> 由於此稿（指訂補本）並無題記、凡例、目次、附錄等，且部分頗為簡略，甚至有未作箋注者，自非最後定本。……兩年前，鄭師鳳墀顧崇豪先生整理老師遺物，於家中發現另一部稼軒詞校注稿，……。此書以毛筆書寫，抄於有「清祕閣造箋」字樣的紙箋上。詞注之外…尚有詩鈔、文鈔等，第一冊封面題「例目索引」，包括凡例、總目及索引，末冊題「附錄」，有辛啓泰年譜、本傳及各本辛集之序跋。

> 此三本以毛筆線裝者為最早，次為油印本，原子筆謄寫本較晚。……此書（線裝本）天頭處尚有甚多附注，或用毛筆、或用硬筆，紅藍黑各色紛呈，字跡或整飭或潦草，新舊並陳，當為迭經補綴者。首闋天頭且以紅色原子筆注明：「加X者以採入整理稿，加○者擬彙為補註，

別附於後。」觀各本中畫叉或畫圈之情形，可知此乃鄭師隨時訂補之底本。若擬加入之資料字數較多，則以另紙抄錄及編號，並於所對應之詞作上注明應補資料之號碼，以俟他日重謄時再行插入。可見鄭師曾多次倩人重謄書稿，並全面查覈增補資料，由稿紙本即可窺知此種模式。然經詳細比對，若干應已採入「整理稿」中之資料，皆未見於稿紙本中，可證如今所見之稿紙本絕非唯一之「整理稿」，換言之，此非最後之文本。

然就遺稿整理之立場言，稿紙本雖非最後一稿，卻是當前所見較晚出之本。無可奈何之下，只能據以作爲底本，再以前二稿與之核對，擇優酌補，整理工作方得以完成。

據油印本題識，此稿紙訂補本應是辛亥年（民國六十年）或之前整理謄寫出來的。近日翻閱鄭騫稼軒學相關資料，發現先生於民國六十年（1971）八月至六十一年（1972）七月執行國科會研究計畫〈辛棄疾（稼軒）之生平及其詞〉，他呈交的期終研究報告，臺大圖書館自動化書庫有藏本。根據計畫標題，會以爲是一般的精簡報告，撰述稼軒的生平並評析他的詞，內容與先生之前所述者應大同小異。日前往圖書館借閱，赫然發現竟是四人冊手抄本報告。茲轉錄其計畫內容及研究成果說明下：

一、本計畫分爲敘述生平及整理作品兩部分。敘述生平採用年譜形式；整理作品包括校勘及編年、箋釋。
二、辛稼軒其人，不僅爲宋詞大家，且爲南宋初年至中

葉之重要政治人物。敍述其生平、整理其作品，自
爲當務之急，且非個人短時間所能完成。本人三十
餘年前撰有《辛稼軒年譜》及《稼軒詞校註》兩
書；彼時年事尚輕，學力不足，此兩書自屬未定稿
本。其後涉獵群書，每遇有關資料，即隨手簽識，
較之舊稿大有增益改訂；而仍冀續有所獲，故始終
未嘗寫訂。拙編之外，又有近人鄧廣銘所著《辛稼
軒年譜》及《稼軒詞編年箋註》。鄧氏著此兩書，
用力雖勤，而遺漏缺失之處，仍復不少；又有若干
箋註，過求詳盡，反致蕪雜。此二點，限於篇幅，
不另舉例。本人舊稿及後來增益之資料，足以補正
鄧著甚多；而詮釋詞意，探微索隱，以尋求作者之
用心，尤爲鄧著之所無。今擬以鄧著與拙編，合併
整理，增刪改訂，爲年譜及詞註寫成定本。庶幾可
以對此大詞人之身世及作品有最詳實之敍述與精確
之編年箋釋。本人三十餘年來從事辛稼軒研究之工
作亦可作一總結。

三、稼軒一生事跡繁多，作品數量豐富，此項工作若係
從頭作起，自需較長時間。今因資料均已大致齊
備，僅需整理，故預計一年之內可以完成。

研究成果：本報告係依據另紙附錄之研究計畫撰寫。分
爲敍述生平及整理作品兩部分。敍述生平的部分之成果
爲《辛稼軒年譜》一卷及附錄甲乙兩篇。整理作品部分
之成果爲《稼軒詞校註》十卷及集外詞一卷。年譜及其
附錄，於稼軒生平出處大節及軼聞逸事有詳盡之敍述及
考證。校勘部分，根據稼軒詞版本多種，臚列異文，擇

善而從。註釋部分，包括典故、時事、地理、人物諸項目，並詮釋詞意，探求作者之本旨。各詞次序，依照作年先後排列；作者年無可考者，彙爲一卷，附於集末，即第十卷。

年譜及詞校註係將本人三十年前舊稿與時人鄧廣銘所撰，合併整理，增刪改訂而成。根據本人舊稿及舊稿完成後陸續獲得之資料，於鄧著補正甚多；而詮釋詞意，探微索隱，則爲鄧注所無。

本期終報告四冊，分別是冊一：《辛稼軒先生年譜》、二附錄（附錄甲，收散見各書所載稼軒生平資料；附錄乙，輯錄與稼軒相關之賦文和詩詞）；冊二：《稼軒詞校注》卷一至卷二；冊三：《稼軒詞校注》卷三至卷六；冊四：《稼軒詞校注》卷七至卷十、集外詞。

先生於民國六十六年（1977），交由臺北華世出版社出版的《辛稼軒年譜》，就是依據期終報告冊一所收的《辛稼軒先生年譜》刊印的，附錄甲乙也一併載刊，書末增一附篇〈辛稼軒年譜補正〉。

期終報告所收《稼軒詞校注》，是據前之稿紙訂補本整理。先生倩人重新謄寫，訂補本中先生手寫增補訂正之資料皆錄入，版面更乾淨清晰。此重新整理本一如稿紙訂補本，並無題記、凡例、附錄等，不過每卷前多補入一目錄。

先生有意藉此計畫總結「三十餘年來從事辛稼軒研究之工作」。編年部分，幾年後終於正式出版。至於箋釋部分，卻仍未了結。民國六十五年冬，先生撰《辛稼軒年譜·再版後記》云：「予雖無意重編年譜，於詞注則四十年來未嘗去懷，涉獵群籍，偶獲有關資料即隨手增訂，今已大致完成定稿，最近之

將來可能印行問世。鄧注每傷繁蕪，又偶有缺遺謬誤之處，或
能由拙作略爲剪裁補正，想亦喜讀辛詞者之所樂聞歟。」可見
民國六十一年整理期終報告後，先生仍繼續增補修訂，雖於
民國六十五年「已大致完成定稿」，但這稿件最終還是沒有
付梓，且也不明下落。這樣看來，期終報告本也不是最後定
本，卻是目前所能看到先生手定最晚出又較完整的《稼軒詞校
注》。

國家圖書館出版品預行編目(CIP)資料

鄭騫詞學的時代意義／劉少雄著.--初版.--
臺北市：五南圖書出版股份有限公司，
2025.02
面；　公分
ISBN 978-626-423-093-3(平裝)

1.CST：鄭騫　　2.CST：學術思想
3.CST：詞論　　4.CST：傳記

783.3886　　　　　　　　113020213

1XLZ

鄭騫詞學的時代意義

作　　者 ― 劉少雄（344.9）

編輯主編 ― 黃文瓊

責任編輯 ― 吳雨潔

文字校對 ― 盧文心

封面設計 ― 姚孝慈

出 版 者 ― 五南圖書出版股份有限公司

發 行 人 ― 楊榮川

總 經 理 ― 楊士清

總 編 輯 ― 楊秀麗

地　　址：106台北市大安區和平東路二段339號4樓

電　　話：(02)2705-5066　傳　　真：(02)2706-6100

網　　址：https://www.wunan.com.tw

電子郵件：wunan@wunan.com.tw

劃撥帳號：01068953

戶　　名：五南圖書出版股份有限公司

法律顧問　林勝安律師

出版日期　2025年2月初版一刷

定　　價　新臺幣450元

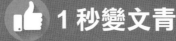

經典永恆·名著常在

◆

五十週年的獻禮——經典名著文庫

五南，五十年了，半個世紀，人生旅程的一大半，走過來了。

思索著，邁向百年的未來歷程，能為知識界、文化學術界作些什麼？

在速食文化的生態下，有什麼值得讓人雋永品味的？

歷代經典·當今名著，經過時間的洗禮，千錘百鍊，流傳至今，光芒耀人；

不僅使我們能領悟前人的智慧，同時也增深加廣我們思考的深度與視野。

我們決心投入巨資，有計畫的系統梳選，成立「經典名著文庫」，

希望收入古今中外思想性的、充滿睿智與獨見的經典、名著。

這是一項理想性的、永續性的巨大出版工程。

不在意讀者的眾寡，只考慮它的學術價值，力求完整展現先哲思想的軌跡；

為知識界開啟一片智慧之窗，營造一座百花綻放的世界文明公園，

任君遨遊、取菁吸蜜、嘉惠學子！